JN174274

Management
Accounting
for
Manufacturing
Business

ものづくり企業の
管理会計

上總康行
Yasuyuki Kazusa
長坂悦敬
Yoshiyuki Nagasaka
【編著】

中央経済社

執筆者一覧

第１章　上總康行（京都大学名誉教授）
第２章　篠田朝也（北海道大学大学院経済学研究科准教授）
　　　　上總康行
第３章　長坂悦敬（甲南大学経営学部教授）
第４章　潮　清孝（中央大学商学部准教授）
第５章　丸田起大（九州大学大学院経済学研究院准教授）
第６章　李　燕（拓殖大学商学部准教授）
第７章　丸田起大
　　　　梶原武久（神戸大学大学院経営学研究科教授）
第８章　水野一郎（関西大学商学部教授）
第９章　澤邉紀生（京都大学大学院経済学研究科教授・経営管理大学院教授）
第10章　長坂悦敬

はしがき

第二次大戦後，日本の製造業は主として対米輸出によって大きく発展してきた。1950年代の繊維・織物などの軽工業品から，1960年代から1973年のオイル・ショックまでの造船や鉄鋼などの重化学工業品へ，1970年代後半から1980年代の自動車，電気機械，半導体，事務用機器などの組立加工型産業や先端技術産業へと輸出産業の主役は移っていった。

他方，高度経済成長に伴う着実な賃金水準の上昇，二度のオイル・ショック（1973年と1979年）による原油価格の高騰，さらには1970年代以降の急激な「ドル安円高」などは，日本の製造業に深刻なコスト圧力となった。とくに，1971年の変動為替相場制への移行，1985年のプラザ合意による先進5カ国の協調的ドル切下げにより，ドル安円高が急激に進行した。固定為替相場制の1ドル360円から1987年には1ドル120円にまで円高が急進した。

もとより国内賃金の上昇，原油価格の高騰，ドル安円高の急進などは，必然的に製品原価の上昇とそこから生じる国際競争力の低下を引き起こした。これに対応して，日本企業では，従来からのQCサークル活動を通じた工場現場での改善活動が持続的に展開され，製品の改良，品質の向上，原価低減が実現して，国際競争力が強化された。同時に，鉄鋼メーカーにおけるLD転炉や連続鋳造設備の導入，時計メーカーにおける高精度のクオーツ式時計の開発，家電メーカーにおける真空管に代わるIC式カラーテレビの開発などを通じて日本企業独自の技術革新が展開された。ここには厳しい国際競争に粘り強く立ち向かう日本企業の競争力の本源を見ることができる。

1985年のプラザ合意以降，急激な円高の進展により，日本からの海外輸出は極めて困難になってきた。このため，多くの日本製造業は，国内から海外へ生産拠点をシフトしていった。当初はアジアNIEsが注目されたが，1980年代後半には，賃金水準の上昇などで生産立地としての魅力が薄れ，それに代わってマレーシアやタイなどのASEANs諸国が生産拠点となった。現在もASEANs諸国には多くの日本企業が生産拠点を抱えている。これらの海外生産拠点では，グローバル競争を見据えて，最先端の設備が導入され，国内工場と同じ品質と納期水準で，かつ低コストの製品が生産されている。

さらに1990年代後半からは中国が生産拠点として脚光を浴びてきた。中国政府の市場開放，外資導入政策などに呼応して日本のみならず欧米の企業も生産拠点を構えるに至り，中国は「世界の工場」とまで称されるようになった。とはいえ，ごく最近になって，中国における賃金水準の高騰，定着率の低さ，政治的なリスクの増大などの理由から，生産拠点を日本国内へ回帰する動きも目立つようになってきた。

周知のように，日本の製造企業には，通常，複式簿記を基礎として，実際原価計算，標準原価計算，予算制度，直接原価計算，CVP分析，セグメント別利益計算，資本予算，中期利益計画などの管理会計技法を組み合せた統合的な管理会計システムが実戦配備されている。経営者は，そこから得られる管理会計情報を駆使してグローバル市場で対峙する競争相手と日夜戦いを続けることができる。

グローバル市場では投入された製品やサービスの品質，コスト，納期をめぐって激しい競争が展開されている。品質とコストの競争は，すでに製造プロセスから新製品の企画設計プロセスへ，さらには研究開発プロセスへと「舞台」が移りつつある。それは，グローバル競争がものづくりの事後プロセスから事前プロセスへと重点移動をしていることを意味している。視点を変えて言えば，事後管理から事前管理への管理会計の重点移動でもある。しかも研究開発では多額の研究資金，有能な多数の研究者，長期の研究期間を必要とするばかりではなく，一度出遅れるとほとんど回復することは至難の業である。経営者には，管理会計情報に依拠しつつ，将来収益力とリスクを熟知した上での決断が求められている。経営戦略がまさに単なる「言葉」ではなく，ある種の凄味と現実味を持って経営者に迫っている。

いずれにしても，日本の製造企業では，生産をめぐって今なお多くの未解決の管理会計問題を抱えているということは明白である。

本書では，グローバル企業の競争局面が企業活動の事後プロセスから事前プロセスへと重点移動していること，したがって管理会計も事後管理から事前管理へと重点移動していることに注目して，日本の製造企業で展開されている最新の管理会計実務が分析されている。さらには，そのような管理会計の重点移動に対応できる研究方法や調査方法も試論的に展開されている。

編者を中心にして年に数回の科研費研究会を開催して議論を積み重ねてきた。研究会での議論を通じて研究課題が明確になるとともに，参加した若い研究者の研究水準もかなり上昇した。上昇気運の若い研究者にほとんど制約なく各章の執筆が任された。編者二人はもっぱら表現の統一に目配りすることで編集の責務を果たすことにした。ゴブラン織りに美しく染まった紅葉の山々のごとき様相ではあるが，迫力を感じていただけると思う。

本書によって日本企業の管理会計実務に少しでも理解を深めていただけるならば，筆者たちにとって望外の喜びである。忌憚のないご批判やご意見を頂戴したい。なお，本書の編集作業では，県立広島大学経営情報学部の足立洋 准教授に大変お世話になった。厚く御礼申し上げる次第である。

最後に，本書の出版に快く応じていただいた株式会社中央経済社社長の山本継氏ならびに編集を担当していただいた同社取締役専務の小坂井和重氏には，深甚の謝意を表する次第である。

2016年2月

研究グループを代表して
上　總　康　行
長　坂　悦　敬

［付記］

本書は，科学研究費研究課題番号21330111「ものづくり企業の生産管理と戦略管理会計との融合に関する理論的・経験的研究」によって行われた研究成果の一部である。

目　次

第7章

ソフトウェア開発における品質コストマネジメント
――製造装置メーカーX社の事例研究――123

第8章

中国におけるものづくり企業の管理会計
――ハイアールを中心として――149

第9章

生産管理の課題への臨床会計学からの接近

第10章

第1章

日本的経営における機会損失管理と固定費管理

―日本的管理会計の基本的特徴の析出―

1■はじめに―日本企業で展開される独自の管理会計実務

第二次大戦後，日本経済を復興・成長させるため，通商産業省（現 経済産業省）の指導の下で，当時圧倒的な強さを誇っていたアメリカ企業の経営実践やこれを支える管理会計実務が日本に紹介・導入された。日本の管理会計学研究では，この胎動に呼応して，アメリカで新しく開発された管理会計技法が翻訳・理解され，これを論文，著作，講義，講演，経営指導等を通じて実務へ適用することが展開されてきた。かくして1950年代以降，多くの管理会計技法が日本企業に導入・普及され，日本は世界に誇る高度成長を実現してきた（上總・澤邉，2006：9－13）。

しかし，1970年代以降，アメリカで開発される新しい管理会計技法が少なくなったばかりでなく（櫻井，1991：23），有用性の少ない，あるいは適用領域がごく狭いものしか開発されなくなった。このため，活動基準原価計算（ABC）やバランスト・スコアカード（BSC）などを除いて，日本企業はアメリカ管理会計技法に従来ほどの関心を示さなくなった。近年，アメリカやヨーロッパでは管理会計問題を摘出する「調査研究」が多くなったことにも関係して，日本の管理会計研究も会計処方研究から調査研究に傾斜しつつある。第1図は，管理会計学の研究領域を示したものであるが，この図によってかかる現象を確認しておこう。

この図によれば，管理会計学の研究領域は，①会計実務（経営実践を含む）の中から会計問題を摘出するために聞き取り調査，ケース研究，アンケート調

第1図　管理会計学の研究領域

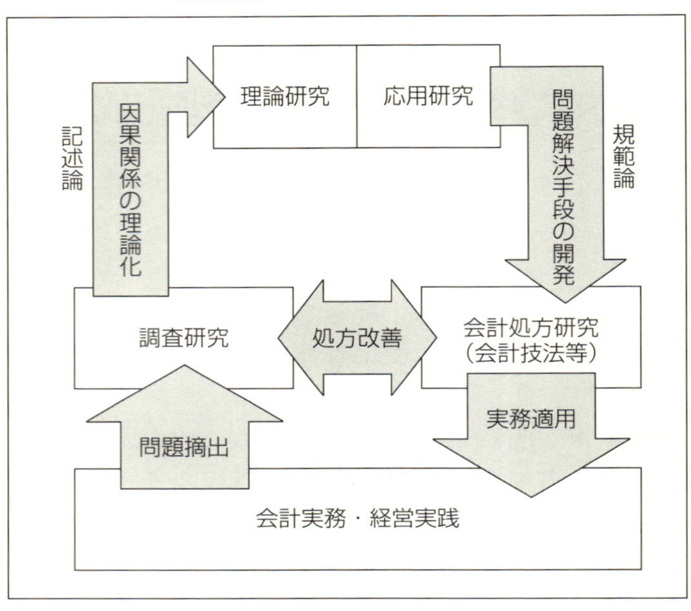

出所：上總（2010b：59）の図に一部加筆。

査などの「調査研究」が行われ，②入手した調査データを解析して，会計問題の原因が追求され，因果関係の理論化を目指した「理論研究」が行われる。③理論研究の成果を受けて，あるいはこれと協力して「応用研究」が行われ，問題解決手段の開発が行われる。原価企画，ABC，BSCなどの会計技法の開発がそれである。そして④会計問題を解決するため，経営コンサルタントや管理会計人によって現実により適した「会計処方研究」が行われ，かかる会計技法が実務に適用される。個別企業では，会計技法の実務適用→問題摘出→調査研究→会計処方研究→実務適用という定着サイクルを通じて管理会計技法の導入・普及が図られることになる。

とはいえ，グローバル競争がますます激しくなる中で，日本企業では会計問題が頻発しており，問題解決手段を開発する規範論が決して不要になったわけではない。むしろ，日本企業がグローバル競争の中で勝ち抜いていくためにはかかる規範論の必要性がますます高まっている（上總，2010b：60）。

他方，21世紀に入って管理会計学の研究領域で大きな変化が起こっている。それは，応用研究を通じて問題解決手段を開発する規範論研究から，因果関係の理論化を目指す調査研究や理論研究などの記述論研究へと研究の軸足が移動していることである。しかも，もともとアメリカの管理会計研究に少なからず距離をおいてきたヨーロッパの管理会計研究が合流して一大潮流を形成しそうな勢いである。つまり，グローバル規模で規範論から記述論へと管理会計の研究が大きく変化していると見ることができる。憂慮すべきことは，記述論を指向する研究者と規範論を求める経営者との間に大きな期待ギャップが存在することである（ibid.：60）。

かかる現状に鑑みれば，アメリカやヨーロッパの研究動向に引き続き配慮しつつ，キャッチアップ戦略から日本の研究者が自ら世界に向けて管理会計学を提起する独自理論開発戦略へと研究戦略を大きく転換する必要があるように思われる。そのためには，①会計最前線で奮闘する日本企業に基礎をおいた研究により，応用研究→問題解決手段の開発→会計処方研究をより積極的に進めること，②問題解決には経営学などの他分野の研究を取り込む必要があることからプラットホームとしての管理会計学を確立すること，③その研究成果をもって管理会計学研究の国際競争に参加することが必要である（上總・澤邉，2006：30－34）。

このような基本的な認識の下で，私たちは，世界に向けて独自理論を発信するため，まずは，問題摘出→調査研究→理論研究を通じて記述論として因果関係の理論化を目指しつつ，次に，応用研究→会計処方研究→実務適用を通じて規範論として問題解決手段の開発に努めてきた。トヨタ自動車で開発され，純国産の管理会計として国内外に知られている原価企画以外にも，日本企業で実践されてきた割増回収期間法（PPP）（上總，2003），村田製作所や新日本製鐵の割引回収期間法（DPP）（上總・浅田，2007；上總・堀井，2008），京セラの時間当り採算（上總，2007），セーレンの戦略目標管理（上總ほか，2008），村田製作所の正味利益計算（上總・浅田，2007），キヤノン電子の空間基準会計（上總，2010a）などの日本的管理会計方法を明らかにしてきた。

本章では，日本的経営の下で展開される日本的管理会計の特徴を析出するため，まず京セラ株式会社（本社:京都市伏見区。以下，京セラと略記する）のアメーバ経営を分析する。アメーバ経営では，利益連鎖管理を通じて現場改善が行われた結果，余剰生産能力が発生するが，これをそのまま放置すれば，みすみす利益を獲得する機会を失うという意味で，機会損失が発生し，これを回避する営業活動が行われて会社全体の利益最大化を目指していることを確認する。次いで，トヨタ自動車株式会社（本社：愛知県豊田市。以下，トヨタと略記する）の生産管理においても，現場改善・ムダ排除を通じて機会損失が発生し，この機会損失を回避する形で経営改革が展開されていることを確認し，そのうえで，アメーバ経営とトヨタ生産方式（JIT）について機会損失の発生・管理で同質性があることを考察する。さらに，機会損失が発生している状況では，固定費の管理が不可欠であるが，この固定費の相当部分が人件費であるので，固定費管理は従業員の雇用管理を意味している。日本的経営の下では，よほどのことがない限り解雇は行われない。このため，一方では，人的資源の戦略的活用を模索しつつ，他方では固定費管理を指向することとなる。この固定費管理の仕組みの１つに組織間管理会計が展開されることを論じたい。

2■京セラのアメーバ経営と利益連鎖管理

アメーバ経営では，機能ごとに編成された小集団であるアメーバごとに「部門別採算」と呼ばれる利益が計算され，さらに，部門別採算をアメーバに所属する従業員の総労働時間で除して「時間当り採算」が計算される。京セラでは，この時間当り採算を管理基準として，京セラフィロソフィの教育→強烈な願望と高い持続的目標→生産スピードアップ→時間当り採算の向上→余剰生産能力の創出→機会損失の発生→追加注文による余剰生産能力の解消→機会損失の回避→全社利益の増大という一連の連鎖プロセスを通じて利益連鎖管理（Profit Chane Management：PCM）が展開されることになる（上總，2007：13）。この利益連鎖管理には，発生した機会損失を回避する方法として，①速度連鎖効果と②余剰生産能力の他部門利用が含まれているが，基本的に用いられるのは，①速度連鎖効果である。以下，簡単に説明する。

利益連鎖管理には，１つのアメーバのスピードアップが他のアメーバのスピードアップを連鎖的に引き起こしていくメカニズムが内包されている。それは，個別アメーバの努力によって崩れた同期化状態を利用して，緊張状態を生み出し，それを契機としてより高いレベルで新たに同期化をはかる仕組みを意味している。時間当り採算を介してアメーバ間で生じるこの経営改善のダイナミズムは，余剰生産能力の全社最適化を促す「速度連鎖効果」(Speed Linkage Effects：SLE）に他ならない（上總・澤邉，2005：103)。**第２図**は，アメーバ経営における利益連鎖管理のメカニズムを示したものである。

第２図　**利益連鎖管理のメカニズム**

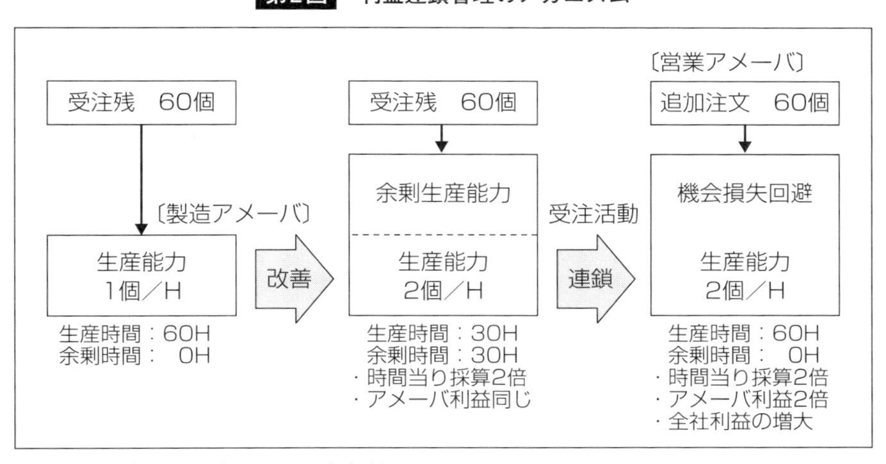

出所：上總（2007：13）の図に一部加筆。

この図では，アメーバ組織には，製造アメーバと営業アメーバがそれぞれ１つずつ含まれており，受注残：60個，生産能力：１個／時間であると仮定されている。この条件では，60個の受注残を生産するのに60時間必要となる。ここで，京セラフィロソフィの教育を受けた製造アメーバリーダーが生産スピードアップに成功して，生産能力が２倍となり，１時間当たり２個となったとしよう。受注残60個の生産時間は30時間に半減し，製造アメーバの時間当り採算は２倍に増大する。しかしアメーバ利益そのものは同じである。全社利益も変わらない。それだけに終わってしまうならば，生産能力に余剰が生じるだけである。重要なことは，明らかに30時間の余剰生産能力が存在していること，したがって機会損失が発生しているという認識を持つことである。

このような状況において，営業アメーバリーダーは管理者の朝礼等を通じて余剰生産能力＝機会損失が発生していることを知らされる。彼もまた京セラフィロソフィの教育を受けているので，同じく強烈な願望と高い持続的目標を持って，製造アメーバで生じた余剰生産能力を解消するため，営業活動のスピードアップ等による追加注文の獲得に努力することになる。もし追加注文60個が獲得できれば，生産能力の余剰がすべて解消される。したがってまた機会損失も回避される。この結果，製造アメーバの時間当り採算は当初の2倍になる。そればかりではない。製造アメーバと営業アメーバの利益もそれぞれ2倍となり，全社利益の増大に大きく貢献する。営業アメーバの活動による追加受注によって機会損失が回避されるわけである。

3■トヨタ生産方式のムダ排除に対する会計的効果

周知のように，トヨタ自動車ではJITが採用されている。すでに多くの研究が存在するので，ここでは，ムダ排除の効果が会計上どのように認識されるかについて確認したい。そこで，藤本隆宏教授（東京大学）の製品設計情報転写論によって，生産期間（生産リードタイムやスループットタイムとも呼ばれる）と在庫時間の関係を確認しておこう。第3図は，この関係を示したものである。

この図では，原材料が第1工程で加工されて，次に第2工程で加工されて最終製品が完成する。この間に，原材料，仕掛品，完成品が工程や倉庫に保管され，必要に応じて搬送される。原材料の投入から最終製品の出荷までの時間を生産リードタイムと言う。この生産期間のうち，顧客ニーズと原価情報を反映する製品設計情報を第1工程と第2工程がそれぞれ受信する時間，つまり正味作業時間（情報受信時間）はわずかであり，残りの大半は，情報を受信していない時間（工程内の加工待ち時間，在庫時間，運搬時間など）である。藤本教授によれば，

> 工程が完全に連続した装置産業系の生産工程を除けば，実際には生産期間のほとんどを占めるのは，実は情報を受信していない時間，つまり在庫時間

第3図　生産リードタイムと在庫時間（概念図）

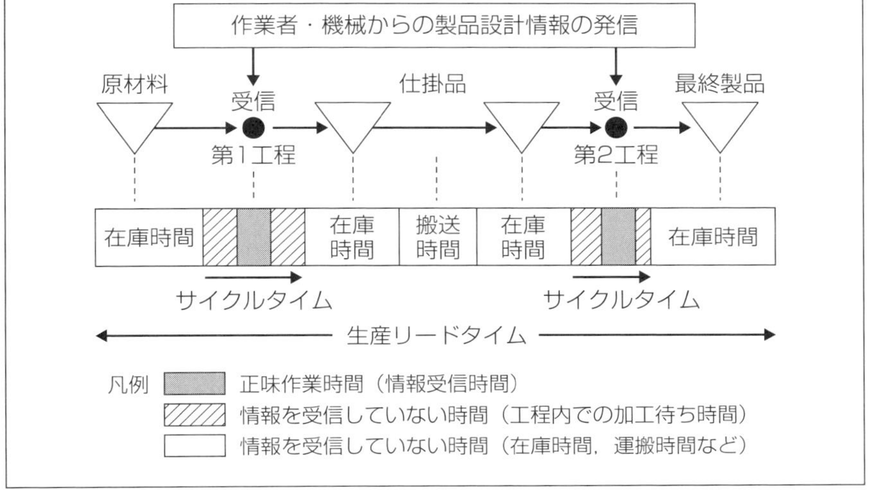

出所：藤本（2001：209）。

である。（藤本，2001：210）

このように，トヨタ生産方式（JIT）においては，「生産期間短縮のカギは，在庫システムの改善，在庫削減にある」ということが強調されている。

生産リードタイムを短くするには，①正味作業時間を短縮するか，②工程内の加工待ち時間，在庫時間，運搬時間などの情報を受信していない時間を短縮するかである。ある工程を通過する時間は，①正味作業時間と②のうち，工程内の加工待ち時間の和であるが，これは通常，サイクルタイムと呼ばれている。いま作業改善により正味作業時間と加工待ち時間の短縮，つまりサイクルタイムの短縮に成功したとすれば，短縮された部分だけ生産能力に余剰が生じることになる。この余剰生産能力をそのまま放置するならば，そこには明らかに機会損失が生じることになる。**第4図**は，サイクルタイムの短縮を図解したものである。

第4図によれば，JITによって作業改善が行われるならば，サイクルタイムが短縮され，改善後には新サイクルタイムで工程が運転される。新サイクルタ

第4図　サイクルタイムの短縮

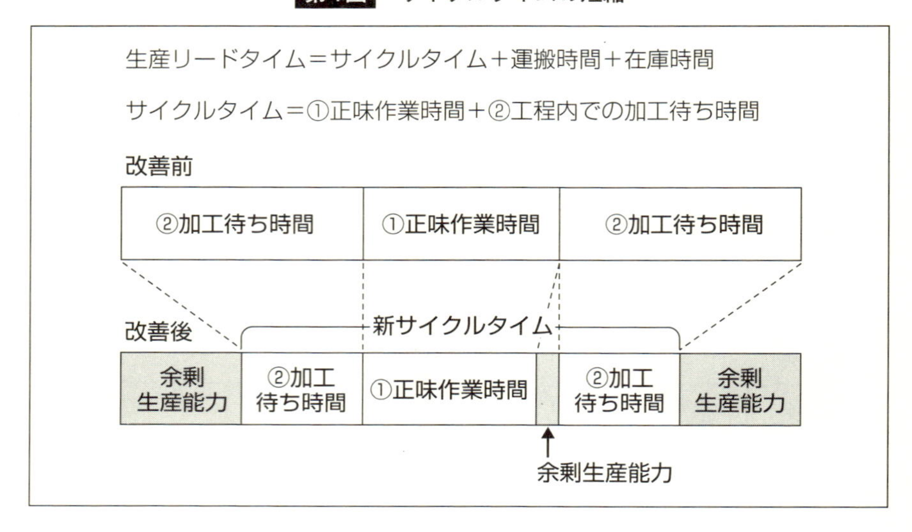

イムの下では，①正味作業時間の短縮から生じた余剰生産能力と②加工待ち時間の短縮から生じた余剰生産能力が発生することになるが，もし追加生産が可能な場合には，余剰生産能力の発生が回避されることとなる。

確かに①正味作業時間を短縮する方法にはいくつかあり，多くの企業では正味作業時間の短縮に向けてさまざまな改善が展開されている。しかしながら，正味作業時間の短縮はそれほど簡単なことではない。生産リードタイムの短縮という視点から見れば，正味作業時間の短縮だけが重要なわけではない。加工待ち時間の短縮のみならず，運搬時間や在庫時間，とりわけ後者の在庫時間の短縮がより重要であるとされている。藤本教授によれば，

> ジャスト・イン・タイムの究極のねらいは，在庫コストの削減や在庫スペースの節約よりはむしろ，『問題（ムダ）の顕在化』を通じて生産性向上・品質向上・コストダウンなどの継続的改善を行うことだといわれている。(ibid.: 210－166)

つまり，JITでは，在庫削減⟶ムダの顕在化⟶継続的改善を目指しているのである。

4 ■アメーバ経営とトヨタ生産方式に共通する機会損失の認識

アメーバ経営では，時間当り採算を管理基準として全員参加経営の下で現場改善が展開されるので，生産能力が増大する。同様に，JITでは，生産リードタイムを管理基準として全員参加経営の下で現場改善が押し進められるので，生産能力が増大する。生産能力が増大しても，それを吸収する追加需要がある場合，あるいは1960年代以降の高度成長期の日本企業のように持続的に需要が増加する場合には，余剰生産能力は生じない。第５図は，高度成長期の現場改善と生産能力増大を図解したものである。

第5図　高度成長期の現場改善と生産能力増大

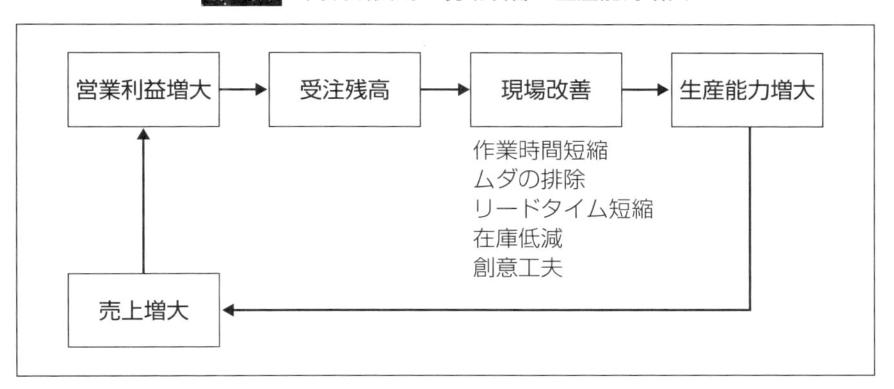

この図によれば，作業時間短縮，ムダの排除，リードタイム短縮，在庫低減，創意工夫などの現場改善により生産性が向上し，その結果，生産能力が増大する。しかし，この生産能力増大を吸収する需要があるので，売上高が増大する。結果として，余剰生産能力は生じない。したがってまた機会損失も生じないのである。

高度成長期の日本企業では，現場改善による生産能力の増大が実現されてもなお生産能力が不足したので，短期的な需要の変動があっても，長期的には，生産能力を増大するために継続的かつ多額の設備投資が行われた。さらには生産拠点の海外移転も盛んになった。日本経済はかつてない繁栄を享受していた。

しかしながら，1992年のバブル崩壊を契機として，右肩上がりの高度成長は終焉した。そこには，生産能力の増大を需要が吸収できないことから余剰生産能力，したがって機会損失が生じることになった。

日本企業はこの機会損失に対して人的資源の活用と固定費管理という対応策を展開し，これによって経営改革を実現し，そこから売上高の増大をたぐり寄せたのである。以下，このことを詳述しよう。

周知のように，日本的経営は終身雇用制度，年功序列賃金，企業内組合のいわゆる「三種の神器」に特徴づけられる雇用関係として注目されてきた。「この中でも終身雇用制度は日本型経営の中核として位置づけられている」（吉田，1996：17）。日本的経営の下では，人件費は変動費ではなく，固定費とみなされている。このため，従業員に対する「費用対効果」の視点は「費用」を所与として，むしろ「効果」に向けられており，全員参加経営を実践する中で従業員の創意工夫による絶大な成果が期待されている。企業では，教育・訓練，研究開発，製造技術の習熟，生産性の向上を通じて，従業員に対してより大きな将来収益力を創出することが期待される（ibid.：36）。

京セラのアメーバ経営もJITも日本的経営の下で展開されているので，このことを視野に入れながら，低成長期における両者に共通する管理会計の特徴を析出してみたい。トヨタ生産方式の生みの親とされる大野耐一氏は，生産能力の余剰について，次のように指摘されている。

> 生産能力という見地から，トヨタ生産方式の考え方をみてみよう。まず，生産能力に余力がある場合とない場合とでは，経済的有利性の判断がちがってくる。簡単にいえば，余力のある場合は，遊んでいる人，遊んでいる機械などを使うのであるから，費用は新たに発生しない。つまりタダである。……能力に余裕があれば，原価の検討をするまでもなく，損得がはっきりしている。（大野，1978：100－101）

追加の説明を必要としない。実に明快である。それと同時に，生産能力に着目すれば，京セラのアメーバ経営とJITとの共通性が見えてくる。いずれも，生産能力の余剰を創出し，追加注文によって，この余剰を解消すれば，追加費用を必要としない，つまり「タダ」で生産できるという認識である。そこには，明らかに機会損失の認識が存在する。

他方，2010年１月に経営破綻した日本航空株式会社（本社：東京都品川区。以下，JALと略記する）を再建するプロジェクトの一環としてアメーバ経営が導入された株式会社JALエンジニアリング（本社：東京都大田区，資本金8,000万円，従業員数:約4,000名）の佐藤社長は，在庫削減に関して，次のように語っている。

> そもそも工場内には稼働していない点検整備中の飛行機が必ずありますから，その飛行機から必要な部品を取り外して使えばよいのです。そうすれば，極端な話，部品在庫はゼロで済みます。……飛行機に取りつけた部品を使うことは，現場の整備士にとっては完全な二度手間です。しかし，これが就業時間内にできるのなら，つまり残業や休日出勤という支出を伴わない範囲なら，やり切るべきなのです。若い整備士にとっては仕事を覚える機会にもなりますから，人財育成にもつながり，一石二鳥でした。（佐藤，2012：14）

佐藤社長の認識も大野耐一氏と同じである。そこには，明らかに機会損失の認識が存在する。第６図は，日本的経営と機会損失の関係を示したものである。

第6図　日本的経営と機会損失

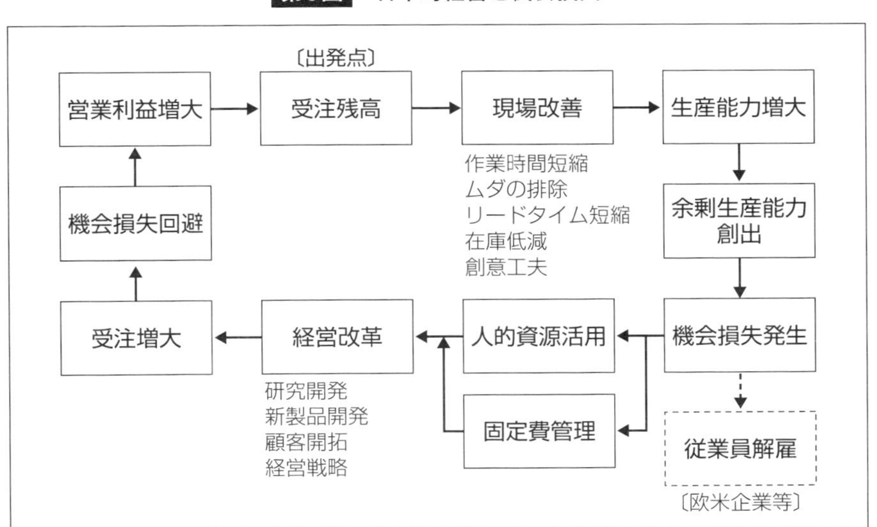

出所：上總（2014a：25）の図に一部加筆。

この図では，終身雇用制を前提とした日本的経営では，まず受注残高を出発点として，時計回り（右回り）で，現場改善→生産能力増大→余剰生産能力創出→機会損失発生→人的資源活用と固定費管理→経営改革→受注増大→機会損失回避→営業利益増大→受注残高として循環サイクルが繰り返される。機会損失が発生したときに，欧米企業の多くは「従業員解雇」という雇用政策を採る。これとは対照的に，日本企業では，終身雇用制の下で人的資源の活用に活路を見出し，経営改革を通じて受注増大をたぐり寄せて，機会損失を回避し，結果として，営業利益を増大していると見ることができる。もちろん，人的資源活用→経営改革を通じて受注増大を目指すとしても，直ちに機会損失が回避されないこともある。このため，余剰生産能力から発生する固定費管理も同時に展開されることになる。

5■日本における企業間管理会計
──機会損失の管理と固定費の変動費化

アメーバ経営であれ，トヨタ生産システムを通じてであれ，従業員の全員参加経営の下で現場改善に成功すれば，そこには生産能力が増大される。たとえば，柊紫乃氏（山形大学）の研究によれば，トヨタ自動車工業では，第46期（1962年）から第71期（1975年）にかけて，従業員1人当たり生産台数は，この期間に8台から30台へとおよそ3倍に増大した（柊，2009：49)。生産性の向上よりも受注量の増大のほうが大きい場合には，差し当たり，余剰生産能力は生じない。しかし景気変動等による需給ギャップが生じた場合には，やがて余剰生産能力が顕在化する。日本的経営，とりわけ終身雇用制の下では従業員を解雇しないので，そのまま放置すれば，従業員の手待ちが生じるか，最悪の場合には，サイクルタイムが改善前の水準に逆戻りする。

そこで企業では，生み出された余剰生産能力をむしろ積極的に利用して教育・訓練，研究開発，製造技術の習熟，生産性の向上，研究開発，新製品開発，販売促進活動の展開などの経営改革を通じて，従業員に対してより大きな将来収益力を創出するための経営戦略が行われていた。経営者が意識するか否かにかかわらず，日本企業では機会損失の管理が行われていたのである。

しかしながら，従業員を解雇できない日本企業では，経営改革からもたらされる売上高の増大によって一時的に猶予されることがあるとしても，決して余剰生産能力から発生する固定費管理が不要になったわけではない。むしろ経営改革の一環として同時に固定費管理が推進されていたと見ることができる。その典型は，下請企業ないし協力企業を巻き込んだ固定費の変動費化，さらには固定資産の流動資産化である。以下，この点について言及しよう。

日本では，多くの場合，発注企業と受注企業との関係は，市場競争を前提とした平等な関係ではなく，むしろ親会社と子会社という上下関係であるとされている。すなわち，高度成長期には，急激な生産拡大に対応するため，

> 大企業はこぞって有力な中小工場を選んで「系列化」し，設備，技術，管理を指導しながら合理化を要請，やがて量的な下請利用拡大から質的な利用へと，下請関係を発展していった。（佐藤，1993：11）

当初，日本経済の二重構造の一極を担う下請企業（中小零細企業）については低賃金，生産力の量的な補充，景気変動へのバッファー機能が利用されたが，「発注元・下請企業双方による問題解決型コミットメント」（西口，2000：280）の下で高品質・低コスト製品の継続的生産が可能になり，やがて「下請の業務内容が分離した加工処理からサブシステム製造や委託生産へと移っていった」（ibid.：280）のである。

ここでは，下請企業の業務が単純な加工処理からサブシステム製造や委託生産へと移っていったことに着目して，機会損失の管理と固定費管理がどのように展開されていったかを確認しておこう。

ところで近年，発注企業と外注先との取引に注目した組織間管理会計の研究が盛んである。関西大学の坂口順也氏ほかが行った日本的組織間マネジメント・コントロールに関する文献研究によれば，日本企業は，①継続性，安定性，相互依存性が高い密接な組織間関係を基盤とし，②組織と組織の壁を超えた目標設定とその達成のためのインターラクティブな共働を実施し，かつ，③原価情報を含めた多様な情報の共有をバイヤー・サプライヤー間で実現しており，かかる日本企業の組織間マネジメント・コントロールは，サプライチェーンを通じた大幅な原価低減をもたらし，日本企業の競争力の高さに貢献してきたとされている（坂口ほか，2015：8）。

日本企業では，生産に必要な多くの「財・サービス」を企業外から購入する。財の購入は，市場から市販標準品を購入すればそれで済むというほど単純なものではない。むしろ，日本企業では，独自の仕様に基づく原材料，部品，ユニット，モジュールなどの財を外部の企業に注文すること，いわゆる外注が広く行われている。通常，発注企業と外注先との関係は，購入する「財・サービス」に注目して議論される。第７図は，発注企業と外注先との間の財・サービスの流れを示したものである。

第7図　発注企業と外注先との間の財・サービスの流れ

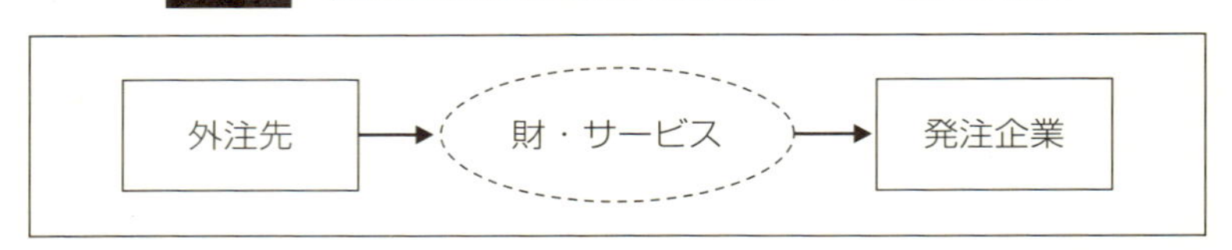

発注企業は外注先に対して発注を行い，対価を支払って財・サービスを購入する。しかし，機会損失の発生とその回避に焦点を当てるならば，「財・サービス」ではなく「生産工程」に注目する必要がある。外注先の生産工程は，発注企業から見れば，それまで稼働していた自社の生産工程の一部ないし全部が外注先に移転されたことを意味している。第８図は，Ａ社が自社で処理していた鋳造品の機械加工をすべてＺ社に外注したときの概念図である。

この図によれば，自社のＡ社工場では，原材料を市場から購入して，鋳造→機械加工→塗装→組立という４つの工程を通じて完成品が生産されている。外注の場合には，Ａ社は，「鋳造品」をＺ社に支給して，Ｚ社から機械加工を施した「部品」を受け取ることになる。これは自社工程の外部化を意味している。逆の見方をすれば，外注企業Ｚ社の機械加工工程を，発注企業であるＡ社工場が自社の生産工程の一部として取り込んでいると認識できる。これは他社工程の内部化である。この他社工程の内部化は，生産移管した工程が第８図のように一部であっても，工場で行われる一連の工程であっても基本的には同じである（上總，2014b:206）。ここから，Ａ社工場で行われている製品の原価，品質，納期に対する生産管理（生産基準）がそのまま外注企業Ｚ社にも要求される。生産管理の水準は，たとえ外注企業であっても，発注企業と同じ水準が

第８図　機械加工の外注化

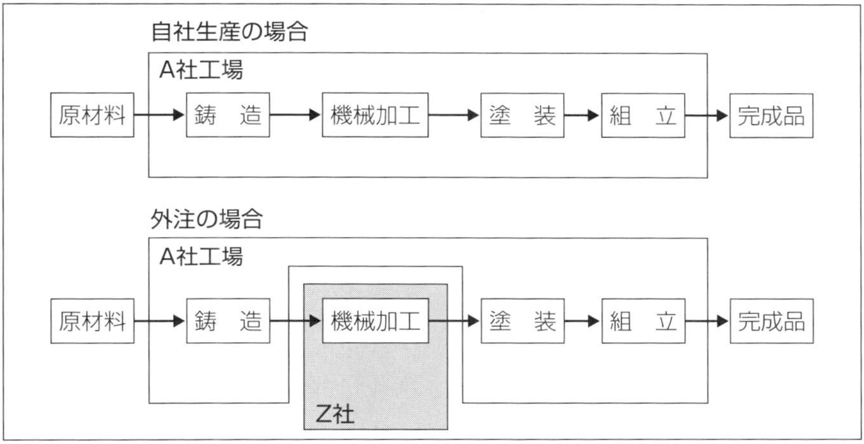

自社生産の場合

A社工場

原材料 → 鋳　造 → 機械加工 → 塗　装 → 組　立 → 完成品

外注の場合

A社工場

原材料 → 鋳　造 → 機械加工 → 塗　装 → 組　立 → 完成品

Z社

出所：上總（2014b：207）

求められる。このことに関連して，元トヨタ自動車生産調査部部長の田中正知氏は，次のように指摘している。

> 現在量産している生産体制を見渡して，ネックとなっている工程や，工場や，ときには会社に出向いていき，現状を調査し改善し，グループが全体最適に回るようにすることを任務としている組織がある。「生産調査部」という名称のトヨタ方式のプロ組織である。このプロ組織はトヨタ自動車だけでなく，関連企業すべてが持っている。……
>
> 普段はグループ各社のプロとセミプロが各社持ち回りの改善職場に集まり，そこで実地訓練を行っている。その活動は……「トヨタ方式自主研究会」である。会場となった会社のプロがつくり上げた職場に入っていって，ゲストのプロがさらなる改善に挑戦し，新しい手法の開発などを行なう場である。……
>
> このようにして各社各工場のスタッフはトヨタ方式のOJT教育・訓練を受ける。これを自職場に持ち帰って展開する。（田中，2005：172－173）

トヨタグループでは，「トヨタ方式自主研究会」を通じて，グループ各社のトヨタ生産システムを利用して同一水準の原価，品質，納期に対する管理が行われているのである。

トヨタ生産システム（JIT）やアメーバ経営の下で現場改善が行われた場合には，余剰生産能力が発生するので，余剰人員資源を積極的に活用して経営改革が行われるとともに，この経営改革の結果として生じるはずの売上高増大が直ちに期待できない場合には，経営改革の一環として固定費管理が行われる。固定費管理には，原理的には，３種類の方法が存在する。①固定費総額の削減，たとえば，不要業務の廃止，投資の延期，生産の海外移転など。②固定費の変動費化，たとえば，派遣社員，季節工，臨時工，アルバイトなどの非正規社員の採用など。③固定資産の流動資産化，たとえば，完成品の生産委託などである。固定費管理としてどのような方法を選択するかは，もちろん，経営者の経営判断である。

いまＡ社が「鋳造品」をＺ社に支給して，Ｚ社から機械加工を施した「部品」を受け取るという外注が行われ，自社工程の外部化が行われたとしよう。Ａ社はＺ社から部品を必要な時に必要な量だけ購入するが，この部品の購入金額は「単価×購入量＝外注加工費」として発生する変動費である。少なくともＡ社には，それまで発生していた機械加工工程に関わる人件費を含めた固定費はもはや発生しない。そこには機会損失の発生もなければ，固定費管理の必要もない。機会損失の管理と固定費管理は自社工程の外部化を通じてＺ社へ転嫁されたのである。他方，Ｚ社では，自社の生産工程が遊休している場合には，生産能力をフル活用する機会に恵まれることになる。またＺ社でも生産能力が不足する場合には，さらに下位の外注先に注文が回される。その結果，外注先の系列化が進展することとなる。

そればかりではない。自社工程の外部化は，固定資産の流動資産化をもたらす。通常，人的資産は資産認識をしないので，貸借対照表上には計上されない。しかし，土地，建物，機械設備，運搬具等，機械加工工程に関係する固定資産は貸借対照表上に資産として計上される。もともとＡ社が保有していた機械加工工程の固定資産がＺ社に転嫁されるため，Ａ社の貸借対照表からこの固定資産が消えてしまう。Ａ社はＺ社から部品を購入するが，大部分は外注加工費（変動費）として処理され，期末には，使い残した「部品」が流動資産としてわずかに貸借対照表に計上されるだけである。これが固定資産の流動資産化である。

現実には，下請企業の業務が単純な加工処理からサブシステム製造や委託生産へと移っているので，その固定資産の金額は相当額に達する。そこには，設備投資に対する経営戦略が深く関わっている。よく知られているように，投資利益率（Return on Investment：ROI）は次の式で示される。

$$\mathrm{ROI}=\frac{\text{利益}}{\text{投資額}}=\frac{\text{利益}}{\text{売上高}}\times\frac{\text{売上高}}{\text{投資額}}$$

自社で投資する固定資産が少なくなれば，それだけ投資利益率は大きくなる。ROIが業績評価に利用される場合には，それだけ業績が高く評価されることになる。そればかりではない。固定資産の投資には長期資金を必要とする。長期借入金，社債，増資などの企業財務を通じて必要な長期資金が調達される。しかし，固定資産を自社で購入する必要がない場合には，少なくとも，自社で長期資金を調達する必要は生じない。

かくして，現場改善が行われた場合には，余剰生産能力，したがって機会損失が発生するので，余剰生産能力の大部分を占める余剰人員資源を積極的に活用して経営改革が行われるとともに，この経営改革の一環として固定費管理が行われる。

6■機会損失管理の重要性

アメーバ経営では，時間当り採算を管理基準として，トヨタ生産システムでは，生産リードタイムを管理基準として，全員参加経営の下で現場改善を押し進め，生産能率の向上を目指す。その結果，余剰生産能力が発生する。追加生産があれば，それだけ原価低減が実現され，結果として利益が増大する。しかし，不幸にして追加生産がなければ，それは遊休生産能力として顕在化し，得られるはずの利益を失うという意味で機会損失が発生する。労働市場が有効に機能している欧米企業の場合には，遊休生産能力となった従業員を解雇できるので，機会損失を回避できる。逆に受注が増大して生産能力が不足する場合には，労働市場から従業員を追加雇用して機会損失を回避できる。

他方，労働市場が有効に機能しない日本企業では，日本的経営を特徴づける終身雇用制（長期雇用制）に制約されて，遊休生産能力が発生している場合でも，従業員を解雇することはほとんどない。ここに日本固有の機会損失管理の必要性が出現する。一方では，余剰人的資源（従業員）を活用した経営改革が展開される。製品の改良，品質向上，納期短縮，研究開発，新製品開発，新規顧客開拓，新事業立ち上げなど，短期的のみならず，長期的に売上高の増大と原価低減に結びつく経営改革が，全従業員の知恵と行動を結集して行われる。他方では，遊休生産能力から発生する固定費に着目して，生産工程の一部に留まらず，サブシステム製造，委託生産を通じて，自社から下請企業へ生産能力（生産設備と人的資源）を移転する。結果として，固定費の変動費化が行われ，同時に固定資産の流動資産化が進展する。本来，それは発注企業が負担すべき生産能力（生産設備と人的資源）であるが，それらが下請企業へ転嫁される。発注企業は下請企業から部品や半製品や完成品を購入することになるが，それらは発注企業の変動費として損益計算書に計上され，売れ残った分は流動資産として貸借対照表に計上される。

この結果，日本企業では，余剰生産能力から生じる機会損失に関して，一方では，経営改革から実現される売上高の増大を通じて解消するとともに，他方では，下請企業への外注を通じて，遊休生産能力そのものの発生を防止しようと努めているのである。

【参考文献】

大野耐一（1978）『トヨタ生産方式―脱規模の経営をめざして―』ダイヤモンド社。

上總康行（2003）「借入金利子を考慮した割増回収期間法―回収期間法の再検討―」『原価計算研究』第27巻第2号：1–11。

———（2007）「京セラの大家族主義経営と管理会計―アメーバ経営と時間当たり採算―」『管理会計学』第15巻第2号：3–17。

———（2010a）「機会損失の創出と管理会計―京セラとキヤノン電子の事例研究から―」『企業会計』第62巻第3号：4–13。

――― (2010b)「アメーバ経営の仕組みと全体最適化の研究」アメーバ経営学術研究会編『アメーバ経営学―理論と実証―』第4章, KCCSマネジメントコンサルティング：58-88。
――― (2014)「日本的経営と機会損失の管理―アメーバ経営とトヨタ生産方式の同質性―」『企業会計』第66巻第2号：14-26。
――― (2014)『ケースブック　管理会計』新世社。
―――・浅田拓史 (2007)「村田製作所のマトリックス経営と管理会計―正味投資利益計算と割引回収期間法―」『企業会計』第59巻第1号：150-159。
―――・足立洋・篠原巨司馬 (2008)「総合繊維メーカー『セーレン』の戦略目標管理システム」『福井県立大学経済経営研究』第20号：31-55。
―――・澤邉紀生 (2005)「京セラのアメーバ経営と利益連鎖管理 (PCM)」『企業会計』第57巻第7号：97-105。
―――・― (2006)「次世代管理会計のフレームワーク」上總康行・澤邉紀生編著『次世代管理会計の構想』第1章, 中央経済社：1-37。
―――・堀井悟志 (2008)「新日本製鐵株式会社における設備投資管理―割引回収期間法に基づく投資経済計算―」『企業会計』第60巻第2号：121-128。
坂口順也・河合隆治・上總康行 (2015)「日本的組織間マネジメント・コントロール研究の課題」『メルコ管理会計研究』第7号-Ⅱ：3-13。
櫻井通晴 (1991)『ＣＩＭ構築―企業環境の変化と管理会計―』同文舘出版。
佐藤信博 (2012)「インタビュー　理論ではない。マインドが, 成果を変える。」Amoeba Management Report, Vol.6：14-16。
佐藤芳雄 (1993)「歴史の中で変貌する中小企業」土屋守章・美和芳朗編『日本の中小企業』第1章, 東京大学出版会。
田中正知 (2005)『考えるトヨタの現場』ビジネス社。
西口敏宏 (2000)『戦略的アウトソーシングの進化』東京大学出版会。
柊紫乃 (2009)「TPS（トヨタ生産システム）と会計的評価―適正な企業業績評価の実行可能性―」愛知工業大学博士学位請求論文。
藤本隆宏 (2001)『生産マネジメント入門Ｉ』日本経済新聞社。
吉田和男 (1996)『解明　日本型経営システム』東洋経済新報社。

第2章

投資評価における統合的リスク評価の可能性

――三井住友銀行におけるプロジェクトファイナンスの事例を素材として――

1■プロジェクト投資とリスク評価

企業が投資するあらゆるプロジェクトには必ずリスクが伴っている。リスクのあるプロジェクトへの投資だからこそ，企業は当該投資からリターンを得ることができるともいえよう。その意味において，企業は投資案件に伴うリスクを完全に回避することはできない。とはいえ，事前にプロジェクトへの投資可否の判断を行う際に，投資案件に伴うリスクの評価をしておくことは可能である。どこにどのようなリスクがあるのかについて，あらかじめ把握しようと努めることは，事前の意思決定においても，事後的なリスクへの管理・対応においても，必ず有益なものとなるはずである。

一般的に，企業は，投資可否の判断を行うために，投資案件の経済性評価を行う。その際，各種の投資経済計算が実施される。具体的な計算方法には，回収期間法，会計利益率法，内部収益率法，正味現在価値法，収益性指数法などがある。これらの方法は，計算の方法や重視する観点が違うものの[1]，いずれも評価対象となる投資案件の将来キャッシュフローの予測値を基礎として計算される定量的な財務指標である。もちろん，これらの指標に，プロジェクトに伴うリスクを織り込むことは可能である。たとえば，プロジェクトに伴うリスクを将来キャッシュフローの見積額または割引率に反映させる方法，リスクを反映させた分だけ回収期間を短縮する方法，あるいは，感度分析を実施する方法などが考えられる（たとえば，久保田 2005：134－135；櫻井 2012：446－448)。しかしながら，このような財務データを基礎とする評価方法を用いて，プロジェクトに伴うあらゆるリスクを織り込むことは現実的には難しい。とくに，プロジェクトの定性的なリスク，具体的には，プロジェクトの推進者の経験値や遂行能力，カントリーリスク，個別のオペレーターの能力・信用力などといった要素を，将来キャッシュフローの見積額や割引率に正確に反映させることは困難を極める。

筆者は，幸運にも，三井住友銀行におけるプロジェクトファイナンスの実務に触れる機会を得ることができた。すでに太田・上總（2012）において指摘しているとおり，同行での実務は，プロジェクトの財務面における評価を行う際に，一般事業会社の投資経済計算における収益性指数法と同種の評価方法を利用しているという点で大変興味深い事例であった。それに加えて，同行でのプロジェクトファイナンスにおける実務は，財務的にとらえることが困難な定性的リスクも考慮した多面的かつ総合的な評価方法を構築していたという点でも非常にユニークなものとなっている。この多面的かつ総合的な評価方法は，一般事業会社が，各種のリスクを考慮したうえで，プロジェクトの投資意思決定をしようとする場面においても，大いに参考にできるスキームとなりうる。

そこで本章では，三井住友銀行によるプロジェクトファイナンスにおける多面的かつ総合的なリスク評価の方法について詳細に紹介するとともに，その内容について検討していくこととしたい。本章は，プロジェクト評価の実務に関するケース研究であり，とりわけ，これまで研究成果の少ない，定性的なリスクについても考慮に入れたプロジェクト投資における多面的かつ総合的なリスク評価の展開可能性に焦点を当てて検討している点に特徴がある。

2■プロジェクトファイナンスとは

銀行が企業に資金を融資する際（企業が銀行から資金を調達する際），コーポレートファイナンスとプロジェクトファイナンスという２つの手段がある。

コーポレートファイナンスとは，企業自体の信用力および企業が有する財産の担保価値に対する評価に基づいて資金を融資するという通常に見られる方法であり，一般的にこちらの融資方法を採ることが多い。

他方，プロジェクトファイナンスとは，ある特定のプロジェクトから得られるキャッシュフローを返済原資として，当該プロジェクトに関連する資産（契約上の諸権利も含む）のみを担保とする融資である。

第1図　プロジェクトファイナンスの概要

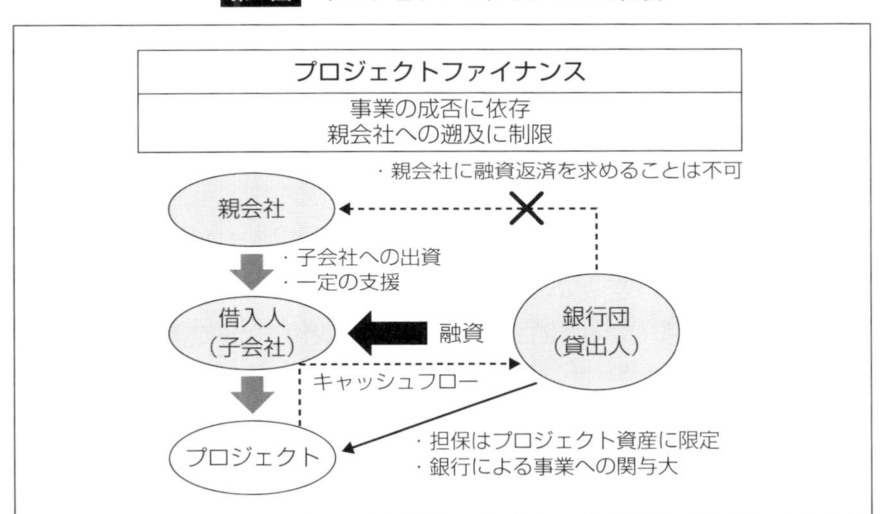

出所：太田・上總（2012：120）より筆者作成。

プロジェクトファイナンスの概要を示したものが**第1図**である。なお，ここで「借入人」とは，実際のプロジェクトを実行するプロジェクト実施会社である。この借入人のスポンサー企業が親会社となる。

すでに述べたとおり，通常のコーポレートファイナンスの場合，与信判断の際，親会社を中心とした事業会社グループ全体の信用力・担保能力に大きく依存することとなる。銀行側からすると，仮にプロジェクト実施会社がプロジェクトに失敗したとしても，その主たるスポンサーである親会社が損失を補塡することを前提として融資判断が行われることになる。

他方，プロジェクトファイナンスでは，プロジェクトから得られるキャッシュフローのみを返済原資とするため，親会社への遡及に制限が生じる。そのため，融資を行う銀行の立場からすれば，プロジェクトそれ自体を注意深く評価しなければならない。これがプロジェクトファイナンスの大きな特徴となる。

プロジェクトファイナンスには，事業会社側と銀行側のそれぞれの立場においてメリットがある。事業会社側からすると，プロジェクト実施会社のスポンサーとなる親会社に，借入金の返済義務が生じないというメリットが生じる。このようなスキームにより，親会社は大規模なプロジェクトを積極的に推進することができ，同時に，銀行等とプロジェクトのリスクを分担することもできるようになる。また，銀行側にもプロジェクト計画の精査をしてもらうことで，その採算性の評価をより確実なものにすることができる（加賀編，2007：12）。

他方，銀行側にもメリットがある。プロジェクトファイナンスでは，プロジェクトに対する銀行の関与が大きくなる。これにより債権保全策なども取りやすくなる。また，銀行が負担するリスクに見合った金利を設定することも可能になる。さらに，プロジェクトの事業性さえ見込めれば，プロジェクト実施会社やその親会社の企業規模や財務能力にかかわらず融資することが可能となり，融資対象の裾野が広がることで，融資業務の拡大の可能性が高まる（加賀編，2007：16）。

すでに述べたように，プロジェクトファイナンスでは，親会社への遡及を制限したうえで，対象となるプロジェクトから得られるキャッシュフローのみを返済原資としているため，銀行側からすると，プロジェクトの成否が融資元利総額の回収の実現と直結する。そのため，銀行はプロジェクトそれ自体にも深く関与しながら，プロジェクトの回収可能性や収益性について適切な評価を行うことが求められる。この点で，プロジェクトファイナンスにおいて銀行の行う与信判断は，プロジェクト実施会社による投資決定の可否判断と類似のものとなる。

以下で紹介するように，三井住友銀行のプロジェクトファイナンスにおける財務的なキャッシュフロー分析では，通常の一般事業会社による投資経済計算と類似の方法が用いられている。さらに，プロジェクトに伴う各種の定性的なリスクを分析するためのさまざまな手続及び分析技法が開発されている。

3■三井住友銀行によるプロジェクト評価の事例

3.1　リスクファクター・リスク分析

プロジェクトファイナンスを行う際には，当該プロジェクトの収益性とリスクを分析して，与信判断が行われることになる。また，与信判断が可とされ，プロジェクトが実施されると，その後の与信管理も行われる。この一連のプロセスをまとめると次のとおりとなる。

(1) リスクファクターの評価

(2) スコアリング

(3) 与信判断

(4) ローン期間中の与信管理

以下では，このプロセスの詳細について順を追って説明する。

(1) リスクファクターの評価

最初に，プロジェクトに応じたリスクファクターの評価が行われる。リスクファクターの評価とは，スコアリングモデルの構築をするために，各リスクファクターの重要度を表わす配点を決定するプロセスである。三井住友銀行では，プロジェクトに伴うリスクファクターとして**第1表**にあげた９項目を検討している。

三井住友銀行においては，**第1表**の９項目のリスクファクターに対して，合計スコアが原則として33点（ただし，状況に応じて30～36点の範囲で調整可能）の範囲に収まるように配点することによって，リスクファクターの重要度を評価する。このスコアリングモデルは，案件の完工前と完工後の両方について構築されている[2]。たとえば，ある発電所の案件を想定して，スコアリングモデルを設定したとすると**第2表**のようになる。なお，「債務返済リスク」の項目は，キャッシュフロー分析によって定量的に評価されるものであり，詳細については後述する。

第1表　リスクファクターの項目と内容

リスクファクター	内　容
1. プロジェクトの推進主体	中心的な推進者の在否・顔ぶれ・経験・事業遂行能力・財務内容等
2. プロジェクトの意義，経済合理性	プロジェクトの狙い・意義，マーケットの規模や重要性，経済合理性等
3. 完工リスク	出資者による完工保証等のリスク削減案の有無，建設工事請負契約（EPC契約）の妥当性，EPCコントラクター（建設請負契約者）の能力や既往実績，保険の付保等
4. 操業・生産リスク	使用技術・機器の既往実績，操業/保守関連倹約の妥当性，オペレーターの能力・信用力・既往実績，保険の付保等
5. 原料・燃料供給・調達リスク	原料・燃料供給者の能力・既往実績，原料・燃料供給契約の妥当性，代替供給減の有無等，資源等の権益の確保，可採確認埋蔵量の妥当性等
6. 製品（サービス）販売リスク	製品の市場性，競争力，マーケットの成長性・需給動向・価格動向等，製品購入者（オフテーカー）の信用力，製品販売契約の妥当性等
7. 担保・その他の与信保全策	担保（プロジェクト資産や収入）の瑕疵の有無，カントリーリスクの有無等
8. 債務返済リスク（キャッシュフロー分析）	プロジェクトのキャッシュフローからみたローン返済能力
9. その他のリスク	上記以外に考慮しなければならないリスク

第2表　スコアリングモデルの設定

スコアリングモデル（発電所案件）		
評価項目	完工前	完工後
プロジェクトの推進主体	4	4
プロジェクトの意義，経済合理性	3	3
完工リスク	7	0
操業・生産リスク	3	4
原料・燃料供給・調達リスク	3	4
製品（サービス）販売リスク	3	3
担保・その他の与信保全策	4	4
債務返済リスク（キャッシュフロー分析）	3	8
その他のリスク	3	3
Total	33	33

(2) スコアリング

先に設定されたスコアリングモデルに基づいて，リスクファクターの各項目について，その具体的な内容に関する質的な個別評価を行い，評価の結果を一定の評価基準と照らし合わせたうえで得点が付けられる。三井住友銀行では，この得点のことをリスクウェイトと呼んでいる。このスコアリングに際する評価基準の概要は，第３表に示しているとおりである[3]。

第３表　リスクウェイト

ランク	評価基準	リスクウェイト
Strong	リスク回避されている。リスクが顕在化してもプロジェクトへの悪影響は殆どなし。	0
Good	リスクが顕在化してもプロジェクトへの影響は軽微。	0.5
Satisfactory	リスクはあるが，同種の他案件対比軽微，且つプロジェクトへの影響は小さい。	1
Adequate	リスクの存在はあるが，同種の他案件とほぼ同程度，且つマネージできる範囲。	1.5
Marginal	リスクが顕在化する可能性があるが，プロジェクトへの影響は限定的，且つローン返済に影響ない程度。	2
Poor	リスクが顕在化しており，ローン返済に影響を来す可能性が否定できない程度。	3
Risky	リスクが顕在しており，ローン返済に影響を来す懸念が強い，またプロジェクト全体に悪影響を及ぼす可能性高い。	(R)

なお，第３表のAdequate（=リスクウェイト値1.5）の水準が，銀行の工夫次第で管理可能なリスクレベルということになる。したがって，ランクがこれ以上であれば銀行にとって望ましい状況であり，これよりも低ければより困難な状況にあることとなる。さらに，各項目の中で，1つでも（R），すなわち，Riskyランクの評価が下されると，そのプロジェクトへの投資は再考されることとなってしまう。そして，リスクファクターごとに設定されたリスクウェイトは，先に設定されたスコアリングモデルの配点と掛け合わせて合計することによって，評価対象となるプロジェクトの総合スコアが計算される。つまり，リスクファクターごとにスコアが計算されて，項目ごとに算定されたリスク

ファクターの得点の合計点が総合スコアとなる。

Σ（各リスクファクターに対するスコアリングモデルの配点
×リスクウェイト）＝リスクファクターのスコア合計（総合スコア）

三井住友銀行では，この各スコアの合計点，すなわち総合スコアによって，プロジェクトの格付けを行っている。

たとえば，第2表のようにスコアリングモデルを設定した，ある石炭による火力発電所の総合スコア（完工前）を集計計算したものが第4表である。なお，これらの数値は，三井住友銀行から提供いただいた資料に基づいたものであるが，すべて架空の想定例（これ以降もすべて同様）である。

第4表の備考欄などに記載されている内容が，リスクウェイトのランク付けの根拠となっている。たとえば,「プロジェクトの推進主体」の項目については，実績十分な大手商社と中堅商社の出資に基づくプロジェクトであることを理由に，Adequateランクと評価され，リスクウェイト1.5と得点付けされている。

なお，ここで，債務返済リスクの項目は，定量的なキャッシュフロー分析の結果としてリスクウェイトが評価されている。この項目については，一般事業会社における投資経済計算と類似の手続を採用している。この点に関する説明は後述する。

すべての項目について，リスクウェイトの評価が終了すると，このプロジェクトの総合スコアが算定されることになる。当該石炭火力発電所のプロジェクトに関する完工前の総合スコアを算定した結果は，第4表にもあるとおり43.5となっている。

次に，この総合スコアに基づき格付けが行われる。この格付けは，いわゆる格付け機関等による格付けの表現形式を参考として，AAAからB－の間で評価される。総得点と格付けとの関係を示したものが，第5表のとおりである。先に例示した発電所プロジェクトの場合，総合スコアが43.5であるので，第5表に基づくと，BB+の格付けが与えられる。

第4表　リスクファクターのスコアリング（発電所プロジェクト（完工前）の例）

スコアリングモデル（発電所案件）			石炭火力発電所		備　　考
評価項目	完工前	完工後	リスクウェイト	合計	
プロジェクトの推進主体	4	4	1.5	6	大手商社Ａ社50％，中堅商社Ｂ社50％の出資。 両社とも既往実績十分。
プロジェクトの意義，経済合理性	3	3	1	3	国民の利益に資する案件。 売電料金の競争力も認められる。
完工リスク	7	0	1.5	10.5	建設契約内容妥当。 建設業者の既往実績十分。
操業・生産リスク	3	4	1.5	4.5	操業者（オペレーター）の能力，既往実績十分。 想定される操業停止・発電量減少は合理的な範囲。
原料・燃料供給・調達リスク	3	4	1.5	4.5	石炭供給の長期契約有。 価格の変動はプロジェクトへのキャッシュフローに影響軽微（オフテイカーが負担。）
製品（サービス）販売リスク	3	3	1.5	4.5	購入能力が認められるオフテイカー（電力購入者）との長期売電契約有。 契約内容妥当。
担保・その他の与信保全策	4	4	1.5	6	プロジェクト資産に対し，第一順位の担保権を設定。
債務返済リスク（キャッシュフロー分析）	3	8	1.5	4.5	＜LLCR＞ 悲観ケース：1.25％ ベースケース：1.50％ ＜DSCR＞ ベースケースのMinimum DSCR：1.05％
その他のリスク	3	3	0	0	上記リスト以外はとくに懸念なし。
Total	33	33		43.5	

第5表　スコアと格付

総合スコア	相当する格付け
0-16未満	AAA ～ A －
16-25未満	BBB ＋
25-34未満	BBB
34-42未満	BBB －
42-50未満	BB ＋
50-58未満	BB
58-67未満	BB －
67-78未満	B ＋
78-91未満	B
91以上	B －

(3) 与信判断

基本的に上記の格付け評価を主たる基準として，与信判断が行われることとなる。我々の聞き取り調査によれば，原則として，B＋程度以上ならば融資を行うことが可能であると判断されるようである。また，この格付けの結果に基づいて，融資時の金利水準も決定されることになる。したがって，ここまで例示してきている発電所プロジェクトの場合であれば，格付けがBB+となることから，与信の判断に際しては概ね前向きな評価がなされることになる。

(4) ローン期間中の与信管理

融資実行後，半年に1回，同様のスコアリングモデルに基づいて，各リスクファクターを再評価する。評価結果が良好でない場合には，銀行が直接介入したうえで助言・指導をするなどして，リスク軽減のための各種の対応が図られる。これは，一般の事業会社における投資プロジェクトの事後監査，事後評価，進捗度統制等に該当するものである（櫻井，2012:488－489）。プロジェクトファイナンスの場合でも，銀行による投資の事後監査等が重視されている点は注目に値する。

3.2　キャッシュフロー分析

さて，以上のようにプロジェクトの収益性とリスクの分析と評価がなされるのであるが，ここで改めて確認しておきたいのは，債務返済リスクによるリスクウェイトの評価である。三井住友銀行では，この債務返済リスクのリスクウェイトを，定量的なキャッシュフロー分析に基づいて評価している。つまり，この債務返済リスクの項目において，一般事業会社が投資の可否判断をする際に利用している投資経済計算と類似の財務的な予測データに基づく評価を行っているのである。ただし，一般事業会社が利用する回収期間法や正味現在価値法といった投資経済計算とは異なる，DSCR（Debt Service Coverage Ratio）およびLLCR（Loan Life Coverage Ratio）と呼ばれる指標に基づいて評価が行われている。本節では以下，このキャッシュフロー分析の内容に焦点を当てて説明していくことにしよう。

キャッシュフロー分析は次の手順で行われる。

(1)　事業計画に基づくキャッシュフローの予測とインプット項目の確定
(2)　感度分析
(3)　デットサービスのカバー率テスト：DSCRとLLCRの算定
(4)　債務返済リスクに関するリスクウェイトの総合的評価

(1)は，プロジェクトのスポンサーが作成する長期事業計画を参考にして，銀行がさまざまな予測･仮定･前提等（インプット項目）を設定したうえで，キャッシュフローの予測に関するベースケースモデルを作成する手続である。(2)は，ベースケースの作成後，いくつかのインプット項目の前提値を変化させて，元利総額の返済可能性への影響や，その程度・弾力性を検証する手続である。いわゆる，通常の一般事業会社による投資経済計算の感度分析と同様の手続である。(3)は，(1)および(2)の手続を踏まえたうえで，当該キャッシュフローの予測値に基づいて，DSCRとLLCRという指標（詳細は後述）を算定して，その指標に基づいてキャッシュフロー分析を行う手続である。また，(4)は，算定されたDSCRとLLCRを総合的に評価することによって，債務返済リスクのリスクウェイトを決定する手続である。以下では，このプロセスの詳細を説明する。

(1) 事業計画に基づくキャッシュフローの予測とインプット項目の確定

最初に，将来キャッシュフローの予測が行われる。将来キャッシュフローの予測は，プロジェクトのスポンサーが作成する長期事業計画を参考にしながら行われる。ただし，銀行側がさまざまな予測・仮定・前提等（インプット項目）を設定したうえで，将来キャッシュフローの予測に関するベースケースモデルを作成する。考慮される主たるインプット項目は，大別すると，①マクロ経済の仮定，②初期投資費用・資金調達，③運営収入・運営費用，④ローン引出と返済のスケジュール，⑤会計・税務等などに関連するものである。これらの項目もさらに詳細な項目に細分化されて検討される。たとえば，①マクロ経済の仮定について言えば，物価，為替レート，金利，経済成長などの詳細な項目に細分化される。

このように，スポンサーが作成する長期事業計画と銀行側が考慮するインプット項目について総合的に判断しながら，将来キャッシュフローの予測に関するベースケースモデルが作成される。**第6表**は，メキシコでの地下鉄建設・運営プロジェクトを想定した，ベースケースモデルの例示である。これは，メキシコのインフレ率，為替レート，予定される乗客数，運賃，初期費用，運営費用，借入金利などのインプット項目について，スポンサーの事業計画および銀行の予測に基づいて検討のうえ，作成されたベースケースモデルである。なお，当該ローンは，総額の４割が金利９％，６割が金利10％の２種類のローンによって構成されており（加重平均による利率は9.6％），元金均等払いによる返済計画となっている。

(2) 感度分析

ベースケースの作成後，いくつかのインプット項目の前提値を変化させて，プロジェクトへの融資返済可能性への影響の程度等を検証するために，感度分析が行われる。一般事業会社による通常の感度分析では，インプット項目の悲観値や楽観値を考慮して検討されることが多い。しかし，プロジェクトファイナンスの場合は，与信判断に関する評価を行うことが中心的な作業となるため，

第6表　プロジェクトの評価（ベースケース）

	建設期間		運営期間							
年度	FY1	FY2	FY3	FY4	FY5	FY6	FY7	FY8	FY9	FY10
年	2009	2010	2011	2012	2013	2014	2015	2016	2017	2018
＜資金収支＞										
運営収入			1,409	1,424	1,438	1,453	1,468	1,483	1,498	1,513
運営費用			744	749	753	758	762	767	772	777
法人税			44	92	100	107	114	122	129	137
元利金返済前CF			622	583	586	588	591	594	597	600
元利金返済			341	314	287	260	233	207	180	153
(うち元本部分)			140	140	140	140	140	140	140	140
元利返済積立口座残高			170	170	170	170	170	170	170	170
配当前CF			281	269	299	328	358	387	417	447
配当			169	161	179	197	215	232	250	268
現金及び現金同等物の増減			112	108	119	131	143	155	167	179
期初 総合口座残高			50	162	270	389	521	664	819	985
期末 総合口座残高			162	270	389	521	664	819	985	1,164
＜財務指標＞										
DSCR			*1.82*	*1.86*	*2.04*	*2.26*	*2.53*	*2.87*	*3.32*	*3.92*
LLCR			*2.89*	*2.98*	*3.11*	*3.26*	*3.41*	*3.57*	*3.74*	*3.92*

とくに悲観値について入念な検討をしなければならない。

たとえば，第6表の事例に関連して，ベースケースでは，メキシコのインフレ率，為替レート，乗客数などをマーケットアナリストによる予測値を利用して設定していた。しかし，各インプット項目は，より悲観的な状況となるケースもあり得る。したがって，過去の実績等をよく勘案したうえで，ベースケースより確率は低くても発生しないとは限らない水準において，キャッシュフローに悲観的な影響を与えることになるインフレ率，為替レート，乗客数などを想定したケースについても，同様に予測しておく必要がある。このような悲観的なケースについても，悲観的な影響に基づいて，第6表のようなベースケースと同様の予測を行ったうえで，DSCRやLLCRを算定する。第7表は，悲観ケースにおけるDSCRとLLCRを算出した場合の例示をしたものである。

第7表 プロジェクトの評価（悲観ケース：資金収支は省略・財務指標のみ記載）

	建設期間		運営期間							
年度	FY1	FY2	FY3	FY4	FY5	FY6	FY7	FY8	FY9	FY10
年	2009	2010	2011	2012	2013	2014	2015	2016	2017	2018
<財務指標>										
DSCR			*1.17*	*1.14*	*1.25*	*1.38*	*1.54*	*1.74*	*2.00*	*2.36*
LLCR			*1.78*	*1.82*	*1.89*	*1.98*	*2.06*	*2.16*	*2.25*	*2.36*

(3) デットサービスのカバー率テスト：DSCRとLLCRの算定

プロジェクトのキャッシュフローの予測値に基づいて，当該プロジェクトが融資額に対する返済能力を十分に有しているかどうかについて判定するための経済性評価が行われる。そのために，DSCRとLLCRという指標が算定される。これらの指標自体は，プロジェクトファイナンスの評価指標として一般的なものであるが[4]，三井住友銀行においても，すでに説明しているとおり，この評価指標を利用して債務返済リスクのリスクウェイトを評価する仕組みを考案している。債務返済リスクの評価の詳細ついては後述することとして，ここでは，まずDSCRとLLCRについて検討しておこう。

ここで，DSCRとは，下記のように算定される指標である。

$$\text{DSCR}=\frac{\text{当期のデットサービス支払前キャッシュフロー}}{\text{当期のデットサービス額}}$$

分子にあたる「当期のデットサービス支払前キャッシュフロー」とは，プロジェクト実施会社の運営収入から運営費用（ただし減価償却費のような非現金支出費用は除く）を差し引いた当期のキャッシュフローのことである。分母にあたる「当期のデットサービス額」とは，当期のローン返済額（元利合計）のことである。したがって，DSCRが1を下回った場合，当期間の収入では同期間の返済資金がカバーできないということになる。したがって，どのような性質のプロジェクトであっても，少なくとも最低水準として毎期1を超えていることが望まれることになる[5]。このように，DSCRは，当期におけるローン元利金返済能力を測る指標として利用されている。銀行は，全返済期間における各期のDSCRをみて，要求水準を満たしているかどうかを評価しなければならない。

ここで，第６表と第７表に注目してもらいたい。先のメキシコの地下鉄建設のケースにおいては，各期の「元利金返済前CF」を「元利金返済」で除することで，DSCRが算定されている。DSCRは，ベースケースにおいて1.82～3.92である（第６表）。他方，悲観ケースにおいては，資金収支に関するデータは省略されているが，DSCRはベースケースよりもやや低い水準の1.14～2.36の範囲で推移していることがわかる（第７表）。

次に，LLCRとは，下記のように算定される指標である。

$$\text{LLCR}=\frac{\text{全ローン返済期間におけるデットサービス支払前キャッシュフロー総額（現在価値）}}{\text{テスト実施日におけるデット総額}}$$

ここで，分子にあたる「全ローン返済期間におけるデットサービス支払前キャッシュフロー総額（現在価値）」とは，ローン返済全期間内における運営収入から運営費用（ただし減価償却費のような非現金支出費用は除く）を差し引いた各期キャッシュフローの割引現在価値合計額のことである。割引率にはデットの利率を利用する。分母にあたる「テスト実施日におけるデット総額」とは，LLCR算定の起算日におけるローン返済総額（元本合計：利息分は除く）のことである。

したがって，LLCRとは，事業から得られる将来のキャッシュフローで，現在のローン残高総額が返済可能かどうかを判断するための指標として利用されている。この指標の要求水準もプロジェクトの性質によって異なるものとなるが，もし，LLCRが1を下回る場合は，当初予定されていた返済期間でローン総額を返済しきれないということになるため，最低でも１より大きくなければならないことは言うまでもない[6]。先に説明したDSCRが毎期の支払能力を確認する指標であったのに対して，LLCRは全返済期間をカバーしたうえで支払能力を評価する指標であるという点に違いがある。

ここで再び，第6表および第7表に注目してもらいたい。先の地下鉄建設事業のケースについてLLCRの計算結果が記されている。当該ケースでは，前述のとおり，2種類のローン（一方が利率9％（総額の4割），他方が利率10％（総額の6割））を組み合わせている。したがって，加重平均による利率は9.6％であり，これが全ローン返済期間におけるデットサービス支払前キャッシュフロー総額の現在価値を算定するための割引率となる。また，ローンの支払額は元金均等払いとなっており，第6表によれば，毎期の返済金額は140（四捨五入による）である。先のメキシコの地下鉄建設のケースにおいては，計算時点の「元利金返済前CF」の割引現在価値の合計額を，未返済の元本合計額で除することで，LLCRが計算できる。LLCRは，ベースケースにおいて2.89～3.92となる（第6表）。悲観ケースでは，収支に関するデータは省略されているが，ベースケースよりもやや低水準の1.78～2.36の範囲で推移していることがわかる（第7表）。

(4) 債務返済リスクに関するリスクウェイトの総合的評価

三井住友銀行では，DSCRとLLCRを算定したのち，これらを総合的に評価することで，先に述べたリスクファクター項目の1つであった「債務返済リスク」のリスクウェイトを決定するという方法をとっている。この債務返済リスクのリスクウェイトの決定基準として，第8表のような評価基準を設けている。第8表からもわかるとおり，Adequate水準よりも良好な評価（リスクウェイトが1.5以下）を得るためには，悲観ケースにおけるLLCRが1.2以上であり，かつ，ベースケースのLLCRが1.8以上であること，または，悲観ケースにおけるLLCRが1.2以上であるものの，ベースケースのLLCRが1.8以下である場合は，ベースケースのDSCRの最小値が1以上となること，が条件となっている。すなわち，悲観ケースにおけるLLCRが1.2以上ない限り，Adequate水準よりも良好な評価は決して得られない仕組みになっている。

ここで，先の地下鉄建設事業の例によれば，悲観ケースのLLCRは1.78，ベースケースのLLCRは1.82，ベースケースのDSCRの最小値は1.82であった（第6表および第7表）。したがって，この例ではリスクウェイト1以上という良好な評価が得られることになる。

第8表　債務返済リスク（キャッシュフロー分析）

<table>
<tr><th colspan="2">LLCR</th><th>MinimumDSCR</th><th rowspan="2">リスク
ウェイト</th></tr>
<tr><th>悲観ケース</th><th>ベースケース</th><th>ベースケース</th></tr>
<tr><td rowspan="4">LLCR ≧ 1.2</td><td rowspan="2">LLCR ≧ 1.8</td><td>MinimumDSCR ≧ 1</td><td>1以上</td></tr>
<tr><td>1 > MinimumDSCR</td><td rowspan="2">1.5</td></tr>
<tr><td rowspan="2">1.8 > LLCR ≧ 1.2</td><td>MinimumDSCR ≧ 1</td></tr>
<tr><td>1 > MinimumDSCR</td><td rowspan="2">2</td></tr>
<tr><td rowspan="2">1.2 > LLCR ≧ 1.0</td><td rowspan="2">—</td><td>MinimumDSCR ≧ 1</td></tr>
<tr><td>1 > MinimumDSCR</td><td rowspan="2">3</td></tr>
<tr><td rowspan="2">1.0 > LLCR</td><td>LLCR ≧ 1.0</td><td rowspan="2">—</td></tr>
<tr><td>LLCR < 1.0</td><td>要注意</td></tr>
</table>

4■DSCR・LLCRの解釈

さて，ここで，プロジェクトファイナンスのキャッシュフロー分析に際して利用されていたDSCRとLLCRについて，一般事業会社における経済性評価方法と比較しながら，若干踏み込んだ検討をすることとしたい。

DSCRは，下記のように計算される指標であった。

$$\text{DSCR} = \frac{\text{当期のデットサービス支払前キャッシュフロー}}{\text{当期のデットサービス額}}$$

これは，各期に，返済額の何倍のキャッシュフローが生じているのかを示している指標である。ここで，この式の逆数をとって両辺にローン期間を乗じてみよう。

$$\frac{1}{\text{DSCR}} \times \text{ローン期間}$$

$$= \frac{\text{当期のデットサービス額}}{\text{当期のデットサービス支払前キャッシュフロー}} \times \text{ローン期間}$$

$$= \frac{\text{デットサービス総額}}{\text{当期のデットサービス支払前キャッシュフロー}}$$

いま，当期のデットサービス支払前キャッシュフローの金額が仮に毎期一定額であり，かつ，デットサービス総額が初期投資額を表していると仮定すると，このDSCRの逆数にローン期間を乗じたものは，当該プロジェクトの回収期間を算定していることと同意であることに気がつく。そこで，この式をDSCRについて整理し直すと，次のように表現できる。

$$\frac{1}{\mathrm{DSCR}}\times \text{ローン期間}=\text{回収期間}$$

$$\mathrm{DSCR}=\frac{\text{ローン期間}}{\text{回収期間}}$$

したがって，上述の仮定の制約下において，DSCRはローン期間が回収期間の何倍になるのかを表す関係式となる[7]。ローン期間よりもプロジェクトの回収期間のほうが短ければ1以上の数値となるという関係である。DSCRが1以上であるということは，銀行側から見れば，ローン期間内にプロジェクトの総融資額の回収が終了したことを意味する。他方，プロジェクト実施会社から見れば，ローン期間終了前に返済額の回収が終了したことを意味する。このように，DSCRは，ローン期間と対比した，プロジェクトの回収期間を含意した指標となっているのである。

さらに，LLCRについても検討してみよう。LLCRは下記のように計算される指標であった。

$$\mathrm{LLCR}=\frac{\begin{array}{c}\text{全ローン返済期間におけるデットサービス}\\ \text{支払前キャッシュフロー総額（現在価値）}\end{array}}{\text{テスト実施日におけるデット総額}}$$

ここで，プロジェクトファイナンスの場合，そのプロジェクトの投資必要額のほとんどがデット総額から賄われていることを考慮すると，LLCRの分母にあたるデット総額はプロジェクトの投資支出額（あるいは要回収額）とみなすことができる。さらに，分子にあたる全ローン返済期間におけるデットサービス支払前キャッシュフローの現在価値総額は，通常の事業プロジェクトにおける投資のリターンの現在価値合計額と同意である。したがって，LLCRは，まさに一般事業会社における投資経済計算の収益性指数（PI）[8]を表現しているものに他ならない。

$$収益性指数（PI）=\frac{投資のリターンの現在価値合計額}{投資支出額}$$

以上のとおり，DSCRは，ローン期間と回収期間の関係を示した指標であり，LLCRはPI法そのものである。すなわち，DSCRは早期回収の可能性を評価しており，LLCRはローン全期間内におけるプロジェクトの収益性の観点から返済能力を評価している。三井住友銀行では，この2つの指標を併用し，総合的に評価することによって，与信判断の根拠としているのである。

また，さらに興味深いことに，第8表でのリスクウェイトの評価基準によると，まずは悲観ケースとベースケースのLLCRを確認したうえで，十分に収益性が高いプロジェクトについては，早期回収可能性を見るDSCRのチェックを事実上不問としている。他方で，収益性について一定以上の水準を確保できているものの十分に高いとは評価できないようなプロジェクトに限って，DSCRの水準をチェックして，これをクリアすればよいとする2段構えの評価方法を採用している。ここから，早期回収に過度に偏ることなく，プロジェクトの収益性を優先的に評価しようとする考え方が垣間見える。

なお，一般事業会社における投資経済計算として絶対額を示すNPVを重視すべきであるという見解が教科書的に推奨されているが[9]，DSCRおよびLLCRはいずれも比率指標である。なぜ，与信判断においては，比率指標が用いられているのかについても，ここで検討しておこう。

そもそも銀行は，プロジェクト実施会社の企業価値の増加の規模や絶対額よりも，元利総額の回収に関心がある。それゆえ銀行は，NPVのような増加する価値の総額を示す指標を，必ずしも必要としない。加えて，NPVのような総額指標であると，規模の異なるプロジェクトの評価基準を組織内でルール化する際に不便が生じる。比率指標であれば，あらゆる規模のプロジェクトに対して単独のルールを設定することで評価できる。さらに，DSCR，LLCRは，いずれも1より大となることが元利総額を回収するうえで望ましいという論理的に明確な判定基準を具備しており，ルール化もしやすい。また，PI法には，予算制約下における相互排他的な複数の投資プロジェクトの順序付けを行う場合，理論的に誤った評価結果を導いてしまう可能性があると指摘されているが[10]，プロジェクトファイナンスの場合は，独立投資案の採否評価の性格が強いため，PI法による採否の判断は常にNPV法による採否の判断と一致する。以上の点を勘案すると，プロジェクトファイナンスにおけるキャッシュフロー分析で比率指標を用いる合理性が理解できる。

5■投資経済計算とリスク評価

本章では，三井住友銀行のプロジェクトファイナンスにおける与信判断の実務の概要を紹介するとともに，適宜その評価方法について，一般事業会社における投資評価の方法と比較しながら検討を進めてきた。プロジェクトファイナンスでは，プロジェクトそれ自体の評価の適否が，融資の成否に直接的に関わってくる。それだけに，プロジェクトの評価は非常に重要なものとなっている。三井住友銀行におけるプロジェクトファイナンスでは，多面的かつ総合的なリスク評価のためのスコアリングモデルの構築がなされていた。このような三井住友銀行の多面的・総合的評価は，一般事業会社が投資決定の可否判断をする際にも，大いに参考になる点があるものと思われる。以下では，三井住友銀行におけるプロジェクトファイナンスで実施されているプロジェクトの評価方法について，その概要を改めて整理するとともに，その内容から投資意思決定における統合的リスク評価の可能性について展望する。

5.1　投資決定における統合的リスク評価の可能性

三井住友銀行におけるプロジェクトの評価は，プロジェクトを取り巻く各種のリスクに関する多面的かつ総合的な評価であった。改めて概要を整理すると，第2図のようにまとめることができる。

リスク評価に関連してポイントを2点整理しておこう。

まず，第1点目は，一般事業会社が実施している投資経済計算に該当するような財務的な評価に，定性的な評価を組み合わせて，プロジェクトのリスク要因に対する多面的な評価を実施していたという点である。具体的には，LLCR

第2図　三井住友銀行によるプロジェクトファイナンス評価の概要

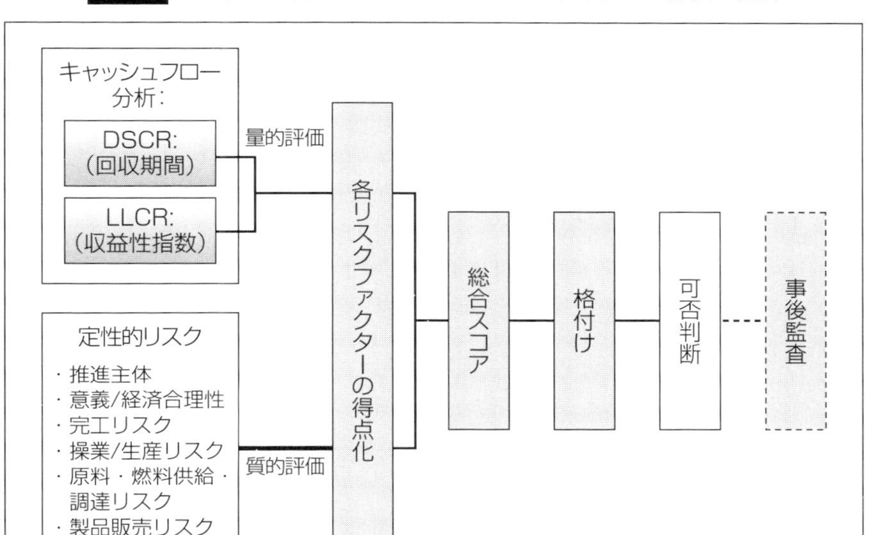

とDSCRという財務データに基づく指標による評価結果と，定性的な各種リスク要因に関する質的評価の結果を組織内部で定められたルールに従って得点化することによって総合スコアを算定するという手続をとっていた。とくに，得点化という仕組みをうまく活用することによって，定性的な評価と定量的な評価を統合していたという点は注目に値する。

第２点目は，キャッシュフロー分析においても，多面的な評価がなされていたという点である。具体的には，収益性指数の代理変数ともいえるLLCRと，毎期の返済能力を評価するDSCRを併用してプロジェクトのキャッシュフロー分析を行っていた。DSCRは，見方を変えるとローン期間が回収期間の何倍であるかについて評価しているものともいえる。プロジェクトファイナンスにおける与信判断という性格上，プロジェクトの回収期間を評価することは当然である。しかも，DSCRは，ローン期間と回収期間を比較するという指標でもあり，銀行にとってきわめて重要な指標となる。ただし，三井住友銀行では，LLCRのほうを優先的に重視している。同行のキャッシュフロー分析においては，まず悲観ケースとベースケースのLLCRを評価したうえで，これが一定基準以下である場合に限って，一定水準以上のDSCRを要求するという考え方を採用している。このようなキャッシュフロー分析の評価方法から，早期回収を過度に重視することなく，収益性の高いプロジェクトへの融資を，適切に推進していこうという意図を垣間見ることができる。

5.2 本章の貢献と限界

以上のとおり，本章では，三井住友銀行におけるプロジェクトファイナンスで実施されているプロジェクト評価を素材として，プロジェクトの統合的なリスク評価についてその外観を見てきた。

多くの一般事業会社が，自社にとって最適だと判断している複数の投資経済計算を併用してプロジェクトの評価を行っているが[11]，三井住友銀行のプロジェクトファイナンスにおけるキャッシュフロー分析でも複数の技法を併用して評価を行っていた。そこでは，プロジェクトの収益性を優先させながらも必要に応じて早期回収可能性に注意を払って，キャッシュフローの評価が行われていた。この定量的なキャッシュフロー分析に加えて，定性的なリスク要因の質的評価の結果も織り込んだ統合的なリスク評価も実践していた。このようなリスク管理の手法は，一般事業会社にとっても参考になるものと思われる。

とはいえ,本章で素材としたのは,あくまで銀行の与信判断におけるプロジェクト評価である。一般事業会社の投資判断と類似の評価が求められるプロジェクトファイナンスを対象としているとはいっても，銀行の回収額には融資額という上限があるため，リスク評価においても，一般事業会社の投資決定より下方リスクのほうに関心が偏る可能性もありえる[12]。したがって，本章で検討したことを，一般事業会社の投資評価にそのまま置き換えてみることは適切ではないかもしれない。この点に留保が必要とされるという点が，本章の最大の限界である。しかしながら，統合的なリスク評価を実践する１つの実在する「フレームワーク」として，本章で紹介した事例は大いに参考になるはずである。銀行と一般事業会社のあいだで重視するリスクが異なる可能性があるのと同様に，一般事業会社においても，事業会社を取り巻く経営環境や事業内容によって重視するリスクは異なる。参考となる大枠としてのフレームワークが提示されれば，それぞれの事業会社において重視すべきリスクを想定したうえで，必要に応じて，個別具体的に評価のフレームワークをアレンジまたはカスタマイズすることは可能である。

また，リスクファクターのスコアリングの手続や，格付けの基準などが実務における実感や経験則に基づいているにすぎず，必ずしも論理的な仕組みとはなっていないという指摘もあり得るだろう。しかしながら，この三井住友銀行の評価方法はきわめて実践的で，実務上有益な評価方法であると指摘することもできる。とくに，定性的なリスクを列挙して，それらを質的に評価した結果を得点化しておくという手続は，事前の評価において，プロジェクトのどこにどのようなリスクが存在していると想定していたのかを明確にする。このことは，プロジェクト実行後，リスクの事後的な評価を行う際に，きわめて有益なものとなろう。そもそも，リスクは将来に発現するものであるため，事前に100％正確に予測することなどできない。仮に，定量的なキャッシュフロー分析において，たとえば，リスクを割引率や将来キャッシュフローの見積額に織り込むなどして，財務的な評価指標に反映させていたとしても，事後的にリスクを評価しようとしたとき，すべてが集約された財務指標だけを見直してみても，どのリスクにどのような問題が生じているのかすぐには判明しない。リスクの事後的な評価のためには，割引率や将来キャッシュフローの予測時に検討したすべてのリスク要因とその評価について思い起こさなければならなくなる。

プロジェクトには必ずリスクが伴うものの，そのリスクは100％正確に予測することができないという現実がある以上，結局のところ，プロジェクトを走らせながら事後的にリスク管理をしていくということが実践的な事後管理の方法となろう。かかる事後的なリスク管理は，将来のリスク管理の改善にも結びつくはずである。このようなプロジェクトの事後管理・事後監査を想定したとき，定性的リスクを明示的に列挙したうえで，それらの質的評価の結果を得点化することを通じてリスクを評価しようとする仕組みは，事後管理のフェーズにおいて，高度に精緻な定量的モデルに基づく評価よりも，はるかに実用的なものとして機能する可能性を有している。

[謝辞]

三井住友銀行常務執行役員 太田純様，および，プロジェクトファイナンス営業部副部長 内田勝文様（ご役職は2013年9月当時のもの）には，本章の作成にあたり多大なるご協力とご支援をいただきました。心からお礼申し上げます。

なお，本論文の内容等に思わぬ誤謬がある場合，その責はすべて筆者に帰属します。また，本章における三井住友銀行のプロジェクトファイナンスに係る実務に対する解釈等は，あくまで筆者の見解であることも申し添えておきます。

[付記]

本章は，2013年9月に太田様，内田様に最終確認をいただいたものであり，当時の同行の実務に基づくものであることを申し添えておきます。

【注】

1　上總（2012）では，投資経済計算の評価基準は，期間，金額，利益率，比率という4つの各基準に，時間価値を考慮するか否かという点も加味することによって，8つに区分されると整理されている。

2　完工リスクは完工前に重視されるリスクファクターである。したがって，完工後のスコアリングモデルでは，完工リスクのスコアは0と配点されているが，その分，完工後に重視されるべき他のリスクファクター（債務返済リスクなど）のスコアが高くなる。

3　**第3表**で示されたリスクウェイトの評価基準は，すべてのリスクファクターに共通する評価の考え方を示しているものである。各リスクファクターの項目ごとに，この評価基準に基づいた，より詳細かつ具体的な評価基準が設けられている。たとえば，「プロジェクトの推進主体」の項目について，「プロジェクトの中心的推進者が不在・不明の場合」「信用力・経験・事業運営能力が見られない場合」などは，Marginal以下のランク付けをする，などといった個別具体的な基準が設けられている。

4　たとえば，Yescombe（2002 邦訳：473－477），加賀編（2007：137－136）などを参照されたい。

5　DSCRの要求水準に関する詳細については，Yescombe（2002）（第12章），加賀編（2007）（第3章）を参照されたい。DSCRが1を超えていたとしても，1に近い水準である限り，返済能力の安全水準としては心許ない。それゆえ，DSCRは，どのような性質の事業であれ，少なくとも毎期1.2を超える程度の水準となることが望ましいという指摘もある。ただし，この要求水準は経験的なものである。

6　LLCRの要求水準に関する詳細についても，Yescombe（2002）（第12章），加賀編（2007）（第３章）を参照されたい。LLCRについては，事業の性質によるものの，1.5を超える程度の水準となることが望ましいという指摘もある。この要求水準も経験的なものである。

7　本文では，当期のデットサービス支払前キャッシュフローの金額が毎期一定額であることを制約条件として単純化して説明している。もし，この制約を外すと，全期間にわたるデットサービス支払前キャッシュフローの総額を総期間で除した期間平均額よりも当期の実際のデットサービス支払前キャッシュフローの金額が少なければ，制約下の回収期間およびDSCRと比べて，回収期間を長く，DSCRを小さくする作用があり，多ければ，回収期間を短く，DSCRを大きくする作用があることになる。

8　PI法の計算式の分子にあたる金額を，「投資のリターンの現在価値合計額」（得られるキャッシュフローの現在価値合計額）ではなく，「投資から得られる正味現在価値額」（得られる正味キャッシュフローの現在価値合計額）とするものもある。この点について，小林ほか（2009）では，前者を「収益性指数」，後者を「正味現在価値指数」と区別して定義している。とはいえ，正味現在価値指数に１を加算することで収益性指数と同様の計算結果が得られるため，両者の計算結果に対する評価には大きな違いは生じない。なお，初期投資以外にも２期間以上にわたって投資支出が必要な場合，分母の投資額は投資支出の現在価値合計額となる。

9　たとえば，Northcott（1998邦訳：55－56）など。

10　たとえば，Brealey et al.（2006邦訳：121－123），廣本（2008：583－585）などを参照されたい。

11　篠田（2010）を参照されたい。

12　すでに述べたとおり，三井住友銀行のキャッシュフロー分析における感度分析は，悲観ケースを重視したものとなっている。

【参考文献】

Brealey R. A., S. C. Myers & F. Allen（2006）*Principles of Corporate Finance 8th ed.*, New York：The McGraw－Hill.（藤井真理子・国枝繁樹訳『コーポレート・ファイナンス（第8版）上・下』日経BP社，2007年）

Northcott D. (1998) *Capital investment decision - making,* London : Thomson.（上總康行監訳『戦略的投資決定と管理会計』中央経済社，2010年）

Yescombe E. R. (2002) *Principles of Project Finance,* San Diego ; Academic Press.（佐々木仁訳『プロジェクトファイナンスの理論と実務』金融財政事情研究会，2006年）

太田純（2008）「プロジェクトファイナンスにおけるキャッシュフロー分析」日本管理会計学会2008年度第2回関西中部部会（南山大学）報告資料。

———・上總康行（2012）「三井住友銀行のプロジェクトファイナンスと投資経済計算―収益性指数法の事例研究―」『企業会計』第64巻第8号：1166－1176。

加賀隆一編著（2007）『プロジェクトファイナンスの実務：プロジェクトの資金調達とリスク・コントロール』金融財政事情研究会。

上總康行（2012）「日本企業の設備投資と回収期間法―割増回収期間法と投資損益分岐図の提唱とともに―」『福井県立大学経済経営研究』第26号：15－31。

久保田政純（2005）『設備投資計画の立て方（第4版）』日経文庫。

小林啓孝・伊藤嘉博・清水孝・長谷川恵一（2009）『スタンダード管理会計』東洋経済新報社。

櫻井通晴（2009）『管理会計（第4版）』同文舘。

篠田朝也（2010）「わが国企業の投資経済性評価の多様性と柔軟性」『原価計算研究』第34巻第2号：90－102。

廣本敏郎（2008）『原価計算論（第2版）』中央経済社。

第3章

工程シミュレーションと管理会計

1■生産コストのフィードフォワード・コントロール

多様化やグローバル化等の変化が激しい現代においても，製造業において競争力を確保するためには定石であるQCDE（品質，コスト，納期，環境負荷）の改善が欠かせない。とくにコスト革新力は製造業の持続的発展のためにもっとも重要な要素の１つであり，その醸成のために製品の企画・開発・設計段階の原価企画に代表される源流での活動（たとえば，田中，1995），および，生産準備・量産段階での原価低減活動（たとえば，西岡，2011）が続けられている。

製造原価は，材料費のみならず労務費，経費に大きく依存する。組立・加工の生産性を向上する，また，部品在庫・製品在庫の極小化をはかり，工程内物流の最適化や省スペース化等による変動費，固定費を低減するためには，緻密で無駄のない“ものづくり”を実現しなければならない。しかし，それを実際にどのように実現するか，伝統的手法を駆使するだけでなく新しい取り組みも必要である。

本章では，製造業のコスト・マネジメント実務にそのまま適用可能で効果を発揮できる方法として，工程シミュレーション（中村・渡邉，2011）を有効に活用し，生産コストのフィードフォワード・コントロールを実現する仕組みについて解説する。まず，関係する管理会計とコントロール概念および方法論（フォードフォワード・コントロールを組み込んだビジネス・プロセス・マネジメント（BPM））について整理し，次に具体的なツール（工程シミュレーション）を解説，自動車生産ラインのプロセス原価計算とフォードフォワード・コントロールの事例からその有効性を説明し，その他さまざまな事例も紹介する。

2■製造業における管理会計とコントロール概念

コスト・マネジメントを包含する管理会計のフレームワークとして，Anthony (1965) は，戦略的計画／マネジメント・コントロール／オペレーショナル・コントロールという3つの区分を設定した。戦略的計画は，組織としての目的を達成するために戦略を策定するプロセスでの意思決定に関わるものである（長期利益目標，中期計画等)。一方，マネジメント・コントロールは，戦略計画の実現に向けて経営資源を最適に配分することに関わるもの（予算等）であり，オペレーショナル・コントロールは，効率的に業務を遂行するための統制に関わるもの（原価管理等）である。

また，上總（1993）は，戦略的計画会計／総合管理会計／現業統制会計という枠組みを提示している。戦略的計画会計では，長期利益計画，プロダクト・ポートフォリオ管理に係る会計情報提供，原価企画，投資経済計算等を実施し，総合管理会計として短期利益計画，予算管理，事業部利益計算と業績評価等が関わり，現業統制会計では，購買管理会計，生産管理会計，販売管理会計が関わるという。これは，とくに製造業における企業実態に適合し，わかりやすい。

さらに，Simons (1995) は，インターラクティブ・コントロール・システム／診断型コントロール・システムを提唱し，後の経験的研究において，インターラクティブ・コントロールが製品イノベーションの組織業績への影響を強化することを示している (Bisbe and Otley, 2004)。診断的コントロールは，伝統的な会計的マネジメント・コントロールであり，実績の測定による管理を行う。インターラクティブ・コントロールは，戦略創発を促すために導入されたコントロール手法である。また，この診断コントロール・システムとインターラクティブ・コントロールシステムに関して，2つのコントロールモードの使い分けが必要であり，その間にあるテンションに注目して，トレードオフを解消するバランスのとれた利用がもたらすダイナミック・テンションの重要性が強調されている（吉田，2007)。

一方，非財務情報や定性情報も取り込み，管理会計の守備範囲の拡大をはかる試みも報告され（上總・澤邉，2006），マネジメント・コントロールからみた企業の社会的責任（CSR）の役割，インタンジブルズの「見える化」，レピュテーションの管理会計マネジメント，ブランド・マネジメントに向けた会計情報の貢献等も議論されている（櫻井編，2012）。つまり，管理会計は製造業において，ますます重要な役割を持つ。

また，これら管理会計のフレームワークにおけるコントロール概念については，ダブルループおよびフィードフォワード・コントロールの意義が明確にされ（丸田，1998），フィードバック・コントロールおよびフィードフォワード・コントロール，あるいはシングルループおよびダブルループというコントロールの類別化の貢献がある（和田，2010）。

生産コストは，商品企画段階・生産準備段階・量産段階の一連の流れで決定されていくが，これらのフレームワークやコントロール概念は生産コストに対しても十分な適合性を持つ。当然ながら，フレームワークやコントロール概念は実務に具体的に適用されてこそ意味を持ち，そのための方法論やツールも重要である。

活動基準原価計算（ABC）から活動基準管理（ABM）さらに活動基準予算（ABB）へと展開してきた活動基準アプローチは，戦略的コントロールのためのフィードフォワード・コントロールの展開としても理解できる（丸田，1998）。しかしながら，ABC/ABMは実務に未だ十分に普及しているとはいえず，今後の発展が望まれる（Kaplan and Anderson, 2007）。

バランスト・スコアカード（BSC）は，戦略マップを作成し，それを実践するためのツールとして普及している（Kaplan and Norton, 1992）。その中に組み込まれた業績モデルは戦略遂行のため必要とされる行動とその業績指標を表現したものである。また，BPMは，「従来の企業内外の壁を破り，情報や資源を共有し，業務をくくって連結・結合させて，その流れをプロセスとしてとらえ，プロセス業績を体系的に管理しようとするもの」であり（李ほか，2009），BSCとの整合性が高い。しかしながら，BSCやBPMにおけるダブルループあるいはフィードフォワード・コントロール機能の組み込みについては更なる検討が必要である。

一方，品質工学アプローチの１つである価値工学（VE）は，PDCAサイクルにおいてオペレーションズ・リサーチ（OR）とともに計画時に適用され，フィードフォワード･コントロールに貢献し，生産工学（IE）や品質管理（QC）のフィードバック・コントロールとの組み合わせで効果を発揮する。また，品質工学の中で注目されているタグチメソッドでは，損失関数を用いて品質問題がコストに与える影響を定量的に把握しようとしている（立林, 2009:43）。今後，管理会計の守備範囲を拡大し，方法論およびツールの充実を図る点で，品質工学と管理会計領域のつながりも検討する必要がある。

製造業の実務においては，原価企画はフィードフォワード・コントロール属性，予算差異分析や標準原価計算はフィードバック・コントロール属性を持ち，これらを組み合わせでダブルループ・コントロールを実現しようとする場合が多い（西村，1995）。Cooper（1996）は，日本企業のコスト・マネジメントにおけるフィードフォワード技法として原価企画，価値工学，組織間原価管理を，フィードバック技法として製品原価計算，オペレーショナル・コントロール，原価改善をあげている（丸田，2005：57）。

管理会計のフレームワーク，コントロール概念，取り組み，方法論等を整理し，深化・発展させることが重要である一方，どのように具現化するかという視点も重要である。すなわち，企業資源計画のフレームワークを具現化したツールとして企業資源計画（ERP）パッケージ・ソフトウェアが開発され普及したように（同期ERP研究所，1997），フィードフォワード・コントロールのためにも何らかのツールが必要である[1]。

3■BPMとフィードフォワード・コントロール

プロセスとは，「顧客価値の創出に向けて，相互依存的な多様な活動群により構成され，プロセスのインプットとアウトプットが明確に識別できるもので，管理対象のレベルにより階層性をもつものである」と定義されている（門田･李, 2005）。そのプロセスの視点から改善・改革を継続的に進める仕組みがBPMである。

一方，BSCの戦略マップは，いわばトップダウンで，戦略を実現するために各層でどのような業績をあげるべきかについて図解したものである。精緻な経営体質の企業がBSCを使えば効果が出るが，もし，組織力やマネジメント力が脆弱な状態で,戦略が曖昧なままBSCを展開すれば成果は出ない。むしろ企業内の組織を混乱に陥れてしまう危険性もある。このような組織においては，戦略の実践にこだわらず，BSCの視点相互間の「因果関係」には注目するものの，ビジネス・プロセスを重点的に考えたBPMを展開することで効果を上げることができる（李ほか，2009）。

ビジネス・プロセスを重視したBPMを進めれば，戦略形成と戦略実践にも寄与できる。つまり，BPMはトップダウンによる「意図された戦略」の制約にとらわれることなく，現場での機会の探索と創造を通じたボトムアップによる「創発型戦略」の創出を誘発できる可能性がある（坂手ほか，2006）。ビジネス・プロセスの連鎖から顧客満足度や財務成果に結びつくようにモニタリングしながら，問題があればプロセスを改善していく，あるいは，それは戦略そのものの見直しにもつながる可能性がある。

BPMには，ビジネス・プロセスの経過をKPI（Key performance indicator）と呼ばれる重要業績評価指標でモニタリング／分析／評価する仕組み（Business Activity Monitoring，BAM）がある。BPMでは，プロセスを明確に定義すること，的確なKPI を設定すること，KPIを精度よく計測して因果関係を可視化すること，事実に基づいた分析からプロセスの改善を進めることが大切になる。

KPIの計測・監視により目標値との差異を分析しながらプロセス改善を促すフィードバック・コントロールとともに，環境変化に合わせて財務目標値を変更する（アウトカムのコントロール），KPIそのものを変更する，更には戦略マップを修正・変更するというダブルループ・コントロールが実現される（丸田，2005：19）。

本章では，プロセスを定義し実施する前にフィードフォワード・コントロールを行うことを考えた**第１図**のようなBPM手法を説明する。

フィードフォワード・コントロールは，もともと自動制御の方式の１つで，出力に変動を起こさせるような外乱を予測し，前もって打ち消してしまう制御方式をいう。通常，フィードバック・コントロールに付加して用いられる。実際の取り組みにおいて得られた結果と当初設定した基準値との差異を計測し，

第1図 フィードフォワード・コントロールを組み込んだBPM

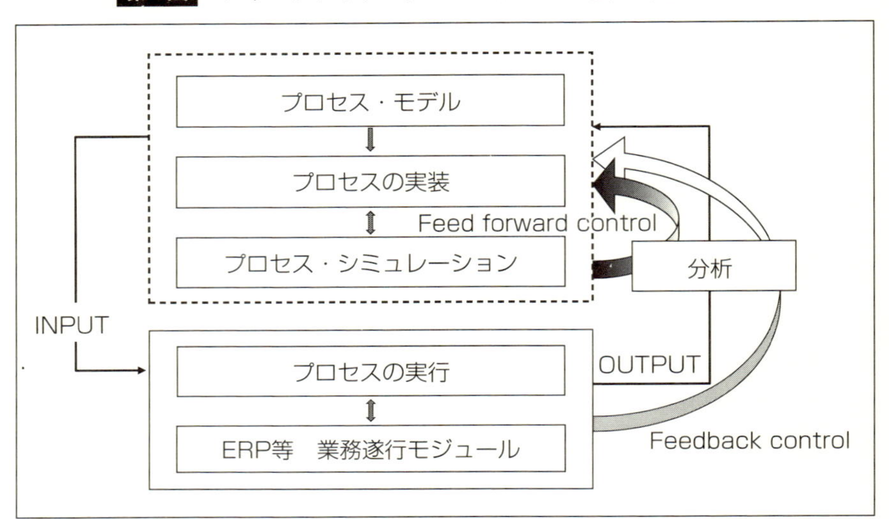

次の行動を見直し，より基準値に近づこうとするものがフィードバック・コントロールである。一方，フィードフォワード・コントロールは，実際の取り組みの前に結果を予測し，その予測値と基準値との差異を確認して投入予定量等を修正するものである。計画を立てて，実際に取り組んでその成果を向上させるには，計画を着実に実行するだけではなく，計画の実現可能性をフィードフォワード・コントロールしておく必要がある。

戦略の形成と実行を支援する戦略管理会計の諸技法において，フィードバックの限界を克服するためにフィードフォワードが必要とされる。戦略的コントロールに対する伝統的なアプローチは，(1)トップマネジメントによって戦略が形成され目標が設定される，(2)戦略が実行に移される，(3)設定されている目標に対して業績が測定されるというプロセスにおいて，設定された目標と実際とを比較してフィードバックするというシングルループのみが前提にされていた。その場合，戦略目標は計画期間中において固定されることになる。シングルループのコントロールでは，環境が不安定で複雑性が高い状況においては，戦略目標自体が逆機能を果たしてしまう可能性がある。

そこで，戦略や目標を絶えずモニターし再検討するためのダブルループ・

フィードバックを組み込む必要が生じる。また，環境が不安定な状況では，戦略行動が実行されてからのフィードバックでは，戦略計画の修正では遅すぎる場合が出る。そこで，戦略上の脅威に対して，あらかじめ予測し対応していくというフィードフォワードが求められる（丸田，2004）。

第1図によるBPMの手順は以下のとおりである。

① プロセス・モデルの構築とプロセスの実装

ビジネス・プロセスを明確に定義し，計測すべきKPIを設定する。プロセスとは，イベントにより起動された，繋がっている機能・活動をひとくくりにしたものであり，管理単位としてのプロセスをどう定めるかが重要になる。ビジネス・プロセスを明確に定義することで，あいまいな業務手順が排除され，内部統制にもつながる。各プロセスには，5W2H（時間，場所，担当者，目的，対象データ，実施要領，数量（コスト））に関する特性値（プロパティ）が埋め込まれる。まず，現状（As is）プロセスの記述とKPIの設定を行う。

② シミュレーションによるフィードフォワード・コントロール

プロセス・シミュレーションでの仮説検証とKPIの模擬計測を行う。需要予測を基にプロセスの流れをシミュレーションで確認する。この時点で，問題を発見し，プロセス改善，資源投入再配分等フィードフォワード・コントロールを行う。

フィードフォワード・コントロールは，実際の取り組みの前に結果を予測し，その予測値と基準値との差異を確認して投入予定量等を修正するものである。フィードバックの限界を克服するためにフィードフォワードが必要とされる。

フィードフォワード・コントロールに有効なアプローチとしてアブダクション・アプローチがある。哲学者C.S. Peirceは，仮説を立てて，実験し，なぜ，どのようにして効いたかはわからないが，「多分この手が効いた」と推論する推論形式をアブダクションと定義している[2]。プロセス・シミュレーションは，このアブダクション・アプローチを可視化し，説得性をもって進めることができることから，BPMのフィードフォワード・コントロールのためのイネーブラーとして重要な役割を果たせると考えられる。プロセスを実務で運用する前にシミュレーションで検討して，実現可能な最適（To be）

プロセス・フローを構築する[3]。その後に実務に移行し，さらに改善を重ねていくことでより短い時間でプロセスの最適化が実現できる。つまり，フィードフォワード・コントロールとフィードバック・コントロールを組み合わせることでより効果が増す（Sengupta and Adel-Hamid, 1993）。

③　プロセス実行，KPIの実測

実務でのプロセス実行。ICTによるプロセス実行によって，網羅的かつ精度の高いKPIの計測・監視が行われる。

BPMソフトウェアにはさまざまな形態があるが，プロセスの記述，表示機能は必須として備えつつ，(1)プロセスに紐付いたアプリケーションを起動し，モニタリングできるもの，(2)SOAアーキテクチャとしてBPMソリューションを構築するものに分類できる。

④　KPIの分析

プロセス実行時の測定値を取得し，スループット時間，納期順守率，プロセス・コストなどといったプロセス・レベルのKPIと照らし合わせることにより，定量分析を実行する（長坂，2007）。その一方で，ビジネス・プロセスをオブジェクトとしてモデル化し，各モデルで扱われているデータの流れなどを視覚的に示すことにより，プロセス上に無駄がないかどうかを定量的に分析することができる。これら実態分析から問題発見，原因特定，KPIの因果関係分析を行う。

⑤　改善アプローチ

ボトルネックの抽出，プロセスの改善を実施する。必要に応じてKPIの再設定を行う。また，場合によっては戦略マップの修正を行う。

4■BPMにおける工程シミュレーション

バーチャル・リアリティ（VR）を利用した製造業の工程シミュレーション[4]を第1図のBPMのプロセス・シミュレーションに組み込み，フィードフォワード・コントロールのためのツールとして利用する。これにより品質工学と管理会計領域のつながりを強化することが可能になる。

ここでは，VRによるヒューマン・インターフェース技術を組み込んだ工程シミュレーション“GP4”（中村，2010）とコスト・モデリングを組み合わせ，フィードフォワード・コントロールを実現するためのシミュレーション・システムの開発を行った（長坂・中村，2007）例を中心に解説する。

4.1　工程シミュレーションの機能

仮想生産環境の検討，バーチャル・ヒューマンによる作業性検討，組立手順シミュレーションは“GP4”によって行う。この技術によって，仮想３次元空間で生産作業の状態を視たままに確認でき，量産に入る前の生産準備段階で生産ライン，段取り，手順などの最適化を行うことができる。本ソフトウェアは，(1)「もの（製品，人，設備，工具，治具等）」「こと（プロセス，所要時間）」「時（時刻，スケジュール）」「場（レイアウト）」という４階層構造のデータ・アーキテクチャを持つ，(2) 生産プロセスを記述するプリミティブベースの命令系（プログラム言語を使わず，主語・動詞・目的語・補語を記述する）を用いるという特徴がある。製品（CADから出力されるVRML（Virtual Reality Modeling Language）データ），作業手順（CSV等のテキスト形式），設備や部品供給位置（DXF（Drawing Interchange File）形式でのレイアウト図面）のデータを与えると，工程シミュレーションが可能になる。第２図左はセル生産への適用例であり，セルの棚の高さ，治工具のレイアウト，グループセル間での滞留時間，作業姿勢・作業負荷の検討等が行える。第２図右は，ライン生産への適用例であり，人員配置，サブラインや部品供給棚のレイアウト，作業者の歩行動線，ラインピッチと部品在庫量等の検討も可能である（第３図参照）。

第2図　工程シミュレーション画面の例

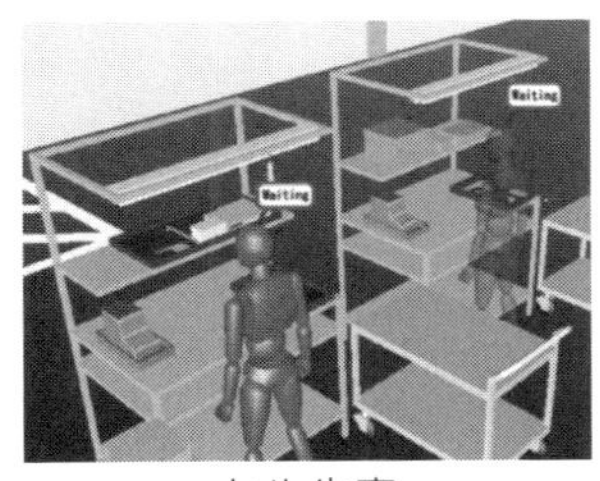

セル生産

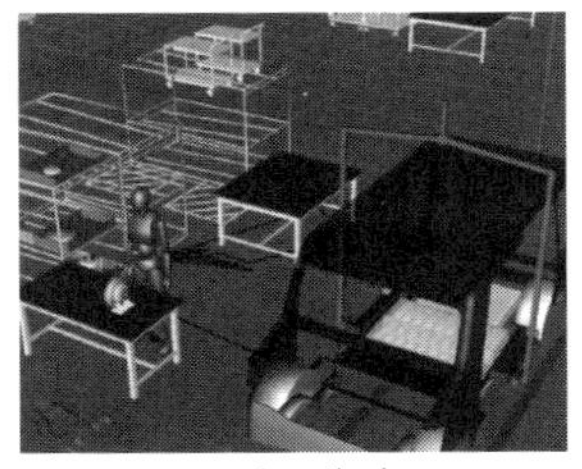

ライン生産

第3図 シミュレーションでの検討事項

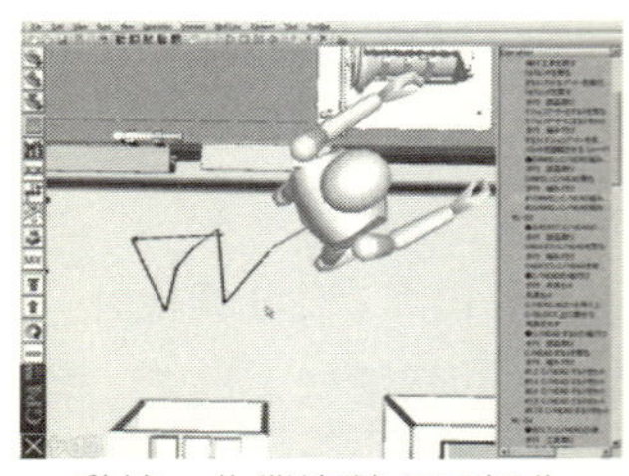
動線・作業姿勢の可視化

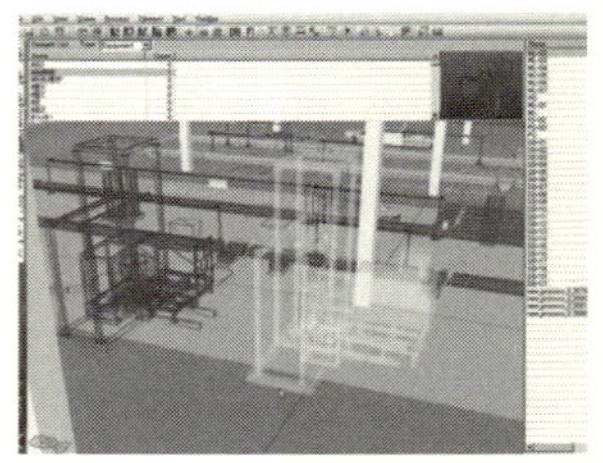
設備・治具の再配置

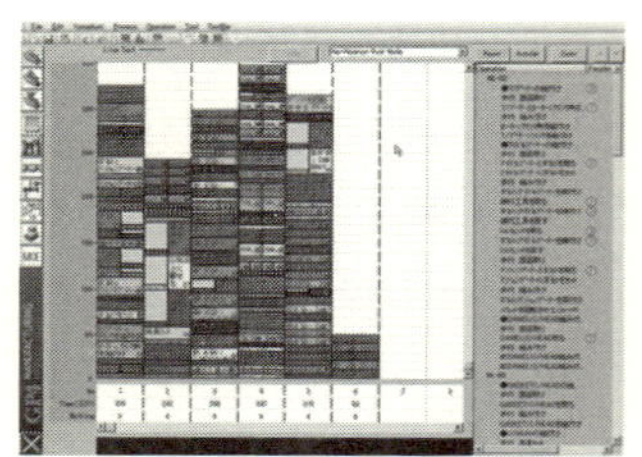
山積グラフによる生産性検討

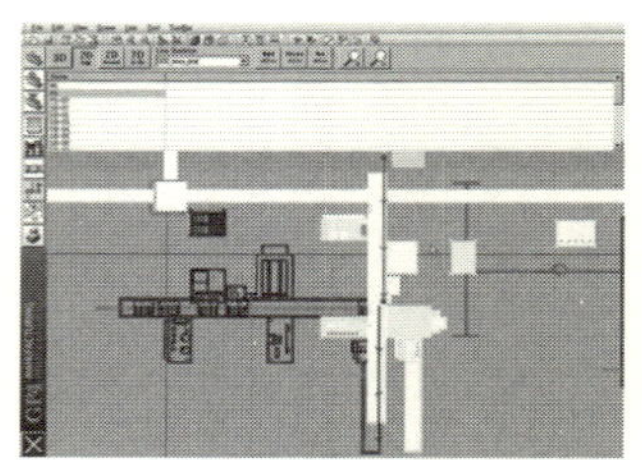
ライン構成の変更

その機能は，以下のようにまとめられる。

① 工場内の設備，ライン，治具，ツール，モノ，人をバーチャルに定義，表現できる。

② 製品の組み立て手順や，工程割を定義，編集し，仮想作業者に作業させて可視化できる。

③ 作業の山積グラフや動線，作業者姿勢を表示し，作業場レイアウトを編集しながら生産性，作業性の検討ができる。

④ 工程設計書，作業指示書などの帳票として出力できる。

このシミュレーションでは，**第4図**に示すように，組立プロセスを構成する作業手順とプロパティが記述され，それをCSVテキストファイルに出力することができる。プロパティには，要素名，作業時間，活動名，作業タイプ，オブジェクト，ターゲット，接合位置，動作時間，移動時間，歩行時間，距離等

第4図　組立プロセスの要素データからコスト計算

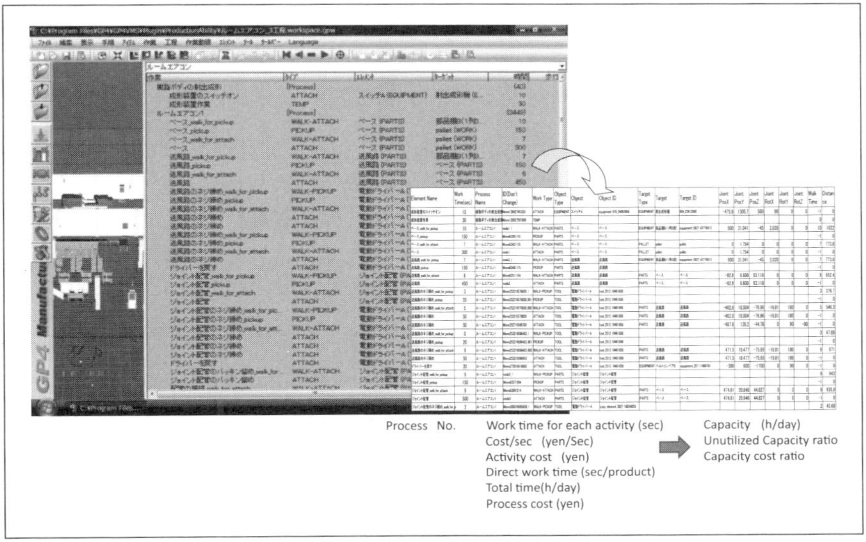

Process No.
Work time for each activity (sec)
Cost/sec (yen/Sec)
Activity cost (yen)
Direct work time (sec/product)
Total time(h/day)
Process cost (yen)
Capacity (h/day)
Unutilized Capacity ratio
Capacity cost ratio

が含まれる。そのテキストファイルを表計算ソフトウェアで開き，各活動の原価を計算，プロセスごとにまとめてプロセス原価を集計する。

適合するコスト・モデル（活動モデルからプロセス原価の計算が可能なモデル）は実務の状況に合わせたものを用意できるが，ここでは，時間主導型ABC（TD-ABC）によるコスト・モデルを用いて，いくつかのケースを検討した例を紹介する。

TD-ABCによれば，各活動の必要時間を明確にすることによって，活動コストと能率についてのデータを提供できるだけでなく，経営資源の未利用キャパシティについて量およびコストのデータを得ることができる（Kaplan and Anderson, 2004）。これにより，プロセスの括り，人員配置，生産性のみならず，レイアウト，作業性，マテハンの違い等によるプロセス・コストを予測し，事前に量産可能な最適なものを抽出することができる。

4.2 プロセス原価計算とフィードフォワード・コントロールの事例

第2図右の自動車のライン生産について，工程シミュレーションから得られた活動モデル（第5図）に対して，組立を担当する作業者を1人ずつ割り付けるプロセス（工程1～n）を定義し，TD-ABCによってコスト計算を行った。

TD-ABC では，活動ドライバーとして「時間ドライバー」が用いられる。また，活動ごとの単位当たり予定時間（ユニットタイム）を見積もる。部門ごとにキャパシティコストレートが算定され，活動別のドライバーレートは次式で求められる。

活動別のコストドライバーレート
　＝部門のキャパシティコストレート×活動ごとのユニットタイム
部門別のキャパシティコストレート
　＝当該部門のコスト／部門の資源の実際的生産能力

第5図ではモデルA（工程1～16），第6図ではモデルB（工程1～15）を定義し，プロセスごとに作業時間，滞留時間，プロセス・コスト，キャパシティ費用率，キャパシティ，未利用キャパシティ率，未利用キャパシティ費用を推計している。これにより，先に説明したフィードフォワード・コントロールを行う。グラフより，プロセスの平準化の度合いやプロセス・コストが把握される。

第6図のモデルBでは第5図のモデルAよりもプロセス数を少なくし平準化をはかることができたが，1日に生産できる台数はモデルBのほうが少なく，コストを比較するとモデルAのほうが優れていることがわかった。1台当たりの生産コストは，「(プロセス・コスト合計＋未利用キャパシティ費用合計）／生産台数」で計算でき，モデルAでは「(452,979円＋90,771円）÷40台＝13,594円」，Bでは「(404,795円＋101,455円）÷36台＝ 14,063円」である。

さらにアブダクション・アプローチから第6図のモデルBの工程11と14に注目し，レイアウト，動線の見直し，治具の配置換えなどのエンジニアリングアプローチから作業時間を600秒/台まで減らすことができるモデルCを考えることができた。モデルCでは，プロセス・コストそのものが低減でき，かつ各プロセスのキャパシティ余裕があり，生産台数をモデルAと同数確保しつつ，

第5図　モデルA（工程１～16）

生産台数（／日）	40							
プロセス	直接作業時間（秒／台）	１日当たり直接作業時間（時間）	１日当たり滞留時間（時間）	キャパシティ費用率（円／時間）	プロセスコスト（円）	キャパシティ（時間）	未利用キャパシティ率	未利用キャパシティ費用（円）
工程１	428	4.76	0.52	¥4,500	¥23,754	7.5	30%	¥9,996
工程２	470	5.22	0.57	¥4,500	¥26,085	7.5	23%	¥7,665
工程３	564	6.27	0.69	¥4,500	¥31,302	7.5	7%	¥2,448
工程４	469	5.21	0.57	¥4,500	¥26,030	7.5	23%	¥7,721
工程５	529	5.88	0.65	¥4,500	¥29,360	7.5	13%	¥4,391
工程６	460	5.11	0.56	¥4,500	¥25,530	7.5	24%	¥8,220
工程７	459	5.10	0.56	¥4,500	¥25,475	7.5	25%	¥8,276
工程８	556	6.18	0.68	¥4,500	¥30,858	7.5	9%	¥2,892
工程９	521	5.79	0.64	¥4,500	¥28,916	7.5	14%	¥4,835
工程10	520	5.78	0.64	¥5,000	¥32,067	7.5	14%	¥5,433
工程11	516	5.73	0.63	¥4,500	¥28,638	7.5	15%	¥5,112
工程12	460	5.11	0.56	¥4,500	¥25,530	7.5	24%	¥8,220
工程13	461	5.12	0.56	¥4,500	¥25,586	7.5	24%	¥8,165
工程14	586	6.51	0.72	¥4,500	¥32,523	7.5	4%	¥1,227
工程15	551	6.12	0.67	¥4,500	¥30,581	7.5	9%	¥3,170
工程16	554	6.16	0.68	¥4,500	¥30,747	7.5	9%	¥3,003
合　計	8,104	90.04	9.90	—	¥452,979	120	—	¥90,771

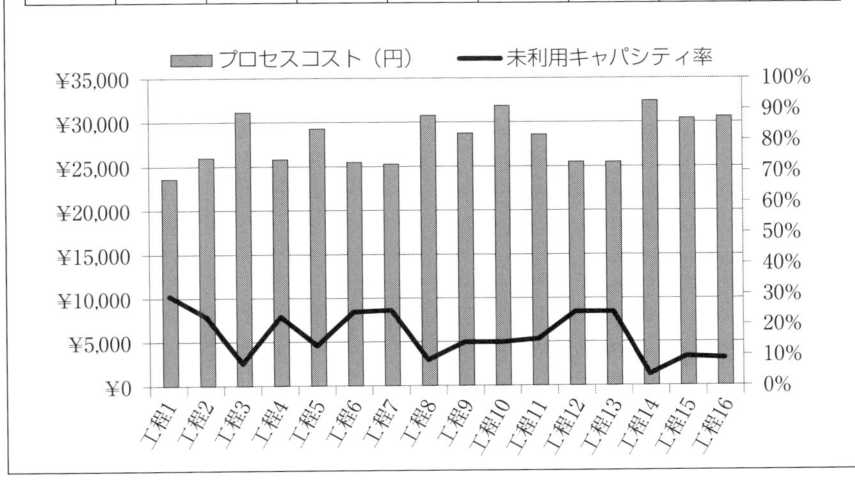

第6図 モデルB（工程1～15）

生産台数（／日）	36							
プロセス	直接作業時間（秒／台）	1日当たり直接作業時間（時間）	1日当たり滞留時間（時間）	キャパシティ費用率（円／時間）	プロセスコスト（円）	キャパシティ（時間）	未利用キャパシティ率	未利用キャパシティ費用（円）
工程1	483	4.83	0.53	¥4,500	¥24,126	7.5	29%	¥9,624
工程2	464	4.64	0.51	¥4,500	¥23,177	7.5	31%	¥10,573
工程3	515	5.15	0.57	¥4,500	¥25,724	7.5	24%	¥8,026
工程4	482	4.82	0.53	¥4,500	¥24,076	7.5	29%	¥9,674
工程5	516	5.16	0.57	¥4,500	¥25,774	7.5	24%	¥7,976
工程6	472	4.72	0.52	¥4,500	¥23,576	7.5	30%	¥10,174
工程7	513	5.13	0.56	¥4,500	¥25,624	7.5	24%	¥8,126
工程8	590	5.90	0.65	¥4,500	¥29,471	7.5	13%	¥4,280
工程9	522	5.22	0.57	¥4,500	¥26,074	7.5	23%	¥7,676
工程10	535	5.35	0.59	¥4,500	¥26,723	7.5	21%	¥7,027
工程11	622	6.22	0.68	¥4,500	¥31,069	7.5	8%	¥2,681
工程12	599	5.99	0.66	¥4,500	¥29,920	7.5	11%	¥3,830
工程13	586	5.86	0.64	¥4,500	¥29,271	7.5	13%	¥4,479
工程14	651	6.51	0.72	¥4,500	¥32,517	7.5	4%	¥1,233
工程15	554	5.54	0.61	¥4,500	¥27,672	7.5	18%	¥6,078
合　計	8,104	81.04	8.91	—	¥404,795	112.5	—	¥101,455

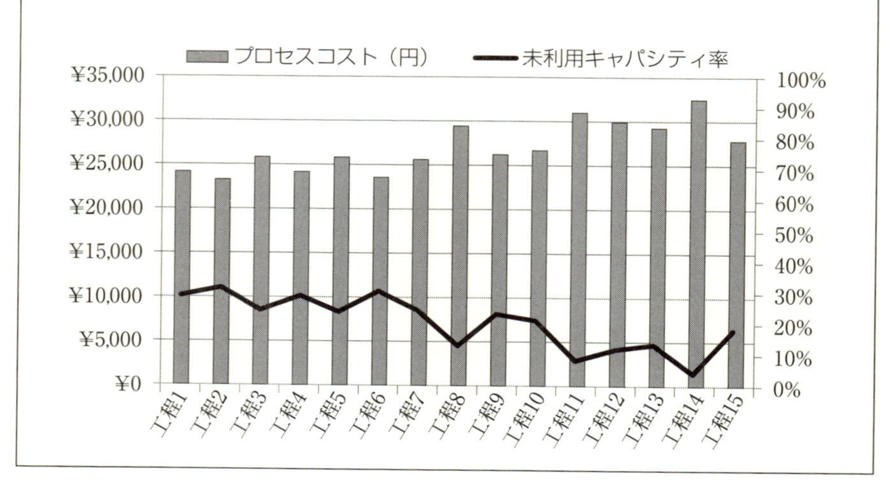

第7図　モデルC（工程１～15）　製品単価12,656円

生産台数（／日）	40							
プロセス	直接作業時間（秒／台）	1日当たり直接作業時間（時間）	1日当たり滞留時間（時間）	キャパシティ費用率（円／時間）	プロセスコスト（円）	キャパシティ（時間）	未利用キャパシティ率	未利用キャパシティ費用（円）
工程1	483	5.37	0.59	¥4,500	¥26,807	7.5	21%	¥6,944
工程2	464	5.16	0.57	¥4,500	¥25,752	7.5	24%	¥7,998
工程3	515	5.72	0.63	¥4,500	¥28,583	7.5	15%	¥5,168
工程4	482	5.36	0.59	¥4,500	¥26,751	7.5	21%	¥6,999
工程5	516	5.73	0.63	¥4,500	¥28,638	7.5	15%	¥5,112
工程6	472	5.24	0.58	¥4,500	¥26,196	7.5	22%	¥7,554
工程7	513	5.70	0.63	¥4,500	¥28,472	7.5	16%	¥5,279
工程8	590	6.56	0.72	¥4,500	¥32,745	7.5	3%	¥1,005
工程9	522	5.80	0.64	¥4,500	¥28,971	7.5	14%	¥4,779
工程10	535	5.94	0.65	¥4,500	¥29,693	7.5	12%	¥4,058
工程11	600	6.67	0.73	¥4,500	¥33,300	7.5	1%	¥450
工程12	599	6.66	0.73	¥4,500	¥33,245	7.5	1%	¥505
工程13	586	6.51	0.72	¥4,500	¥32,523	7.5	4%	¥1,227
工程14	600	6.67	0.73	¥4,500	¥33,300	7.5	1%	¥450
工程15	554	6.16	0.68	¥4,500	¥30,747	7.5	9%	¥3,003
合　計	8,031	89.23	9.82	—	¥445,721	112.5	—	¥60,530

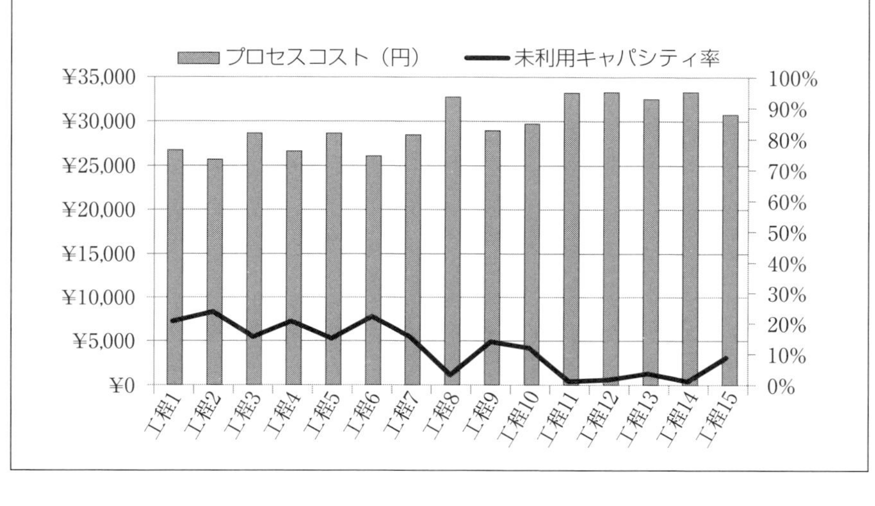

1台当たりの生産コストは「(445,721円＋60,530円) ÷40台＝12,656円」と，さらに少なくなった。また，実務移行後も作業者のスキル，トラブルによって予定の工程が実現できない場合や，需要変動で生産量が変更になる場合などに合わせたフィードバック・コントロール等が必要になる。

たとえば，もし工程1の作業員が標準時間より5分作業が遅れたら，工程2，3の作業員はその遅れた時間が待ち状態になる。工程4では，10分の滞留時間が生じる形になり，そのコアプロセスに掛かる時間とコストは膨らむ。このような実態が予想される場合も，その現象をシミュレーションで検討し，未利用キャパシティ率をフィードフォワード・コントロールで調整することができる。第3図の作業の山積グラフで生産性検討し，平準化するだけでは不十分であり，コスト評価も必要であることがわかる。

実際には，各プロセスでキャパシティおよびキャパシティ費用が異なり，より複雑な比較計算を行うことになる。しかし，活動とプロセスを見直し，シミュレーションを繰り返すことで，ボトルネックプロセスを解消したり，滞留時間を減らしたり，未利用キャパシティ率を下げるアブダクション・アプローチが可能になる。

5■工程シミュレーションによる改善実績例

コスト低減に対して，工程シミュレーションを用いた改善実績例がいくつか報告されている（中村・渡邉，2011：149－237；中村，2010：148－163)。以下に概要をまとめた。

(1) グローバル製造業において各国現地工場で同時に生産を立ち上げる際にフロントローディングでのコストダウンを実現した。自動車会社の例として，組立艤装ラインに対して，工程シミュレーションにより組立手順と部品のレイアウトを最適化。歩行時間を24.9mから19.8mに改善できた。これらにより組立に関わるコストを当初の案よりも15％削減できた。

(2) 工程シミュレーションによって海外生産工場との連携を強めることが可能になった。従来から日本の製造業の海外生産拠点での量産立ち上げ活動では生産技術者が苦労を重ねてきたが，現地化が進んで，言葉の問題もあり，本社と現地管理者・技術者との意志疎通が難しくなってきている。プリンタメーカーのセイコーエプソンでは，現地生産ラインの工程計画にシミュレーションを利用することで各生産拠点の工程の把握と見える化を行っている。現地での日々の改善活動を日本本社でも把握することができ，水平展開が容易になった。

(3)　生産技術と製造現場をスムーズに連携させた。つまり，一般に生産技術部門から製造部門への伝達は説明や手戻りによって相当の時間を要する。互いの現状理解に乖離があるために起こる問題であるが，共通意識を持つために工程シミュレーションが有効である。具体的な例として，溶接機器メーカーのダイヘン産業機器では，工程シミュレーションによって，改善プランの合意形成が迅速になり，気づきが生まれ，歩行動線長を43％削減するなどして，最終的に生産性を40％以上向上したと報告されている。

(4)　セル生産で間接コストを削減するために工程シミュレーションが活用された。自動車部品メーカーのダイキョーニシカワでは，樹脂部品のインストルメント・パネルやセンター・コンソールなどのセル生産を行っている。セル生産では，組立作業を行うセル作業台の設計や配置を最適化する必要がある。標準作業での作業順番，作業角度，組み付け性など作業ロスを極限まで排除するために，従来は現場での試行錯誤が繰り返されていた。ここに工程シミュレーションを活用して，治具の最適化や製品設計への提案などを行った結果，生産準備コストを従来比で41.1％圧縮できた（中村，2010：158 表9－1）。

(5)　機械系ラインの稼働率を高めることができた。トラック部品シャシーのメーカーである武部鉄工所では，溶接ロボットと作業者の同期関係をフィードフォワード・コントロールするために工程シミュレーションを導入している。つまり，ロボットと作業者の手待ちを予測して，手待ちが少なくコストが最小になるように工程設計を行っている。これによって，当初予定の作業人員を半分に減らすことができた。

(6)　部品棚の構成設計とレイアウト設計を効率化することができた。組立系製造会社において，部品棚の設計は組立コストを左右する。作業がしやすいように生産の流れに合わせて，部品をサイン横の的確な位置に配置しなければならない。部品棚の位置は組立作業の付随時間に直接影響を与える。自動車会社で工程シミュレーションを導入し，部品棚作成の時間が455分から355分に短縮できたという報告がある。

(7) ラインキーパーや構内物流のコスト低減が可能になった。工場内物流では，ラインキーパーと呼ばれる部品供給作業者が，組立などのメインラインにおいて部品が途切れないように，また，生産に支障を及ぼさない範囲で最小の部品在庫となるように部品供給を行っている。これに対して，シミュレーションを活用して，ラインキーパーの編成をフィードフォワード・コントロールで最適化することができる。

また，富士通では，主力15工場にこの工程シミュレーションを導入し，人員配置や作業工程を見直すことで最適な量産ライン構築を目指している他，製造工程から得られる膨大なデータ（いわゆるビッグデータ）分析技術と組み合わせて，開発から量産までの期間を今の半分の約3カ月に短縮する計画である（『日本経済新聞』，2013：1）。

これらの事例においても，本章で示したようなコスト・モデルを併用すれば，定量的にコスト低減効果を把握することができ，意思決定がより容易になることが期待できる。

6■管理会計技法と品質工学技法の一体化

管理会計におけるコントロール概念についてダブルループおよびフィードフォワード・コントロールの意義が明確にされ，注目されている。フレームワークは実務に適用されてこそ意味を持つが，本章では，製造業の実務にそのまま適用することを考えて，BPMにおいて工程シミュレーションを有効に活用し，生産コストのフィードフォワード・コントロールを実現するツールについて解説した。

フィードフォワード・コントロールとダブルループが実現可能な，①プロセス・モデルの構築とプロセスの実装を行う，②シミュレーションによるフィードフォワード・コントロールを行う，③プロセス実行，KPIの実測を行う，④

KPIの分析を行う，⑤改善アプローチを行うというBPMの手順を提案した。この実務適用前のフィードフォワード・コントロールは実務適用後のフィードバックと合わせて効果を発揮する。

たとえば，バーチャル・ヒューマンによる工程シミュレーションにTD-ABCコスト・モデルを組み合わせ，フィードフォワード・コントロールを実現することができる。管理会計の技法と現場管理の品質工学技法が一体化されることで，従来では事前にわからなかった不具合を損失として定量的に推定できる。これにより，従来よりも迅速かつ精緻な改善・最適化が可能である。

【注】

1　SAS社等からフィードフォワード・コントロールを前提とした予算策定精度を向上させるアプリケーションが提供され始めている。

2　アブダクション・アプローチを積極的に駆使して，従業員がどんどん賢くなっていく中小企業が少なからずあるといわれている。しかし，経理の強い管理偏重の大企業では，牢固とした会計管理が，「多分あの手が効いたのだろう」と先ずやってみてからの後追い証明は，なかなか許されない（河田，2004）。

3　待ち行列を扱う離散系シミュレーションモデル等が提案されている（Kelton and Sadowski，2007）。

4　Dassault Systems社の「DELMIA（デルミア）　デジタル・マニファクチャリング」は，仮想生産環境を提供するソフトウェアとして普及しつつあるが，大規模なシステムであり専任オペレータが必要で高価であるという問題がある。一方，生産計画を立案する視点から国内で開発された，より低価格で操作性に優れたレクサー・リサーチ社のGP4（2012年２月15日，第４回ものづくり日本大賞・経済産業大臣賞」受賞）が，エンジニアリングアプローチで使い始められている。

【参考文献】

Anthony, R. N.（1965）*Planning and Control Systems：A Framework for Analysis. Boston：Division of Research,* Graduate School of Business Administration,

Harvard University.（高橋吉之助訳『経営管理システムの基礎』ダイヤモンド社，1968年）

Bisbe,J. and D. Otley（2004）“The effect of the interactive use of management control systems on product innovation,” *Accounting, Organization and Society,* Vol.29, No.8：709－737.

Cooper, R.（1996）“Costing Techniques to Support Corporate Strategy：Evidence from Japan,” *Management Accounting Research,* Vo.7, No.2：219－246.

Kaplan, R. S. and D. P. Norton（1992）“The Balanced Scorecard-Measures That Drive Performance,” *Harvard Business Review,* Jan-Feb：71－79.

――― and S. R. Anderson（2004）“Time－Driven Activity-Based Costing,” *Harvard Business Review,* November:131－138.

――― and ―――（2007）“Time-Driven Activity-Based Costing,” Harvard Business School Press.（前田貞芳・久保田敬一・海老原崇監訳『戦略的収益費用マネジメント―新時間主導型ABCの有効利用―』マグロウヒル・エデュケーション，2008年）

Kelton, D. T. and R. P. Sadowski（2006）*Simulation with Arena 4th edition,* McGraw Hill Higher Education.（高桑宗右ヱ門・野村淳一訳『シミュレーション―Arenaを活用した総合的アプローチ―（第4版）』コロナ社，2007年）

Sengupta, K. and T. K. Adel-Hamid（1993）“Alternative Conceptions of Feedback in Dynamic Decision Environvents：An Experimental Investigation,” *Management Science,* Vo.39, No.4：411－428.

Simons, R.（1995）Levers of Control, Harvard Business School Press.

李健泳・小菅正伸・長坂悦敬（2009）「ビジネス・プロセス・マネジメント（BPM）と原価管理」『原価計算研究』第33巻第1号：18－27。

―――・田雄秀・車敬換（2007）「韓国・LG電子（株）のビジネス・プロセス・マネジメント」『産研論集』第34巻：39－49。

上總康行（1993）『管理会計論』新世社。

―――・澤邉紀生（2006）「次世代管理会計のフレームワーク」上總康行・澤邉紀生編著『次世代管理会計の構想』中央経済社：1－37。

河田信（2004）『トヨタシステムと管理会計―全体最適経営システムの再構築をめざして―』中央経済社。

坂手啓介・山口直也・長坂悦敬・李健泳（2006）「日韓企業におけるプロセス・マネジメント―調査モデルと企業実態の実証分析―」『會計』第170巻第5号：712－726。

櫻井通晴編（2012）『インタンジブルズの管理会計（メルコ学術振興財団研究叢書）』中央経済社。

立林 和夫（2009）『タグチメソッド入門』日本経済新聞社。

田中雅康（1995）『原価企画の理論と実践』中央経済社。

同期ERP研究所（1997）『ERP入門』工業調査会。

中村昌弘（2010）『生産エンジニアリングの「革新力」：生産実体を「見える化」するリアルタイム・シミュレーション技術』Jipmソリューション。

———・渡邉一衛（2011）『グローバル生産の究極系―「仮想量試」による生産エンジニアリングへのレバリッジ効果―』日経BP社。

長坂悦敬（2007）「次世代生産環境とデータ・マネジメント」オフィス・オートメーション学会誌（A），第27巻第４号：56－62。

———・中村昌弘（2007）「ビジネス・プロセス・マネジメントとIT―生産準備業務におけるヒューマン・インターフェース技術の適用」『日本情報経営学会第54回大会予稿集』：129－132。

西岡靖之（2011）「生産活動の標準モデルによるリアルタイム原価管理」『原価計算研究』第35巻第１号：13－22。

西村明（1995）「日本的管理会計の構造と特質」『経済学研究』第61巻第3・4合併号：83－97。

日本経済新聞 2013年３月８日。

丸田起大（1998）「フィードフォワード管理会計のフレームワーク」『經濟論究』第102巻：159－174。

———（2004）「戦略経営と管理会計：フィードフォワード・コントロールの視点から」『日本管理会計学会誌』第12巻第２号：19－33。

———（2005）『フィードフォワード・コントロールと管理会計』同文舘出版。

門田安弘・李健泳（2005）「プロセス・マネジメントの概念枠組みと管理会計」『企業会計』第57巻第５号：18－25。

吉田栄介（2007）「管理会計の組織プロセスへの影響：ダイナミック・テンションの創造に向けて」『三田商学研究』第50巻第１号：19－31。

和田淳三（2010）「会計的コントロール論省察―現代管理会計の桎梏―」『岡山大学経済学会雑誌』第42巻第１号：17－23。

第4章

アメーバ経営の多様性と採算表比較

―カズマにおける進化経営を事例として―

1■アメーバ経営の普及

近年，管理会計研究におけるアメーバ経営への関心が急速に高まりつつある。アメーバ経営は当初，ミニ・プロフィット・センター（MPC）の一事例としてCooper（1995）によって分析がなされ，学術的な関心を集めた。その後，「全員参加経営」（稲盛，2006；アメーバ経営術研究会，2010）という言葉に代表されるように，現場に焦点を当てた経営・管理会計実践として，さまざまな角度から研究が行われた（谷，1999；三矢，2003；廣本，2004；上總・澤邉，2005；潮，2006；挽，2007；Sawabe and Ushio，2009などを参照）。

これらの研究の多くは，アメーバ経営が生み出された京セラ株式会社（以下，単に「京セラ」と記す）において実践されている，いわばアメーバ経営の“本家”を分析対象としたものである。そこで実践されているアメーバ経営は，挽(2007)や潮（2010, 2013）などのアメーバ経営の歴史的な分析に指摘されているとおり，誕生から現在の姿になるまで，多くの紆余曲折を経て組織に根付いた経営および管理会計実践である。

このようなアメーバ経営は，今日では他の多くの企業において導入・実践されているが，それらの研究については僅かな事例しか報告されていない（三矢2010：184)。上記のとおり，長きにわたる紆余曲折を経て京セラに根付いてきたアメーバ経営が，どのように他社に“移植”され，また実践され得るのか，という点について，さらなる研究の蓄積が必要と考えられる。

そこで本章では，株式会社カズマおよび同グループ企業（カーテン製造業，本社：福井市。以下，単に「カズマ」と記す）におけるアメーバ経営の導入・実践例について，管理会計的な側面に着目しながら分析を行う。後述するように，同社のビジネスモデル上，見込み生産が多く，在庫を常時多く抱えざるを得ない点をはじめ，アメーバ経営を導入するうえでいくつかの問題点が存在する。その中でどのように採算計算を行い，アメーバ経営を実践しているのかについて，詳しく見ていく。

2■先行研究の分析

2.1　アメーバ経営の管理会計システム

初めに京セラにおけるアメーバ経営について概観しておく。アメーバ経営学術研究会によれば，「アメーバ経営とは機能ごとに小集団部門別採算制度を活用して，すべての組織構成員が経営に参画するプロセスである」(2010：20)と定義されている。アメーバ経営における管理会計的な特徴はさまざまな角度から分析・指摘がなされている（谷，1999；三矢，2003；廣本，2004；上總・澤邉，2005；潮，2006，2013；挽，2007；Sawabe and Ushio，2009など)。詳しくはそれらに譲るが，以下，アメーバ経営における組織構造と時間当り採算の計算フォーマット（採算表）について簡単に見ておく。

上總は，各アメーバの編成順序について，以下のように述べている（2010：66–67)。

① まずアメーバ組織はライン・スタッフ制組織として編成される。ライン部門は利益を生み出す「採算部門」であり，プロフィットセンターと位置づけられる。スタッフ部門は利益を生まない「非採算部門」であり，コストセンターである。

② 次にライン部門が製造部と営業部とに分離される。それらはそれぞれ製造アメーバと営業アメーバと呼ばれるが，もちろん両者は利益を生み出す「採算部門」であり，プロフィットセンターである。他方，スタッフ部門は利益を生まない「非採算部門」であり，コストセンターであるが，必要に応じて，経営管理部や研究開発部などに分離される。

③　さらに製造部や営業部が採算可能な範囲で，より小さなプロフィットセンターである下位アメーバに分割される。逆にアメーバが統合されることもある。

すなわち，まずは機能別（とくに営業と製造）に組織が編成され，両者が利益センターとして位置づけられる（上記①②)。その後可能であれば，それぞれの組織を細分化していく（上記③）という順序が主張されている。この中でもとくに①②の，ライン部門である製造部と営業部はそれぞれ採算部門として編成されるという点に着目し,「ライン採算制組織」（LPO）と呼んでいる（上總・澤邉，2005：100；上總，2010：67)。以上のような意味において，「機能ごとに」かつ「小集団」に編成された組織に対して利益計算を行うことが，アメーバ経営の特徴の１つであると言える。**第１図**は，このような観点から，アメーバ経営における組織を例示したものである。

この図では，製造部と営業部がそれぞれ採算部門であり，管理部（経営管理部と研究開発部などが該当）が非採算部門である。製造部には製造アメーバＰ１から製造アメーバＰ３までの３つの下位アメーバが，営業部には営業アメーバＳ１とＳ２という２つの下位アメーバがそれぞれ組織されている。

事業部制の延長としてのMPC概念に基づく理解とここでのライン採算制組

第１図　ライン採算制組織としてのアメーバ組織

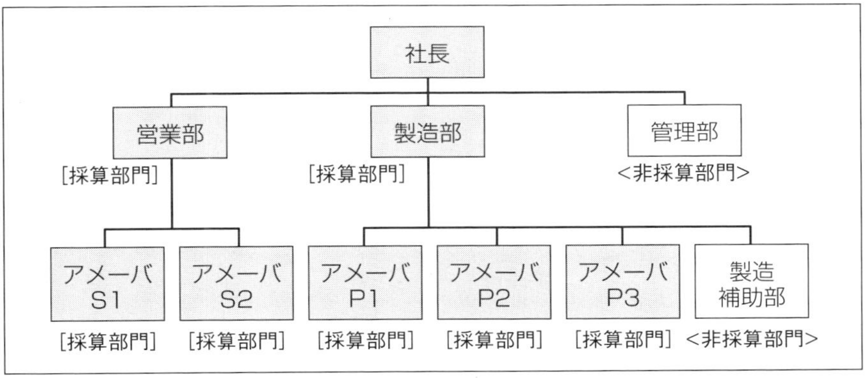

社長
営業部 [採算部門]
製造部 [採算部門]
管理部 <非採算部門>
アメーバ S1 [採算部門]
アメーバ S2 [採算部門]
アメーバ P1 [採算部門]
アメーバ P2 [採算部門]
アメーバ P3 [採算部門]
製造補助部 <非採算部門>

出所：上總（2010：67）に加筆・修正。

織としての理解の決定的な違いは，各アメーバ間の作業の連続性を前提とするかどうかという点である。事業部制を前提とせず，作業工程が連続している単一職能組織のような企業においてもアメーバ経営の導入がなされているのはこのためであると考えられている。

アメーバ経営では採算部門であるアメーバに関心が集まりがちであるが，経営管理部や購買部等のいわゆる管理部門の役割も重要である。次節で述べるように，アメーバ経営においては，時間当り採算をはじめとした数値に基づく管理が徹底されている。したがって，それらの数値が客観的で公平・公正なものであることが重要となる。それを担保するべく，「ダブル・チェック」が自動的に行われる仕組みが，組織構造の中に組み込まれており，その際に重要となるのが，管理部門の役割である。

たとえば外部の仕入先から材料を購入する場合，各アメーバは自ら直接取引を行うことは許されていない。各アメーバは購買部門に購入依頼の伝票を起こし，それに基づき購買部門が仕入先に対して交渉・発注を行う。購入した材料は経営管理部門に納入され，価格・数量・日付等が確認されたうえで，発注元のアメーバが受け取ることができる。そうすることで各アメーバに計上される各種数値の正確性が担保されると同時に，ミスや不正の予防，さらには複数のアメーバで用いられる材料などをまとめて購入することで，購買力を高めるといった効果などが期待される（潮，2006：203）（第２図）。

次に，採算表について見ておく。利益中心点である各アメーバは，「時間当

第2図　「ダブル・チェック」の仕組み

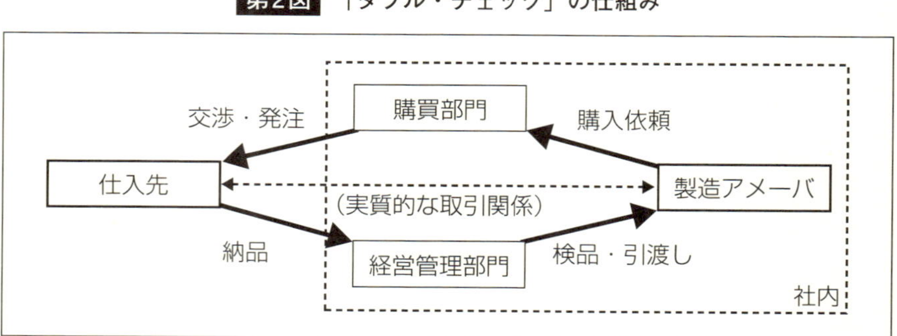

出所：KCCS（2004：37）および潮（2006：203）より作成。

り採算」と呼ばれる指標によって評価される。第１表を見てもわかるとおり，企業会計原則などで登場する会計の専門用語などは基本的にでてこない。できる限り日常的な用語を用い，単純さが意識されたフォーマットによって時間当り採算は計算される。

製造アメーバ（第１表）の「総出荷」とは，社外への売上高（社外出荷）および社内の他の組織に対する売上高を合算したものであり，会計的には当該アメーバの収益に相当する。さらにそこから社内の他の組織からの仕入れ額（「社内買」）と消費した各種費用（「経費」）を引いたものが，当該アメーバの利益（「差

第１表　製造アメーバの採算表（例）

総出荷（収益）（円）	A=B+C	26,800,000
社外出荷	B	6,300,000
社内売	C	20,500,000
社内買（円）	D	2,200,000
経費（費用）合計（円）	E=a+b+…+l	12,000,000
原材料費	a	500,000
金具・仕入商品費	b	10,000,000
外注加工費	c	200,000
修繕費	d	100,000
電力費	e	100,000
・・・・・・	…	・・・
・・・・・・	…	・・・
金利・償却費	h	300,000
部内共通費	i	100,000
工場経費	j	200,000
本社経費	k	100,000
営業経費（支払口銭）	l	300,000
差引売上（利益）（円）	F=A－D－E	12,600,000
総時間（h）	G	2,000
定時間	x	1,800
残業時間	y	100
部内共通時間	z	100
当月時間当たり（円/h）	H=F/G	6,300

出所：稲盛（2006：135－139）。

引収益」）として認識される。それを，アメーバ構成員の「定時間」と「残業時間」，共通部門で働く人々の時間の応分である「共通時間」，さらに他アメーバと人員の貸借を行っている場合には，それに応じた「振替時間」を加味した「総時間」で割ることで，時間当り採算が算出される（稲盛 2006，135－139）。

営業部門についても基本的には同様である（第2表）。営業アメーバの収益認識については，受注生産方式と在庫販売方式の２つがある。受注生産方式の場

第2表　営業アメーバの採算表（例）

受注			40,000,000
総売上高（円）		A=A1+A2	37,000,000
受注生産	売上高	A1	12,000,000
	受取口銭	A1×口銭率	1,200,000
	収益小計	B1=A1×口銭率	1,200,000
在庫販売	売上高	A2	25,000,000
	売上原価	C	21,000,000
	収益小計	B2=A2－C	4,000,000
総収益（円）		B=B1+B2	5,200,000
経費合計（円）		D=a+b+…+o	950,000
	電話通信費	a	100,000
	旅費交通費	b	170,000
	販売手数料	c	180,000
	販売費	d	50,000
	電力費	e	100,000
	・・・・・・・	…	・・・
	・・・・・・・	…	・・・
	賃貸料	n	100,000
	本社経費	o	100,000
差引収益（利益）（円）		E=B－D	4,250,000
総時間（h）		F=x+y+z	1,000
	定時間	x	800
	残業時間	y	100
	部内共通時間	z	100
時間当たり利益（円/h）		E/F	4,250
時間当たり売上高（円/h）		A/F	37,000

出所：稲盛（2006：139－142）。

合には，営業アメーバの収益に該当するのは，当該アメーバが売り上げた製品の売上高ではなく，その金額の10%に相当する金額（「総収益」）である。製品の売上は原則「社外出荷」として製造アメーバに計上され，その中から仲介手数料（「支払口銭」あるいは「営業口銭」とも呼ばれる）が営業アメーバに支払われる（稲盛，2006：139－142，171－174）。

元来京セラにおいてはほとんどすべてが，受注してから生産し，顧客に直接納品するという受注生産方式であった。しかし同社がさまざまな分野に多角化を進めていくなかで，カメラやプリンタ，再結晶宝石など，流通網を駆使して広く市場に販売する事業も展開するようになり，在庫を保有して販売すると言う，いわゆる「在庫販売方式」も行われるようになった。ここでは売上高から製造からの仕入高（売上原価）を差し引いた金額を「総収益」とし，各アメーバの個別費用（「経費」）を差し引いて「差引収益」を計算している（稲盛，2006：174－176）。

2.2　アメーバ経営の導入研究

上記のようなアメーバ経営は，今日では多くの企業で導入されている。先述のとおり，それらを扱った先行研究は必ずしも多くはない（三矢，2010:184）が，ここでは以下の３点から分類を行い，概観しておく。

①　外部企業における導入事例（短期的調査）

三矢（2003）は，大手パソコンメーカーの下請けとして周辺機器の開発・設計・製造を行っているシステック（グループ従業員270名），半導体切削切断装置の製造を行っているディスコ（売上高270億，従業員801名），およびアルミ部品の製造・販売を行っている広島アルミニウム工業（従業員1003人）の３社に対するアンケート調査を行っている。そこではアメーバリーダーが高い成果を追求するようになること，谷（1999）らが指摘していた「垂直的インタラクション」および「水平的インタラクション」が改善され，さらには財務的な効果も表れることなどが明らかになった一方で，自身に対するプレッシャーや管理コストの増大などからアメーバリーダーの「満足度」の高まりは確認されなかった（ibid.：141,222,223）。またアメーバ経営の導入が成功する背景として，トップマネジメントの強力なサポートやボトムアップ型意思決定の風土の必要性等が指摘されている（ibid.：207）。

劉ほか（2006）は，中国の日系企業（匿名，従業員350名弱）におけるアメーバ経営の導入事例を，自らがコンサルタント的立場から分析を行うアクションリサーチに基づいて分析を行っている。そこで重視されたのは，経営理念などといった「大きな方向性」ではなく，採算表における数字１つ１つに対する追求，すなわち「細部へのこだわり」であったとされる。日本と文化や価値観の異なる中国において，経営理念などの抽象度の高い内容をそのまま伝えるのではなく，現実に起きている具体的な問題や数字に対する追求を繰り返すことで，結果的にその背後にある考え方が浸透していくというのが，そこでの指摘であった。

上記の事例はいずれも導入後２年以内の企業（あるいは導入プロセスそのものに関与しながらの調査）である。これらはいずれもアメーバ経営の導入事業を手掛けるKCCSマネジメントコンサルティング株式会社（KCMC）による導入事例であり，10カ月程度で組織・ルールの構築を行い，自主運用ができるように導かれる。そのような短期的導入が行われた後の，長期的な変化を追った研究として，次に三矢（2010）による研究を見る。

② 外部企業における導入事例（長期的調査）

三矢（2010）は「解凍」「移行」「停滞」「再活性化」という順序に基づき，アクテック株式会社におけるアメーバ経営の導入プロセスを分析している。同社はアルミケースやカメラ等のアクセサリーの設計・製造を行っており，1994年にKCMCによるアメーバ経営の導入を行っている（2010年7月現在の従業員数55名）。「解凍」および「移行」期における発見は，先の短期的調査の結果を支持するものであった。すなわち導入費用や事務的負担への嫌悪を生み出しながらも，導入を始めて１，２年程度で採算意識の向上や財務的な成果がもたらされる。一方３年が経過した頃にアメーバ間のセクショナリズムが生じるとともに，採算計算の形骸化が生じる。その後，経営理念の教育・浸透を図ることにより水平・垂直的コミュニケーションが高まるなどの再活性化によってアメーバ経営が再び効果を表す，という指摘である。同時に，京セラにおけるアメーバ経営の仕組みがすべて導入時点で実施されるのではなく，長期間にわたって，アメーバ組織の設定，社内売買，時間当り採算，経営理念などの仕組みが，いくつもの紆余曲折を経ながら，段階的に導入・追加されていくことが明らかにされた。

③　被買収企業における導入事例

上記の事例はいずれも外部企業への導入事例であり，導入後の運用については基本的に被導入企業の自主運用に委ねられる。なおかつ，いずれも企業業績を現状よりも“改善”することが主たる目的であったと思われる。

一方で谷・窪田（2010）は，2002年に京セラが株式交換によって100％子会社化した東芝ケミカル（現 京セラケミカル，2009年度連結売上高190億円，従業員875名）におけるアメーバ経営の事例を取り扱っている。化学材料を扱う同社は，買収時点において業績不振が続き，最終損益も赤字であった。したがって導入企業の自主性に委ねる余裕はなく，短期間での事業の立て直しおよび組織文化の変革が不可欠であった。そこでは主に以下の３点が指摘されている。１点目は，被買収企業の組織文化において，「チェンジ・エージェント」すなわち導入者の役割が重要であるということ，かつ，複数の導入者による役割分担が有効であるということである。２点目は，アメーバ経営が有効に機能するためには，チェンジ・エージェント等による，会議などでの「フィロソフィ教育」の重要性である。すなわち，各リーダーの自らの判断に際して必要な「経営理念」の浸透が不可欠であったという分析結果である。３点目は，管理会計システムの運用を通じた進捗状況の把握である。すなわち，チェンジ・エージェントは仕組みの構築のみでその役割を終えるのではなく，その運用局面を通じて，アメーバ経営の浸透度合いを把握し，必要に応じた対策を随時，すばやく行うことができると述べられている。

2.3　本章の分析テーマ

以上，６社に対する４つのアメーバ経営の導入研究を見てきた。外部導入事例においては，導入直後の短期的な効果が確認されている（三矢 2003）一方，その後の形骸化や停滞の時期を経るなど，アメーバ経営が定着するまでの，長期にわたる紆余曲折のプロセスが観測されている（三矢 2010）。また旧 東芝ケミカルにおける事業再生・企業変革プロセスの事例（谷・窪田 2010）では，チェンジ・エージェントの役割に主眼をおきながら，組織文化の変革のプロセスや経営理念の浸透の重要性などが明らかにされている。

このようななかで本章の特徴は，カズマの協力の下，同社のビジネスモデル上の特徴や課題が，具体的な採算表レベルにおいてどのように表現され，また解決が試みられようとしているのかということを分析している点にある。以下，具体的な分析に移る。

3■カズマにおける「進化経営」の導入

3.1　カズマの概要

カズマの事業概要については上總（2012）に詳細に述べられているが，ここではその一部を要約する形で記す。同社は，1964年に「カズマ繊維株式会社」として福井県丹生郡国見町鮎川で創業し，1995年に現在の「株式会社カズマ」に社名変更するとともに，福井市八重巻町に本社を移した。同社はカーテンを中心としたホームファッション商品の企画製造販売会社であり，独自の高い織維技術を生かし，近年際立って成長を続けている「福井の元気企業」であるとされている。

カーテン製造業界におけるカズマの特徴は，「一貫生産販売体制」にある。すなわちカーテン業では一般に，糸→生地→刺繍→染色→縫製→物流→小売というプロセスで展開される。同社は，創業直後は福井県内の大多数の他企業と同様に，商社や問屋，縫製業者からの賃加工注文に基づき生地製造（主にカーテンレースの編織）を請け負う下請け会社であった。その後，賃加工ビジネスからの脱却を目指し，自社でリスクを負うこととの引き換えに，高い付加価値の創造を求め，縫製業や刺繍業にも進出し，さらに現在では本社内に直営店を設けている。また2006年には，中国・杭州に富阳数馬装飾工芸品有限公司（以下，富阳数馬）を設立し，そこでは染色を含めた全製造工程が自前で行われている。物流については協力企業に委託しているものの，新製品の研究・企画を含め，現在のカズマにおいては，「一貫生産販売体制」が完成していると考えられる。さらにデジタルプリント技術や薄生地縫製，特殊加工（遮熱・反射など），一貫生産ならではの短納期生産などに，同社の強みがある。

2011年6月期の同社の売上は連結ベースで約52億円に達するが，企業成長が速すぎたこともあって，経営管理体制は必ずしも十分ではなかった。とくに各生産プロセスにおいてどれだけの価値が生み出されているのかについて，より正確な情報を把握しながら経営をしたいという社長の考えから，アメーバ経営の導入を試みた。

詳しい経緯は上總（2012）に譲るが，2009年7月に元京セラ社員の経営コンサルタントによって，同社にアメーバ経営が導入されることとなった[1]。現在，同社においては，社是にちなんで，「進化経営」という呼び名で，独自のアメーバ経営が実践されている。なお，中国においてもこの進化経営の導入を試みているが，未だ途上のため，以下では，国内における進化経営の実践に限定して，分析を行う。

3.2　カズマにおける生産プロセス

まずはカズマにおける生産プロセスを概観しておく。非常に多様な製品の製造を行っているので，個々によって異なる部分もあるが，主な流れとしては，以下のとおりである（合わせて第3図を参照）。

【①-A】　富阻数馬において原糸メーカーより糸を仕入れ，生機（染色前の生地）の製造を行う。さらに刺繍・染色を刺繍・染色を行った後（原反完成），船便で福井へ移送し，裁断･縫製工程を受け持つ子会社（株式会社ループ：以下，ループ）へ納入する。

【①-B】　オーダーカーテンについては，主に株式会社カズマテキスタイル（以下，KZT）において原糸メーカーより糸を仕入れ，同社にて生機を製造し，本社へ納入する。

【②】　生機については，必要に応じて，本社内のデジタルプリント部門（以下，DTP）においてプリント加工を行い，外注先で染色（原反完成）した後，裁断・縫製工程（ループ）へ納入する（近年では子会社である株式会社ウェーブ（以下，ウェーブ）が一部を担当）。

【③】　ループ/ウェーブにおいて裁断・縫製を行い，営業部門の指示の下，物流業者がピッキングおよび配送を行う。

【④】　物流業者を通じて，家具・インテリアの大型専門小売店各社および本社直営店に納品され，販売される。

第3図 カズマにおける主な製造プロセス（国内製品）

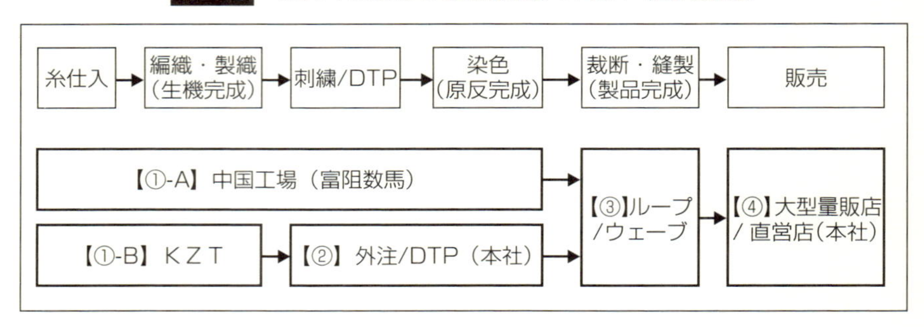

カズマの強みの１つは，創業以来もっとも得意とする白地レースのオーダーカーテンに関して，一貫生産販売体制を活用した，受注から納品までを１週間以内で行う短納期システムである。得意先である大型専門小売店の全国展開に伴って，このオーダーカーテンの受注が急増したことが，同社の急成長の理由の1つであった。

一方，既製品およびオーダーカーテンのための原反についても，糸の仕入れから完成までは，１カ月近いリードタイムが必要となる。カーテンは季節性の高い商品であり，繁忙期と閑散期では売上が倍近くになる。したがって，同社においては，相当数の見込み生産の実施と恒常的な在庫保有が必要となる。このような全社の生産体制のコントロールについては，本社の「生産管理部」が営業と連携しながら行っており，その見込みの精度が，同社の業績に直結するような仕組みであるともいえる。

3.3　進化経営の導入初期

数か月ほどの準備期間を経て，2009年7月に本格的に進化経営が導入されることとなり，上記のような生産プロセスを，時間当り採算のフォーマットに落とし込んだものの，下記のような問題点が発生した。

①　在庫（材料，生地，製品等）の扱いについて

アメーバ経営においては，原則，材料などを購入した際には，即費用（経

費）として計上する。しかしながら同社においては，ビジネスモデル上，一定程度の在庫を恒常的に抱えざるを得ず，在庫が増加する月（繁忙期に向けての作り置き）の採算が極端に悪くなる。

②　生産管理部の責任が曖昧

同社の業績は，生産管理部を中心とした需要予測・生産計画の精度に大きく左右される。しかしながら，そのずれによって採算表上影響を受けるのは，その計画に沿って材料などを仕入れた各部門であり，生産管理部の責任が不明瞭である。

③　裁断・縫製部門（ループ）の社内仕入れが大きくなりすぎる

裁断・縫製部門（ループ）は大量の生地（原反）を扱うが，どの生地を使うかは，営業あるいは生産管理部からの指示によっている。したがって，それらをＫＺＴや中国工場からの内部仕入とすると，自分たちの採算表の中に，管理不可能な多額の金額が計上されてしまう。

以上のような採算表上の問題点を抱えながらも，社長，コンサルタント，および各部門のリーダーが月に二度（月中と月初），定期的に集まり，毎回5時間程の時間をかけながら,「進化経営会議」が行われた。いくつかの試行錯誤はあったが，基本的には月中には当月の着地予想が報告され，月初には，各部門の前月の結果数値と次月の目標数値について議論がなされた。

会議においては，他にもいくつか運用上の問題点が生じてきた。当初は進化経営導入に際しての取りまとめ役である経理部の担当者が，各部門から情報を入手しながら，それぞれの採算表を作っていた。したがって経理部担当者の過度な負担などから，各部門の数値が誤っている，あるいは各部門の責任者が自部門の採算表を正確に理解していないなど，採算表を用いた管理を行ううえでの基本的な側面において，問題が生じることが多々あった。したがって，毎回採算表が作成され，各部門の業績および業績見込みなどが報告されるものの，数字を追っていくのに精一杯で，それを各部門の経営に活用する，というまでには至っていないというのが，導入当初の状況であった。また，各部門の「時間当り採算」が計算されながらも，最終的には，それまで同社の中心的な利益概念であった「税引き前利益」を元に判断されることが多く，採算表上も，時間当り採算は税引き前利益を計算する過程で登場する１つの数字でしかなかったのも，当時の特徴の１つであったといえる。

3.4　問題点への対応

導入当初に抱えていた問題点を中心に，月２回の進化経営会議において，社長を交えてさまざまな議論が繰り返された。中でも採算表のフォーマットについては，毎回提出されるたびに少しずつ項目や数値の流れ，さらには採算表上での部門の分け方までもが変更されることもあった。ときには担当者が存在しない採算表上だけの疑似的な部門が作られ，当該部門で在庫の増減金額を調整するなど，試行錯誤の期間が１年近く続いた。

そんななかでも，直営店については，進化経営導入当初より，数値の正確性はもとより，時間当り採算を活用して，利益計画（予定）の策定→実行→実績集計･分析→次月予定の策定という月次管理が，スムーズに進んでいた。リーダーの適性に加え，組織が比較的小規模（人員は２名）だったことや，本社内に物理的に独立した店舗を構えていることから，売上・費用・時間の各項目の計算・把握および目標の設定が比較的行いやすかったということにも起因していたと考えられる。いずれにしても，時間当り採算に基づく直営店の経営サイクルが，他の部門において時間当り採算に基づく管理サイクルが定着していくうえでの１つの成功モデルになった。

さまざまな試行錯誤が繰り返される中で，採算表上の問題点についても，いくつか対応がなされた。１つには，同社のビジネスモデルに合わせて，各部門の「時間当り（利益）」の下に，「在庫増減」および「在庫含む時間当り」という欄が設けられた。すなわち，「時間当り」そのものの計算に際しては，材料などを購入した時点で費用処理するものの，同社においては在庫が恒常的発生することは不可避であることを考慮して，在庫の増加（減少）金額を各部門の利益（差引収益）に加えた（減じた）金額によって計算した「在庫含む時間当り」を追加することとした。これによって，同社ビジネスモデルを考慮したうえでの各部門の“実態”を，採算表上で表現しようとしたのである。

２つ目には，生産管理部を営業部門の機能の一部ととらえ，生産管理部の指示の下で生産された完成品については，すべて営業部門の社内買として処理し，仮に在庫が売れ残った場合には，営業部門の責任（時間当り採算の減少）とした点である。これにより，需要予測の責任が採算表上において明確になったと言える。一方で，本来の営業活動（受注・注文獲得等）以外の活動成果が，営業部門の時間当り採算に大きな影響を与えてしまうという新たな問題が生じた。そこで最終的には，当該機能を「仕入商品部」として，組織上および採算表上も独立させ，需要予測および全社の生産計画を統括する専門の部署とした。さらにKZTなどで生産された生機などについても仕入商品部が購入し，それらの在庫責任を当該部署に集約した。合わせて，これまでの生産管理部については，「工場管理部」へと改称し，文字どおり，各工場や生産設備などのメンテナンスなどを担う純粋なサポート部門（非採算部門）とした。

３点目には，裁断・縫製部門の収益を，仕入商品部からの依頼に基づく賃加工形式としたことがあげられる。すなわち裁断・縫製部門が加工する原反は，仕入商品部からの無償支給によるものであり，当該部署の費用となるのは，加工に必要な糸などの材料費および消耗部材，工場やミシンなどの賃借料および減価償却費，水道光熱費などのみである。そうすることで，できる限り管理可能な数値によってのみ，当該部門の採算表を作成するよう，工夫がなされた。

3.5　カズマ独自の採算表

上記のようなプロセスを経て，導入から２年２カ月後より採用されている組織体制および採算表が第４図および第５図である。

カズマにおける組織は，主に「営業部」「仕入商品部」「製造部」「共通部門」「中国子会社」から形成され，共通部門以外はすべて採算部門である。ただし，現時点においては中国子会社に対しては進化経営は未導入であり，第５図の採算表上は除外されている。営業部および製造部の下にはそれぞれ営業部門（主に小売店への販売）と直営店があり，それぞれが採算部門として位置づけられている。製造部については，縫製部門（ループおよびウェーブ），KZT，DTPがそれぞれ採算部門として位置づけられており，工場管理部は純粋なサポート部であり非採算部門と位置づけられている。共通部門に属する「総務部」「経理部」「研究開発部」についても同様に，非採算部門である。

第５図の採算表は，機密保持の観点から数字はすべて抜いてある。各部門間

第4図　カズマの進化経営組織の概要

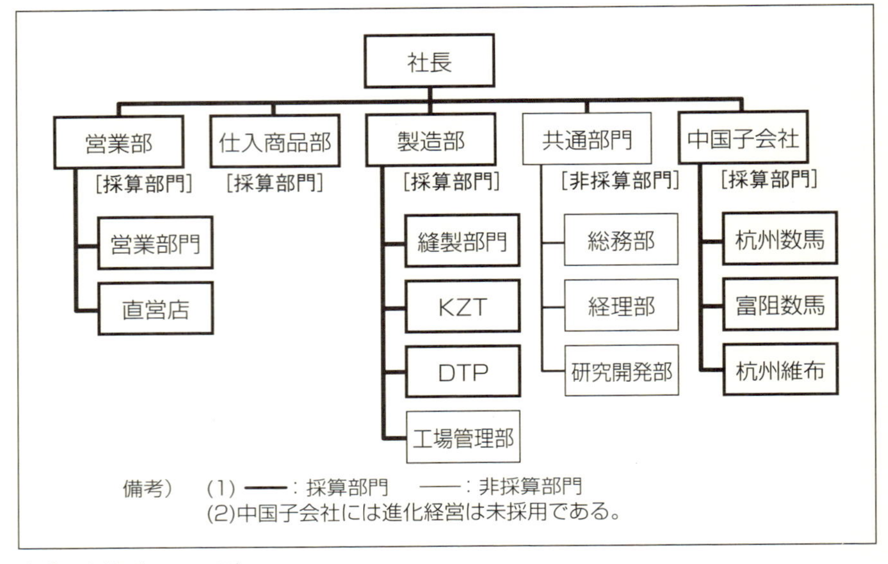

出所：上總（2012：188）。

第5図　カズマにおける部門別採算表

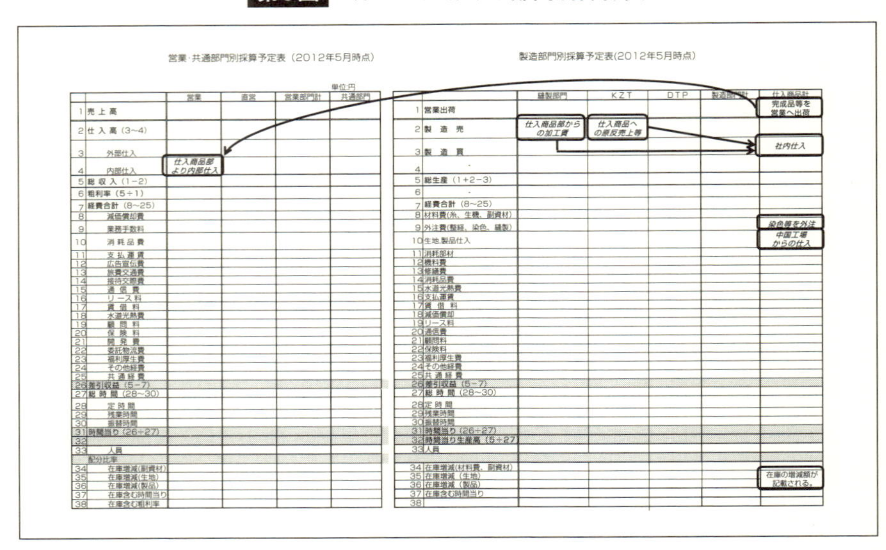

営業・共通部門別採算予定表（2012年5月時点）

単位:円

		営業	直営	営業部門計	共通部門
1	売上高				
2	仕入高（3~4）				
3	外部仕入				
4	内部仕入	仕入商品部より内部仕入			
5	総収入（1−2）				
6	粗利率（5÷1）				
7	経費合計（8~25）				
8	減価償却費				
9	業務手数料				
10	消耗品費				
11	支払運賃				
12	広告宣伝費				
13	旅費交通費				
14	接待交際費				
15	通信費				
16	リース料				
17	賃借料				
18	水道光熱費				
19	顧問料				
20	保険料				
21	開発費				
22	委託物流費				
23	福利厚生費				
24	その他経費				
25	共通経費				
26	差引収益（5−7）				
27	総時間（28~30）				
28	定時間				
29	残業時間				
30	振替時間				
31	時間当り（26÷27）				
32					
33	人員				
	配分比率				
34	在庫増減(副資材)				
35	在庫増減(生地)				
36	在庫増減(製品)				
37	在庫含む時間当り				
38	在庫含む粗利率				

製造部門別採算予定表(2012年5月時点)

		縫製部門	KZT	DTP	製造部門計	仕入商品計
1	営業出荷					完成品等を営業へ出荷
2	製造売	仕入商品部からの加工賃	仕入商品への原反売上等			
3	製造買					社内仕入
4	-					
5	総生産（1+2−3）					
6	-					
7	経費合計（8~25）					
8	材料費(糸、生機、副資材)					
9	外注費(整経、染色、縫製)					染色等を外注
10	生地.製品仕入					中国工場からの仕入
11	消耗部材					
12	機料費					
13	修繕費					
14	消耗品費					
15	水道光熱費					
16	支払運賃					
17	賃借料					
18	減価償却					
19	リース料					
20	通信費					
21	顧問料					
22	保険料					
23	福利厚生費					
24	その他経費					
25	共通経費					
26	差引収益（5−7）					
27	総時間（28~30）					
28	定時間					
29	残業時間					
30	振替時間					
31	時間当り（26÷27）					
32	時間当り生産高（5÷27）					
33	人員					
34	在庫増減(材料費、副資材)					
35	在庫増減（生地）					在庫の増減額が記載される。
36	在庫増減（製品）					
37	在庫含む時間当り					
38						

では製品の加工プロセスに応じて，製品や生地等の流れが複数存在するが，表上に追記されてある矢印や文字は，その代表的なものを示している。KZTや中国工場で生産された原反などは，いったん仕入商品部が仕入れる。そこから必要に応じて裁断・縫製部門（縫製部門）や外注先に対して加工依頼が行われ，でき上がったものを営業部門が買い入れる（一部についてはDTP加工が行われる，あるいは直営店へ販売される）。

このような採算表の特徴としては，先に示したように，各部門の生産計画は仕入商品部の需要予測および生産計画によって行われるため，生地および製品は原則当該部門がすべて購入し，したがって在庫の増減による加減算についても，仕入商品部において行われる（ただし，製造工程が数週間にわたるKZTにおいては，材料・副資材在庫が発生する）。

縫製部門の収益については，先にも述べたように，仕入商品部からの加工賃が計上されている。したがって「経費」に計上される各細目は，自部門で管理が可能な費用のみである。その結果，毎月の「時間当り（利益）」および「時間当り生産高」の大幅な増減がなくなり，各工程の生産能率をより実感の持てる形で示すことができるようになった。そのうえで，より高い時間当り採算と作業能率の向上を目指して，「スーパーライン」と呼ばれる実験的な作業工程が設けられた。すなわち，工場内で作業能率の高い従業員を結集し，一定時間においてどれだけの作業をこなすことができるのかを計測し，その作業能率を目標値として設定することで，各工程の作業能率の向上を促した。また各工程の作業能率を日次で管理し，それぞれの時間当り採算および生産高の実績値と各月の目標値と比較しながら工場内に手書きのグラフで示すことで，より一層の作業能率の向上を目指している。

また，第５図の末尾を見てもわかるとおり，導入当初に記載されていた税引き前利益の欄は削除され，「時間当り」および「在庫含む時間当り」による各部門の採算管理が徹底されるようになった。

導入当初には散見された数字の誤りなども次第に減少し，各部門自らが採算表を作り進化経営の場で発表するようになるなど，時間当り採算に基づく管理が，各部門に根付き始めたといえるようになった。また，当初は採算計画のみであったが，合わせて，それを実現するための行動計画についても，部門ごとに報告が行われ，数値と行動計画が一体となって議論されるようになった。

4■カズマ進化経営の今後の課題

以上，カズマにおける進化経営について見てきた。そこでは，同社のビジネスモデル上やむを得ない形で抱えているアメーバ経営導入上の課題を，どのような形で，克服・解決しようとされてきたのか，またそれが組織構成や採算計算上において，具体的にどのように表現されてきたのかが明らかになった。

すでに見てきたように，原糸の購入から最終製品が完成するまで1カ月ほどの期間を要すると同時に季節商品であるため各月の売上が大きく変動するカーテンを，社内一貫生産体制に基づいて生産・販売するにあたっては，いくつかの問題点があった。具体的には，売上予測およびそれに基づく生産計画の重要性とそれを組織上および採算表上においてどのように表現すべきか。また,「購入即経費」というアメーバ経営における原則の中で，恒常的に在庫を抱えざるを得ない状況をどのように表現するべきか。

同社が導き出した1つの答えは，これまで管理部門の1つとして位置づけられてきた生産管理部の中から，売上予測および全社の生産計画を立案する機能を「仕入商品部」として独立させ，原則，完成したすべての生地や製品を同部門において受入れることで各工程において，生産即収益計上とし，仮に在庫が予想以上に売れ残った場合には，仕入商品部の採算表上にその結果が集約される形にすることで，在庫管理責任の明確化をはかった。

また通常の時間当り採算に加え,在庫の増減を加味した「在庫含む時間当り」の項目を追加することで，需要の波を考慮したうえでの各部門の評価を適切に行えるよう工夫を施した。

しかしながら同社では未ださまざまな工夫が続いており，これまで見てきたような方策が必ずしも正解であり，また完成形であるわけではない。たとえば「在庫含む時間当り」という工夫は，在庫を抱えるビジネスモデルを「是」としたうえでの「対応」であるが，いわゆる「キャッシュベースの経営」や家計簿的な発想を出発点とするアメーバ経営の本質からすれば,「対応」というよりもむしろ現状に対して「妥協」したと見ることもできよう。現時点においてどちらが望ましいのかを明確に論じることはできないが，いずれにしても，今後も新たに出てくるであろう問題点や課題を継続的に調査・分析することで，アメーバ経営研究における，さらなる研究蓄積が期待されることだけは確実であろう。

【注】

1　本章では，「アメーバ経営とは機能ごとに小集団部門別採算制度を活用して，すべての組織構成員が経営に参画するプロセスである」（アメーバ経営学術研究会，2010：20）という定義に基づいて，「アメーバ経営」という言葉を用いている。

【参考文献】

Sawabe, N. and S. Ushio (2009) "Studying The Dialectics between and within Management Credo and Management Accounting," *The Kyoto Economic Review* Vol.78, No.2：127－156.

アメーバ経営学術研究会（2010）『アメーバ経営学：理論と実証』KCCSマネジメントコンサルティング。

稲盛和夫（2006）『アメーバ経営』日本経済新聞社。

潮清孝（2006）「実地調査からみた京セラのアメーバ経営：京セラフィロソフィの役割を中心に」上總康行・澤邉紀生編著『次世代管理会計の構想』中央経済社：193－216。

―――（2010）「京セラ・アメーバ経営における時間当り採算の歴史的形成過程についての研究：時間当り採算の『年輪』を読む」『アメーバ経営学：理論と実証』第4論文，KCCSマネジメントコンサルティング：115－141。

―――（2013）『アメーバ経営の管理会計システム』中央経済社。

上總康行（2012）「脱加工戦略と中国進出：カーテン製造業㈱カズマの成長戦略」上總康行・中沢孝夫編著『経営革新から地域経済活性化へ』京都大学学術出版会：167－193。

―――・澤邉紀生（2005）「京セラのアメーバ経営と利益連鎖管理（PCM）」『企業会計』第57巻第７号：97－105。

KCCS（2004）京セラアメーバ経営ゼミナール配布資料。

谷武幸（1999）「ミニプロフィットセンターによるエンパワメント：アメーバ経営の場合」『國民經濟雑誌』第180巻第5号：47－59。
———・窪田祐一（2010）「アメーバ経営導入による被買収企業の組織変革：チェンジ・エージェントの役割」『アメーバ経営学：理論と実証』KCCSマネジメントコンサルティング：211－252。
廣本敏郎（2004）「市場・技術・組織と管理会計」『一橋論叢』第132巻第5号：583－606。
挽文子（2007）『管理会計の進化：日本企業にみる進化の過程』森山書店。
三矢裕（2003）『アメーバ経営論：ミニ・プロフィットセンターのメカニズムと導入』東洋経済新報社。
———（2010）「アメーバ経営の導入：アクテックの事例」『アメーバ経営学：理論と実証』KCCSマネジメントコンサルティング：184－210。
劉建英・三矢裕・加護野忠男（2006）「細部へのこだわりと人材育成：中国へのアメーバ経営導入プロセスのアクションリサーチから」『國民經濟雑誌』第194巻第1号：81－94。

第5章

アメーバ経営の導入効果の検証

──予定難易度向上と速度連鎖効果──

1■アメーバ経営の実証研究

本章は，実務界・学界で関心を高めているアメーバ経営（稲盛，2006；Inamori, 2013）の導入効果に関して，定性的な考察に基づいて提起されてきたいくつかの仮説について，定量的に検証しようとするものである。

アメーバ経営に関する実証研究の動向を整理すると，第1表のようになる。アメーバ経営に関する実証研究は，その多くが，京セラおよびそのグループ会社をリサーチサイトとして，インタビュー，参与観察，および社内文書の解読など，定性的な方法によって進められてきたが，その後，京セラのコンサルティング子会社（KCCSマネジメントコンサルティング：KCMC）によるアメーバ経営の導入先企業（以下，クライアント系と称す）にもリサーチサイトが拡張され，質問票による従業員サーベイ調査や社内の財務・非財務データに基づくアーカイバル分析など，定量的な検証も進められている。近年では，京セラのコンサルティング子会社の指導によらない導入企業（以下，非クライアント系と称す）での研究も展開されている。

本章は，京セラをリサーチサイトとした定性的な調査によって主張されてきた仮説が，非クライアント系のリサーチサイトにおいても妥当性があることを，質問票調査やアーカイバル分析などの定量的な手法によって，立証することを目的としている。

第1表 アメーバ経営の実証研究の動向

		京セラ・グループ会社	クライアント系	非クライアント系
定性的研究	インタビュー 参与観察 社内文書，など	Cooper (1995)，三矢・谷・加護野 (1999)，谷 (1999)，三矢 (2003)，挽 (2007)，鈴木 (2009)，尾畑 (2010)，谷・窪田 (2010)，上總 (2010)，澤邉 (2010)，鈴木 (2011)，Adler and Hiromoto (2012)，潮 (2013)，など	三矢 (2003)， 劉ほか (2006)， 三矢 (2010)， 渡辺 (2012)， 挽 (2013)， 渡辺 (2013)， など	上總 (2012)
定量的研究	サーベイ (質問票) アーカイバル (社内データ)，など		三矢 (2003)， 北居・鈴木 (2010)，など	本章

2■アメーバ経営の導入効果の仮説

アメーバ経営を学術的に研究し普及を促進するために，京セラ公認で2006年に設立されたアメーバ経営学術研究会の成果集（アメーバ経営学術研究会，2010）では，アメーバ経営の導入効果に関する多くの仮説が提示されている。本稿では，その中から以下の２つの仮説を検証する。

2.1 予定難易度向上

澤邉（2010）は，京セラでのインタビューに基づいて，アメーバ経営では，当月予定の設定にあたって，年次計画であるマスタープラン（MP）が理想主義的な高い目標の設定を導く一方で，月次計画である前月予定ならびに前月実績が現実主義的に達成可能な目標の設定を導く役割を果たすと位置づけ，理想主義と現実主義の矛盾を原動力として，当月MP，前月予定，および前月実績がそれぞれ影響を与えて，当月予定が時系列上のトレンドを上回るような水準に設定され続けると説明し，高い目標の達成に成功したアメーバはさらに高い目標に挑戦しようとすると主張している（澤邉，2010：99－108)。以上の主張を踏まえて，仮説を次のように設定した。

仮説H1-1：時間当りの予定は，傾向的に高まっていく
仮説H1-2：時間当りの前月予定，前月実績，および当月MPが，当月予定に正の影響を与えている
仮説H1-3：時間当りの前月予定の達成に成功した場合，当月はさらに高い予定が設定されている

2.2　速度連鎖効果

上總（2010）は，時間当りの向上をスピードアップとみなし，たとえば製造アメーバの生産性向上がもたらす余剰生産能力の機会損失を回避するために，営業アメーバが営業活動をスピードアップして追加注文の獲得に努力する現象や，あるアメーバのスピードアップによって生じた余剰人員の一部を，他のアメーバに貸し出すことによって，総時間を減少させて時間当り採算を向上させようとする現象などを，京セラでのインタビューと仮説数値例によるシミュレーションに基づいて確認している。この１つのアメーバのスピードアップが他のアメーバのスピードアップを連鎖的に引き起こしていく現象を，速度連鎖効果として主張している（上總，2010：77－78）。なお上總（2010）では，製造アメーバ間での速度連鎖や，生産性の低下であるスピードダウンの場合の速度連鎖については，言及されていない。以上の主張を踏まえて，仮説を次のように設定した。

仮説H2：時間当りの変化が，アメーバ間で連鎖している

3■リサーチサイトと調査デザイン

本章では，上總（2012）と同様に，福井市にある株式会社カズマにリサーチサイトとして協力をいただいた。同社は，カーテンを中心としたホームファッション商品の企画・製造・販売を業務内容としており，規模は連結売上高52億円，連結従業員数523名（いずれも2010年度）である。株式会社カズマの沿

革については上總（2012）にて詳細に紹介されている。

同社は，京セラOBの独立系コンサルタントの指導の下で，アメーバ経営をベースに同社独自の工夫を加えて，全社的に時間当り採算制度を導入しており，同社では「進化経営」と呼ばれ，アメーバ単位も「チーム」と呼ばれている。同社におけるアメーバ経営の導入経緯や具体的な仕組みの詳細については，上總（2012）および本書所収の潮氏の章に譲るが，同社における取り組みは，アメーバ経営学術研究会によるアメーバ経営の定義である「職能組織別の小集団部門別採算制度による全員参加経営」（アメーバ経営学術研究会，2010：20）に合致しており，アメーバ経営を導入している非クライアント系のリサーチサイトとして位置づけることができる。

同社では，製造アメーバと営業アメーバとの間での直接的な社内売買の仕組みを導入していないので，本章では，質問票調査にとって適度な人員規模があり，直接的に社内売買をしていてアメーバ間で連続性がある，同社の国内工場に属するA～Dの4つの製造アメーバ（すべて採算部門）を分析対象として設定した。各アメーバの人員規模は15～40人程度であり，この4つのアメーバ間における主な社内売買の流れは第1図のとおりである。

第1図　分析対象アメーバ間の連続性

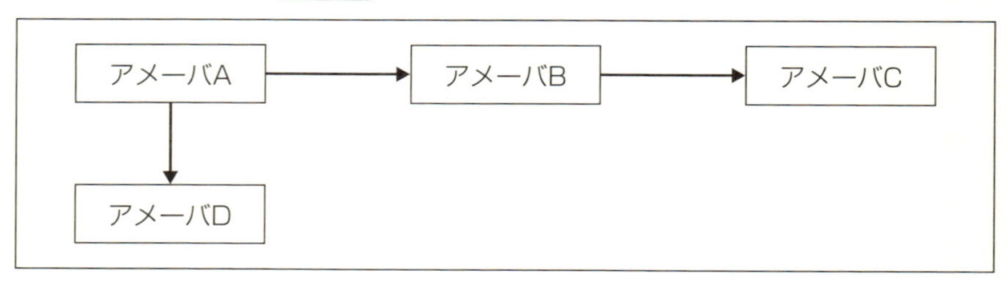

質問票調査の対象としたのは，これらのアメーバに属する日本人で正社員のリーダーとメンバーであり，質問項目は第2表のとおりである。予定難易度向上と速度連鎖効果に影響を与えると想定される従業員の意識について，三矢（2003）を参考にして，使命感に関する質問項目（Q1-1～1-3）と情報共有に関する質問項目（Q2-1～2-4）を設定した。尺度は5点スケール（1＝まったく当てはまらない，3＝どちらともいえない，5＝よく当てはまる）とし，匿名で回

答してもらった。質問票調査は，工場へのアメーバ経営導入の１年後と２年後の２時点で実施し，２時点間でのスコアの変化を意識の変化とみなすことにした。サンプル総数は半年後102名および１年半後96名であり，いずれも回収率100％である。

第2表　質問項目

変　数	質問番号	質問項目
使命感	Q1－1	目標設定においては自分の意思を積極的に反映しようとする
	Q1－2	高い目標を設定している
	Q1－3	設定した目標を必ず達成するよう努力している
情報共有	Q2－1	他部門の業績数値を把握している
	Q2－2	会社全体の業績数値を把握している
	Q2－3	他部門の活動・業務の遂行状況を把握している
	Q2－4	会社全体の活動・業務の遂行状況を把握している

同社では，製造アメーバに材料責任を課さずに，KPIとして時間当り生産高を重視させる仕組みを採用しているため，各製造アメーバの時間当り生産高のMP額，予定額，および実績額を，アーカイバルデータとして分析した。なお同社では，工場へのアメーバ経営導入の９カ月後にMPが導入されることになったので，仮説１－２の検証についてはMP導入後の36カ月分，それ以外の仮説の検証についてはアメーバ経営導入後の43カ月分のデータをサンプルとして用いた。

各アメーバの時間当り生産高の予定および実績のトレンドは第２図および第３図のとおりであり，いずれもアメーバ経営の導入月を基準月として比率化して示している。

第2図 時間当り生産高予定のトレンド（基準月：導入月）

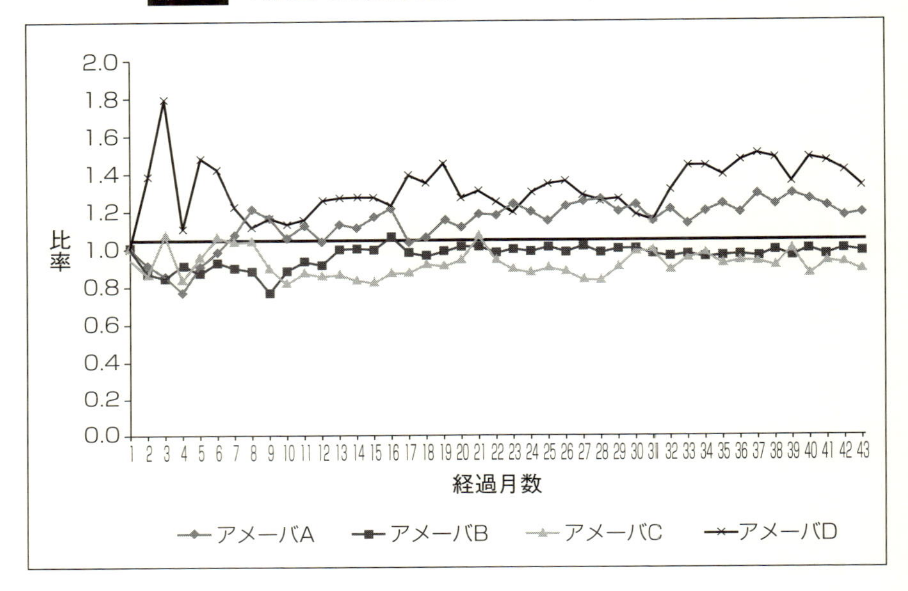

第3図 時間当り生産高実績のトレンド（基準月：導入月）

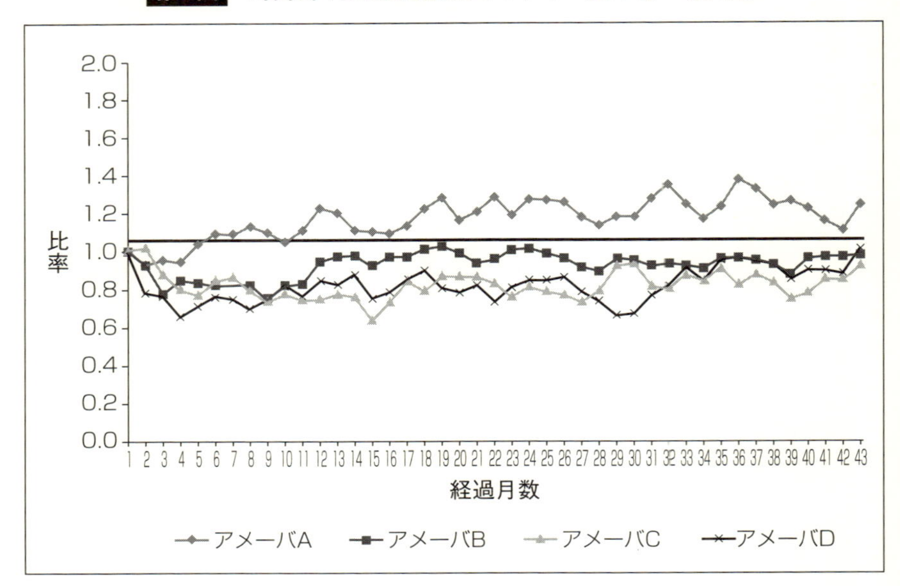

4■検証結果と考察

まず質問票調査の結果について，主因子法，プロマックス回転による確認的因子分析を実施し，各因子に高い負荷を示した質問項目の平均値を変数得点とした場合の変数の平均差検定を実施した結果は，第３表のようになった。質問票調査の結果，当該製造アメーバに属するリーダーとメンバーの使命感と情報

第３表　因子分析の結果

質問番号	質問項目	使命感		情報共有	
		１年後	２年後	１年後	２年後
Q1－1	目標設定においては自分の意思を積極的に反映しようとする	3.35 (.702) [.934]	3.64 (.746) [.648]		
Q1－2	高い目標を設定している	3.32 (.685) [.636]	3.64 (.716) [.794]		
Q1－3	設定した目標を必ず達成するよう努力している	3.77 (.662) [.627]	3.95 (.645) [.811]		
Q2－1	他部門の業績数値を把握している			2.38 (.931) [.693]	2.77 (.923) [.689]
Q2－2	会社全体の業績数値を把握している			2.45 (.769) [.561]	2.89 (.841) [.684]
Q2－3	他部門の活動・業務の遂行状況を把握している			2.63 (.829) [.718]	2.84 (.878) [.769]
Q2－4	会社全体の活動・業務の遂行状況を把握している			2.68 (.754) [.726]	2.83 (.742) [.797]
	クロンバック α	.759	.784	.767	.821
	変数得点	3.47 (.559)	3.74 (.587)	2.53 (.627)	2.85 (.684)
	平均差検定（t値）	－3.234***		－3.091***	

上段：平均値，（ ）：標準偏差，［ ］：因子負荷量，***p<0.01

共有の意識が，アメーバ経営導入の１年後から２年後にかけて，有意に向上していることが確認された。

次に，仮説１－１に関する操作化として，予定難易度が傾向的に向上していることを確かめるために，各アメーバの各月の時間当り生産高の予定額を従属変数，アメーバ経営導入からの経過月数を独立変数として，単回帰分析を行った。結果は**第４表**および**第５表**のとおりである。アメーバ経営導入後の全期間を対象にしてみると（4アメーバ×43カ月分＝172サンプル），アメーバA，アメーバB，およびアメーバDで，アメーバ経営導入後の時間の経過とともに，時間当り生産高の予定額が有意に向上してきたといえる結果となった。また，MP導入後の期間だけで見てみれば（36サンプル），アメーバCも時間当り生産高の予定額が有意に向上してきたといえる結果となった。先述したとおり，使命感の意識が有意に向上していた結果と関連付ければ，高い目標を設定しようとする意識の高まりが，時間当り生産高の予定額の水準の高まりという形で実際に現れているといえよう。

第４表　**単回帰分析の結果（全期間）**

アメーバ	独立変数	標準偏回帰係数（ベータ）	t値	p値	決定係数
A	経過月数	.733	6.897	.000	.537
B	経過月数	.560	4.324	.000	.313
C	経過月数	.013	0.084	.933	.000
D	経過月数	.301	2.020	.050	.090

従属変数：当月予定

第５表　**単回帰分析の結果（MP導入後）**

アメーバ	独立変数	標準偏回帰係数（ベータ）	t値	p値	決定係数
C	経過月数	.429	2.770	.009	.184

従属変数：当月予定

次に，仮説１－２に関する操作化として，当月予定を従属変数，前月予定，前月実績，および当月MPを独立変数として，重回帰分析を行った（4アメーバ

×MP導入後の36カ月分＝144サンプル)。 結果は第6表のとおりであり，当月予定に対して，前月予定，前月実績，および当月MPがともに有意な正の影響を与えている結果となった。これは理想主義の当月MPと現実主義の前月予定ならびに前月実績をすべて考慮に入れて，当月予定を設定するという行動がとられていることを示唆しているといえよう。

第6表　重回帰分析の結果

独立変数	標準偏回帰係数（ベータ）	t値	p値	決定係数
前月予定	.290	4.634	.000	.940
前月実績	.388	6.969	.000	
当月MP	.322	5.877	.000	

従属変数：当月予定

次に，仮説1－3に関する操作化として，時間当り生産高の前月予定が達成された場合と達成されなかった場合に分けて，当月予定を従属変数，前月予定，前月実績，および当月MPを独立変数とした，重回帰分析を行った（4アメーバ×MP導入後の36カ月分＝144サンプル)。結果は第7表のとおりであり，前月予定が達成の場合と未達の場合で予定の組み方を変えていることを示唆しており，前月予定が達成された場合は，前月実績だけが正の影響を与えているという結果になった。これは，前月予定が達成された場合には，前月予定よりも高い前

第7表　重回帰分析の結果（予定達成と予定未達の場合）

前月予定	独立変数	標準偏回帰係数（ベータ）	t値	p値	決定係数
達成	前月予定	.390	1.693	.101	.920
	前月実績	.458	2.138	.041	
	当月MP	.131	1.158	.256	
未達	前月予定	.264	3.061	.003	.945
	前月実績	.340	4.042	.000	
	当月MP	.391	6.139	.000	

従属変数：当月予定

月実績を考慮に入れて，さらに高い当月予定を組もうとする行動の表れであると理解できよう。

最後に，仮説２に関する操作化として，時間当り生産高の実績額を速度の変数とし，前月対比での時間当り生産高実績の変化率（当月実績÷前月実績）を変化の尺度として設定し，同月の変化率がアメーバ間で連動している場合に連鎖していると解釈することにした。そして変化率が１以上の場合を速度向上，変化率が１以下の場合を速度低下とみなし，起点となるアメーバＡの速度が向上した場合と低下した場合に分けて，アメーバＢ～Ｄに速度が連鎖しているかどうかを，共分散構造分析によって検証した。

結果は第４図および第５図のとおりである（モデル適合度指標は，カイ２乗値＝7.838，自由度＝6，p＝.250，GFI＝.917，CFI＝.853，RMSEA＝.088であった）。

第4図　速度向上連鎖の検証

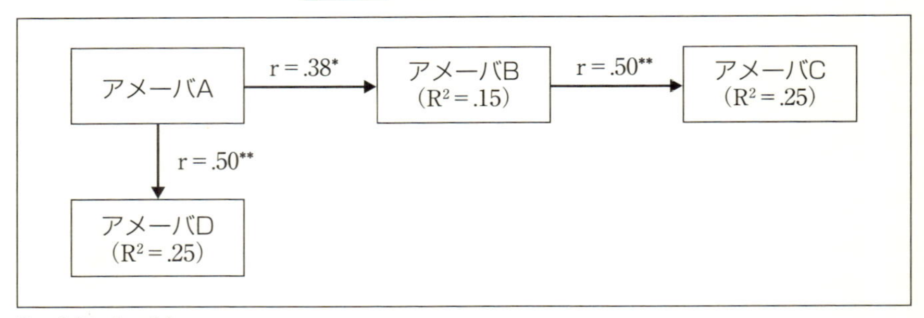

$^{**}p<0.05$，$^{*}p<0.1$

第5図　速度低下連鎖の検証

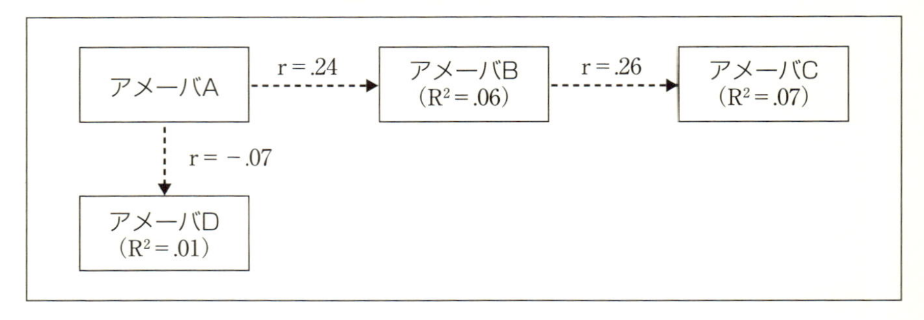

アメーバＡの速度が向上したケース（20サンプル）では，すべてのパス係数が有意に正の値となっており，これはアメーバＡの速度向上がアメーバB，C，Dへ連鎖している状態を示している。一方で，アメーバＡの速度が低下したケース（22サンプル）では，すべてのパス係数が有意となっておらず，アメーバＡの速度低下がアメーバB，C，Dへ連鎖しているとはいえない結果となった。

その解釈としては，質問票調査によって確かめられた使命感と情報共有の意識の高まりの下で，他のアメーバや会社全体の業績と業務の情報を共有し，人員の貸し借りなどの手段を弾力的に活用して，上流アメーバの速度向上に対しては同期化し，速度低下に対してはその影響を回避するように，使命感を持って柔軟に対処していることがうかがえる。

5■むすび

本章では，京セラをリサーチサイトとした定性的な分析によって提起されてきたいくつかの仮説が，非クライアント系のリサーチサイトにおいても妥当であることを，質問票調査とアーカイバル分析の定量的な手法によって，裏付けることができた。第１表でも整理したとおり，アメーバ経営の研究における経験的な検証は，いまだ定性的なデータに頼っているのが現状であるが，リサーチサイトの理解と協力を得て，定量的な検証が今後も蓄積されていくことが期待される。

【参考文献】

Inamori, K. (2013) *Amoeba management : the dynamic management system for rapid market response,* CRC Press.

Adler, R. and T. Hiromoto (2012) "Amoeba management : lessons from Japan's Kyocera," *MIT Sloan Management Review,* Vol.54, No.1 : 83 - 89.

Cooper, R. (1995) *When lean enterprises collide : competing through confrontation,* Harvard Business School Press.

アメーバ経営学術研究会編（2010）『アメーバ経営学―理論と実証―』KCCSマネジメントコンサルティング。
稲盛和夫（2006）『アメーバ経営―ひとりひとりの社員が主役―』日本経済新聞社。
尾畑裕（2010）「アメーバ経営と原価計算」アメーバ経営学術研究会『アメーバ経営学―理論と実証―』KCCSマネジメントコンサルティング：142－158。
潮清孝（2013a）『アメーバ経営の管理会計システム』中央経済社。
上總康行（2010）「アメーバ経営の仕組みと全体最適化の研究」アメーバ経営学術研究会『アメーバ経営学―理論と実証―』KCCSマネジメントコンサルティング：58－88。
―――（2012）「脱賃加工戦略と中国戦略―カーテン製造業㈱カズマの成長戦略―」上總康行・中沢孝夫編著『経営革新から地域経済活性化へ』京都大学学術出版会：167－193。
北居明・鈴木竜太（2010）「マネジメントシステムとしてのアメーバ経営―R.リカートによるシステム4との比較を通じて―」アメーバ経営学術研究会『アメーバ経営学―理論と実証―』KCCSマネジメントコンサルティング：159－183。
澤邉紀生（2010）「賢慮を生み出すアメーバ経営―経営理念を体現した管理会計の仕組み―」アメーバ経営学術研究会『アメーバ経営学―理論と実証―』KCCSマネジメントコンサルティング：89－114。
鈴木寛之（2009）「全員参加型経営システムの研究―京セラ経営システムの生成過程―」『一橋商学論叢』第4巻第2号：22－36。
―――（2011）「自律的組織の企業グループ内組織間協働にみる利益帰属の微調整―鹿児島エレクトロニクスの事例から―」『原価計算研究』第35巻第1号：84－95。
谷武幸（1999）「ミニ・プロフィットセンターによるエンパワメント―アメーバ経営の場合―」『国民経済雑誌』第180巻第5号：47－59。
―――・窪田祐一（2010）「アメーバ経営導入による被買収企業の組織変革―チェンジ・エージェントの役割―」アメーバ経営学術研究会『アメーバ経営学―理論と実証―』KCCSマネジメントコンサルティング：211－252。
挽文子（2007）『管理会計の進化』森山書店。
―――（2013）「病院における経営と会計」『会計』第183巻第6号：27－41。
三矢裕（2003）『アメーバ経営論―ミニ・プロフィットセンターのメカニズムと導入―』東洋経済新報社。
―――（2010）「アメーバ経営の導入―アクテックの事例―」アメーバ経営学術研究会『アメーバ経営学―理論と実証―』KCCSマネジメントコンサルティング：184－210。

———・谷武幸・加護野忠雄（1999）『アメーバ経営が会社を変える―やる気を引き出す小集団部門別採算制度―』ダイヤモンド社。

劉建英・三矢裕・加護野忠男（2006）「細部へのこだわりと人材育成―中国へのアメーバ経営導入プロセスのアクションリサーチから―」『国民経済雑誌』第194巻第1号：81－94。

渡辺岳夫（2012）「アメーバ経営導入時における採算表フォーマットの形成プロセス―電子機器メーカーＡ社のケース研究―」『原価計算研究』第36巻第1号：119－131。

———（2013）「時間当たり採算性に関する会計処理の探求―電気機器メーカーＡ社における労務費と時間の処理方法を中心として―」『会計』第183巻第6号：42－56。

第6章

高品質と低コストの同時追求[1]

―潜在的コンフリクトの解消のプロセスに着目して―

1■品質管理と原価管理の両立

いうまでもなく品質管理と原価管理はともにものづくりの製造現場において重要な問題である。日本的管理会計としてしばしば議論される総合的品質経営(TQM)，原価企画などからわかるように，品質管理と原価管理の両立を目指すのも，日本企業の管理会計の１つの特徴とみられる。この問題に対して，これまでTQMや原価企画以外に，品質原価計算，ライフサイクル・コスティングなど，管理会計技法を中心とする研究は多くなされている。

本章では，高品質と低コストの追求が，両方とも管理会計，とくに業績評価システムにより管理されるときに，潜在的コンフリクトを引き起こしかねないという点に注目して，製造現場の人々はそれをどのように認識し，どのようにそのコンフリクトを解決していくかを見ていく。

2■先行研究の検討

品質管理と原価管理という複数課題の同時追求に対して，管理会計はそれぞれの課題に対して業績目標を設定するなど，業績評価システムをを利用して管理することができるとされる。とくに，近年における財務指標・非財務指標を含む包括的業績管理システム（Kaplan and Norton, 1996)，パッケージとしてのコントロール・システム（Simons, 1990, 1995；Merchant and van der Stede, 2007）等の研究では，複数課題の同時追求のためのマネジメント・コントロール・

システム（MCS）の概念的枠組みを提供している。しかし，包括的，あるいはパッケージの中の異なる個々の業績評価指標間，あるいはコントロール・システム間のコンフリクトをどう扱うかという重要な課題が残されている（Ittner and Larcker, 1998；Cheng et al., 2007)。次に，この点についてもう少し詳しく見ていく。

管理会計は,明確で具体的目標を設定することによって,組織内における個々人の役割を伝達し，組織構成員の注意，努力，行動を組織が望む方向に向けさせ，役割期待を表すことができる（Collins, 1982；Locke and Letham, 1990；Hirst, 1987)。しかし，それが品質管理と原価管理というように，複数でかつコンフリクトを潜む課題の同時追求という問題に直面したときに，役割間のコンフリクトを引き起こす可能性がある。なぜなら，少なくとも短期的には，ある一方の業績の追求が，他方の業績の低下を招くからである。役割コンフリクト，あるいは目標コンフリクト[2]は，個人がコンフリクトとなる期待，あるいは目標に直面して，それらをすべて満足させる可能性がないと感じるときに生じるとされる（Kahn et al., 1964；Locke et al., 1994)。多くの研究は，このようなコンフリクトは，組織構成員の目標達成困難性の認知の増加や，目標へのコミットメントの低下など，組織のパフォーマンスに対して，ネガティブな影響を与えると論じていた（Locke et al., 1994；Cheng et al., 2007；Slocum et al., 2002；Marginson and Bui, 2009)。

しかし一方で，コンフリクトは上記のようにネガティブな影響ではなく，パフォーマンスにポジティブな影響を与えることもある。人々はコンフリクトを感じたときに，対立・従順・問題解決・回避するなどの戦略をとりうるが，それを回避したり対立するのではなく，問題解決に向けたときに，コンフリクトは生産的コンフリクト（productive conflict）となり，組織のパフォーマンスにポジティブな影響を与える（De Dreu, 1997)。

MCSの研究においては，たとえば，Simons（1990, 1995）では，双方向的コントロールと診断型コントロールの概念を提供し，この相反するコントロールの同時実行によりテンションが生じるが，このテンションにより組織の中に戦略が創発されるとする。Henri（2006）では，Simonsの診断型および双方向型コントロールの利用により，組織構成員の知恵を生かし，創造するための良好な緊張状態が生まれることをダイナミック・テンションと呼んでおり，そのポジティブな影響を経験的に検証している。吉田（2007, 2011）では，ダイナミック・テンションが生まれ，知識が創発される場として日本企業における原価企画をとらえている。

このように，マネジメント・コントロールによって生じたコンフリクトがネガティブな影響ではなく，組織構成員の認識や行動，組織の業績にポジティブに影響を与えるとしたら，それはどのように，またはどのような場合であるかを具体的に検討する必要がある。

1つは，コンフリクトになりうる個々の業績評価システムを，より上位の目標の中に統合することである。KaplanとNortonのBSCでは，複数の指標は戦略目標からブレークダウンして作られるべきであるとされている。経験的に，Burney and Widener（2007）では，少なくとも2つ以上の測定システムを含む，戦略と密接にかかわっている戦略的業績評価システムを利用して，戦略に関連する情報を提供することによって，役割コンフリクトおよび役割あいまいさが減少するだけでなく，仕事に有用な情報の提供，および仕事に有用な情報を探求する管理者のモチベーションにポジティブに影響し，最終的に業績を高めることが検証された。またHall（2008）では，包括的業績評価システムが，従業員の役割の明確化と心理的エンパワーメントにポジティブに影響し，その結果，業績の向上に影響していることが検証されている。そこにおける包括的業績評価システムの重要な特徴は，戦略と関連づけられた組織的アウトカムを統合すること，そして組織部門境界とバリューチェーンを貫通する測定情報を提供することである（ibid.：144）。

さらに，複数の，コンフリクトになりうる業績指標間に優先順位を示すことも，コンフリクトに対して，ポジティブに問題解決に向けさせることを助ける。そもそも人間が行う行動は，注意あるいは方向性によってエネルギーの配分を行い，選択を行った結果であるとされている（Kanfer et al., 1994；Hinsz and Ployhart, 1998）。Kernan and Lord（1990）では，その選択を左右する従業員の活動の方向性は，優先順位のプロセスによって定まるとされている。MCSに関連して，たとえばBSCでは先行指標と遅行指標という用語で指標間の優先順位を示すことによって，コンフリクトではなく，因果関係によって指標間の関係が説明されている。

またTubbs and Ekerberg（1991）では，複数の課題が存在するときに，課題の階層をまたがる注意の移行がうまく行われているときに，高い業績が得られるとしている。Lillis（2002）が行った実態調査によると，実務においては，製造現場において品質管理とコスト低減（生産性）の両立は，比較的容易に管理されていることが明らかになった。そこでは，調査対象企業における品質管理とコスト低減の同時管理のための方法，仕組みについても紹介されている。方法としては「技術的統合」であるが，それは現場における品質などの非財務指標を，より上位レベルで財務的に「翻訳」したり，上位の財務的目標をより現場の非財務的目標に「翻訳」したりすることを意味している（Mcnair et al., 1990）。こうした技術的統合により，調査対象企業では「管理者は品質が財務業績に与える影響を予測し，測定することができ」（Lillis, 2002：508），「製品の品質的属性のコスト結果は認識でき……品質の側面をコスト目標に統合する能力」（ibid.：508）が得られ，品質管理とコスト低減の両立が可能になった。また構造的仕組みとしては，業績指標間の「優先順位づけ」が取り上げられているが，聞き取り調査企業では，「（コスト目標を達成するために）品質を妥協することを取り除くインセンティブ構造」（ibid.：523）を設計することが品質管理とコスト低減の両立を可能にさせた。

このように，品質管理と原価管理といった，複数のお互いにコンフリクトになる課題の同時追求のためのMCSに関して先行研究では，次のようなことが主張されている。

① 品質管理と原価管理など複数課題の同時追求に関して，MCSはそれぞれに業績評価システムを設定することによって，それらを管理することができる。

② しかし，ある一方の業績の追求が，必然的に他方の業績の低下を招くために（少なくとも短期的には），それは組織構成員の役割，または目標に対する認知にコンフリクトを引き起こす可能性がある。

③ コンフリクトの影響について，そのネガティブな側面が主張される一方で，ポジティブな影響も主張されるが，それは従業員がコンフリクトに直面したときに，回避や対立ではなく，問題解決に取り組む場合である。

④ 従業員のコンフリクトに対するポジティブな問題解決を助けるMCSの特徴としては，次のようなことが主張されている。

1. 複数のコンフリクトを内包する業績評価システムを，戦略などより上位の目標と統合すること。
2. 戦略と結び付けることによって，複数の課題とそれぞれに対応する業績評価システム間の因果関係を示すこと。
3. 業績評価システムにより，複数の課題を単一の次元に「統合」したり，業績指標間の優先順位を明確に示すことで，複数の課題間の注意の移行を促進すること。

本章では，外食企業の製造部門に焦点を当てて，品質管理と原価管理の同時追求を達成するための業績評価システムの役割を検討する。とくに，2つの課題を追求するための業績評価システムが，従業員にコンフリクトをもたらしたかどうか，そのコンフリクトに対して従業員は，回避や対立といった対応ではなく，積極的に解決しようとするのかどうか，そしてその問題解決のプロセスに業績評価システムはどのようにかかわっているかを見ていきたい。

3■事例紹介

本章における研究対象企業は，チタカ・インターナショナル・フーズ株式会社（以下，チタカと略す）という外食産業に属する企業である。調査時点（2010年4月）で，日本全国で店舗数は204店，7か所のデザートファクトリーを有しており，売上高は，2009年3月期の実績で238億円である。ごく一般的な外食産業に属する企業と同じく，チタカにおいても，高品質と低コストを同時に追求することが求められている。この数年間，チタカでは品質管理に関する取り組みは増えつつあり，その業績も向上している。また，コスト低減に関しても活発な活動が行われ，一定の成果を上げている。したがって，品質管理とコスト低減の両方を行う必要があるより一般的，ボリュームゾーンにある企業[3]として，チタカを本章の対象とした。

本研究では，半構造的インタビューによる定性的研究アプローチをとる。チタカに対して，2008年4月から2011年1月まで，計12回，おおよそ32時間に及ぶインタビューを実施した。インタビューイーの範囲は，トップマネジメントから取締役などの経営上層部，カンパニーの最高責任者としての本部長，課長，そして製造現場における工場長[4]，チーフまで，各階層の管理者，担当者に及んでいる。チタカは，外食産業に属する企業ではあるが，店舗で販売する商品を自社の工場で製造しており，その実務は製造現場における管理会計の実務とみなすことができる。

3.1 品質管理と原価管理のためのマネジメント・コントロール

チタカの製造部門では品質管理と原価管理について，「よい商品をより安く製造」というスローガンの下に，工場で遂行すべき5大任務[5]として認識していた。スローガンにおける「よい商品」には品質管理への要求を，そして「より安く製造」には原価管理への要求を表し，それぞれ具体的任務として品質保証，生産性向上・原価低減として取り上げられている。このような要求，あるいは任務は，全国の工場から選抜した社員からなる委員会の下に[6]，具体的活動が計画，実行され，その業績も定期的に評価される。次に，製造現場における品質管理とコスト低減のための具体的取り組みを見てみよう。

まず品質管理とかかわって，経営理念を反映するマニュアルとして「安心・安全規定」があるが，その目的を「品質にかかわるすべてのアソシエイトが取り組まれなければならない事項を定め，その確実な実施によって，『顧客遵守』の安心・安全品質の保証と品質管理を，より確実に実現していくことを目的として制定する」とされている。その背景には，社会的に注目される品質不良から生じた問題や，過去チタカで発生したシール不良問題などがある。

「安心・安全規定」には，大きく原材料の安心・安全のための取り組み，製造工程の安心・安全のための取り組み，危機管理のための安心・安全のための取り組み，製品の安心・安全のための取り組みという4つのカテゴリーに分けて，それぞれの具体的な活動を規定している。そこでは，高い品質水準を追求するという理念の下に，使用原材料の仕入，管理，製造工程での取り組み，危機管理のための取り組み，そして完成品に対する取り組みなど，原材料の仕入れから最終製品の出荷まで，すべての製造プロセスで品質管理を徹底するための仕組みがルールとしてマニュアル化されている。この一連の取り組みの中には，製造業務の中にルーティン化されているものが多い。たとえば，原材料管理のための一斉点検の取り組みでは，毎日工場のラインを１回止めて，原材料の賞味期限とか，使っている道具の破損がないかなどを，すべてをチェックする仕組みである。

チタカにおける以上のような活動は，業績評価システムとリンクされていた。品質管理活動は，業績目標として，品質不良品ゼロ，品質不良による自主回収撲滅，達成すべき自社特定の衛生基準などの品質目標が設定され，その達成状況が定期的に評価されていた。さらに，報酬の一種として表彰制度と結びついているのもある。たとえば，チタカの全国の数か所にある品質管理室では，製造された製品について細菌検査を行い，製品から検出された菌の種類と菌数によって，自社で設けた基準に基づいて判定を行う制度がある。そして，一定の基準を上回る製品については，自主回収を行っているが，ある工場で３カ月間，特定の細菌による自主回収件数がゼロであると，表彰を行うという。

次に原価管理に関しては，製造原価のほとんどを占める材料費と労務費の低減を「原価低減」と「生産性向上」の項目で取り組んでいた。そのうち，原価低減には，仕入コストや製造コスト，雑損・返品ロスの低減がその主目的であり，具体的な活動として，ロットの見直し，標準原価差異検証の実施，製造ミスの撲滅と膠着在庫の調整などが行われている。一方，生産性向上には，生産ライン・非生産ラインの効率化，目標管理がその具体的活動内容として取り上げられていた。「目標管理」における「時間当たり平均生産数」は，生産効率性を測る主要な指標となっていて，毎日の生産高を，それを生産するための所要時間で割ったものである。さらに，個々人に対するこの時間当たり平均生産数を表す指標として「人時製造高」という業績評価指標があり，各従業員には明確な人時製造高の目標が与えられていた。このように，原価管理においても，品質管理と同様に，その具体的活動が明確にされ，業績評価システムと結びつけられていた。

以上，チタカにおいては品質管理と原価管理が同時に求められ，両方を追求するための具体的活動とそれを管理するためのさまざまなマネジメント・コントロール・システムが存在することを確認した。では，この２つの活動を管理するための業績評価システムは，従業員にどのように認識されているか，とくに業績指標に内在するコンフリクトの側面に焦点を合わせて見ていこう。

3.2 品質管理と原価管理の同時達成に対するコンフリクト

チタカにおいて，品質管理を行うための仕組みの１つとして，毎日１回全生産ラインを止めて，チェックを行う一斉点検というものがある。一斉点検を行うことは，当然ながら品質不良品ゼロ，品質不良による自主回収撲滅，達成すべき自社特定の衛生基準などの品質目標の達成を目指すための活動である。しかしながら，毎日１回全生産ラインを止めることは，明らかに生産性や効率性を低下する結果にもなる。とくに，「目標管理」における「時間当たり平均生産数」が生産効率性を測る主要な指標となっている中で，従業員はある程度コンフリクトを感じることがあった。１人の工場長は次のように述べた。

一番初めに，たとえばそういった一斉点検だとか，最初から両手をあげて，歓迎をするような雰囲気ではなかったんですね。（2010年６月18日の聞き取りより）

また，ある製造現場のチーフもこのように述べた。

実際一斉点検をやりだしたところは，自分はまだ１スタッフ社員だったんですよ。最初にそういった一斉点検をやるんですよと言われたときに，やっぱり正直手を止めることに対しては，違和感がありました。そのときに，あまり，品質とかに対して，上の人からはあまり強く言われてなかったので，たとえば生産性の部分，ケーキだったら１時間何台目標に作るとか，プリンだったら１時間に何合作るとか，それを達成するためにはどうすればいいかといったところは，よく言われたりしたんですが，そういったことはあまり言われなかったので，手を止めてチェックするということには，ちょっと，やっぱり，え〜っていう感じは正直しました。（2010年６月18日の聞き取りより）

これは，品質管理と原価管理の２つの課題とそれを遂行するための具体的取り組みに対して，従業員がある程度コンフリクトを感じることがあったことを意味する。生産性の指標，とりわけ時間当たり生産数が目標として与えられた状況の中で，品質管理への取り組みに対して違和感を感じたとの証言が示すように，業績評価システムはそのようなコンフリクトを招く要因ともなっていた。次に，このようなコンフリクトに対する従業員の認識の変化，およびコンフリクト解決に向けての具体的な活動を見ていこう。

3.3　品質管理への優先順位づけ

従業員の感じる上記のようなコンフリクトは，品質管理と原価管理のうち，品質管理に優先順位をつけることによって，徐々になくなっていくが，その背景には，いくつかの要因があった。

まずは，経営層における品質管理活動の強調である。その背景には，製品品質の不良をめぐる不祥事が相次いで起こり，社会的に注目されていたことがあげられる。とくに食品に関しては，不二家の期限切れ原材料を使った洋菓子の製造・出荷をはじめ，原材料の産地偽装表示や，賞味期限改ざんなどが相次いで発覚し，食品を取り扱う企業は，品質や食の安心安全問題にこれまで以上に取り組むことが必要となってきた（日本経済新聞，2009年７月30日付：「特集――食の安全へ業界反転攻勢」)。こうした社会的出来事を背景に，経営層は品質管理活動の重要性を強く示し，そのもとで，現場の品質管理活動のための取り組みも増加した。経営層の方針が従業員の品質管理活動への意識に対する影響について，ある地域の工場長は次のように述べた。

> 経営層は，品質に関して一貫してダメなものははっきりいうような考え方でずっと来ています。食品の材料等々では，そういったことはないんですけど，やっぱり，不二家の賞味期限切れだとか，消費期限切れの食材を使うとか，そういう事故を目の当たりにしましたので，その使ってはいけないものを使って作ってはいけないんだよということを，いわれ続けていましたので，そこらへん意識は高い増しに来ています。(2010年６月18日の聞き取りより)

また，品質管理とコスト低減は，長期的には矛盾するものではないという考え方も，品質管理への意識に影響を与えた。製造部門の本部長は，次のように述べた。

長期の利益は決して，利益額じゃなくて，会社の存続も１つの利益になるんだと， そういう解釈しかできないですね。それ（品質管理）をやらないとどうなるかというのは試せないから，今会社が存続して経営ができるのは，こういう部分にコストを使っているからだよ，という考え方でやります。(2010年1月19日の聞き取りより）

ある工場長は，次にように述べた。

品質保証と効率化（コスト）っていうのは相反するイメージがあるんですけど，実際には品質保証をきちっとすることで，そういうロスがなくしていけるっていう部分もあります，ムダなことがなくなっていくから……結果的に品質保証をやればやるほど何か時間もかかって，って思われがちなんですけど，本当にきちっとそういうことができることが一番ムダがないっていうか，生産性向上だとかムダなものをなくしていくってことにつながっていくと思います。(2009年8月27日の聞き取りより）

このような考えの下，品質管理の取り組みには，品質不良による失敗コストの回避という意味が付与された。ある地域の工場長は次のように述べた。

以前は，表彰制度もなかったし，出したものに対してそんなに重大であることは考えてなかった。パステルが急成長した2006年ぐらいから，やっぱり品質に関するいろんな仕組みも増えて，品質に対する意識が高くなった。それ以前は，自分の中では，それほど高い意識ができたという形ではないと思いますね，2006年ごろからちょっと意識が急に高くなりました。＊＊部長が来られてからであったりとか，そこはちょっと転機だと思います。(2010年6月18日の聞き取りより）

ここで＊＊部長は，トヨタ自動車からチタカに転職した方で，現在の製造現場のいろいろな仕組み，生産ラインの整備に関わっていた。品質管理に関するさまざまな取り組みも，この方の入社から増えていたという。表彰制度や品質管理のための仕組みは，その存在自体が企業の品質管理に対する高い意識を象徴的に表し，その影響を受けて，従業員の品質管理への意識も高まっていたことがわかる。また，次のようなことも述べていた。

> 洋菓子の不二家さんとか，ああいう社会的にも大きな事件があったときは，やっぱり，あのごろはもう自分たちの作業の中で当たり前のようにやっていたので，いわゆるそういうこと（品質管理のための取り組み）をやらないと，ああいうこと（不二家のような不祥事）になってしまうということが身に染みたので，そこからはもう，ああやってよかったな，という認識ですね。まあ，最初は仕方なくやったのが，やっていくうちに慣れていくというか，普通になったという感じですかね，やっぱり強制，半強制的に最初はやらせたのが，やっていくうちに，自分の中でもまあそういうのが組み込まれたというんですかね。（2010年6月18日の聞き取りより）

このような認識の下に，チタカではリーマンショックの影響等により，2008年から業績不振の中で苦戦しているが，その業績回復のために品質管理活動の水準を妥協することはなかった。それだけでなく，実際に業績が悪化する中でも，現場で品質管理にかかわる時間や手袋，アルコールなどの使用量が増え（2010年5月27日の聞き取りより），品質管理に関する予算も肥大化しているという（2010年1月19日の聞き取りより）。

以上，品質管理と原価管理の同時追求のための業績評価システムの下，両者を同時追求することに対して，従業員は，最初のうちはコンフリクトを感じていたが，徐々に品質管理活動の重要性を認識して，業務の中で優先順位を上げていったことを見てきた。その背景には，社会的不祥事の発生，会社の成長とともに社会的責任への意識の強化，およびそれを象徴的に表す具体的品質管理活動や仕組みの増加などがある。

3.4　コンフリクトを乗り越えた問題解決：品質管理と原価管理の同時追求

以上のような品質管理への優先順位づけは，原価管理をあきらめたことを意味するわけではなかった。チタカにおける原価低減活動は，品質管理に優先順位がつけられたうえで行われた。具体例として，上記の原価低減プロジェクトの原価改善項目のうち，比較的に大きい原価低減効果を生みだした提案の1つとして，工場内でのカウンターや機械などを拭く「カウンタークロス」という消耗品を，従来の使い捨ての使用方法からリサイクル使用にした項目があるが，それについて製造部門の本部長は次のように説明した。

品質管理（部門）がその使い捨てというルールを過去は定めとったんですけど，なぜ使い捨てなのっていったら，やっぱり工場っていうのは，菌が繁殖したりするのが怖いんで，一番安全なのは１回使ったら捨てることですというルールになっていたらしいんですね。だけどこのカウンタークロスっていうやつがですね，うちの会社日本一らしいんですよ，仕入れ値が（笑）。そんな不名誉なことないよなっつって。じゃぁこれは，洗濯して安全が確認できたら，リサイクルは可能なんじゃないかっていうことで，実際洗濯したカウンタークロスを品質管理に出して，細菌検査をずっと，1日目，2日目，3日目ってやってもらったんですよ。で，10日まで大丈夫だと。本当は10日以降も大丈夫なんですけど，今度擦り切れてほつれてきちゃったりするんで，逆にそれが異物混入で別のところで問題になっちゃいかんもんですから，回数は10回まで使いましょうというルールを新たに設定してですね，これは当然今まで使い捨てだったのが，10分の１になるんで，この（原価低減）金額はびっくりしましたね。（2009年6月22日の聞き取りより）

そして，もう一例として次のようなことを取り上げることができる。

アルコールに関しても，今までそんなに使ってなかったんです，この２年間の取り組みの中で，かなり頻度高く使って，当然使用料が増えてくるんですよ，だけどそのアルコールに関しては，逆に仕入れの仕方を変えて，単価を下げたという経緯があって，活動とは違う部分でのそのコスト削減というのは当然やりますけど，品質レベルを下げてコストを，という発想はたぶん今までないと思いますね。（2010年5月27日の聞き取りより）

興味深いことは，品質管理に優先順位をつけ，そのうえでコスト低減活動を行うことによって，品質管理の活動のためにかかったコストが，コスト低減や生産性向上の目標・範囲になっていたことである。業績測定システムの下に，製造現場における日々の活動の中で，与えられたコスト低減・生産性向上の業績目標と，品質管理活動への取り組みの関係について，ある工場長は次のように述べた。

（コスト低減や生産性の）目標自体は，たとえばその人時製造高[7]でいえば，（品質に関する取り組みが増えていても）変わらないですね，こういう目標でやりなさいというのは。そこの場所を，変わらないためには，その改善を，どうやって（原価）改善をしていけばそれが維持できるかということを考えなければならないですね。（2010年6月18日の聞き取りより）

また，より具体的に次のような例も取り上げていた。

その一斉点検にかかわる部分，たとえば10分間手を止めてやって，今働いている人間が10人で，そしてそこで100分間のムダに見える時間を使っているんだけれども，そこは会社のリスクと引き換えると，それは決してムダなものではないと。ただ100分間を使っているから，どこかでその100分間を取り戻さないといけない，という形ですね。（2010年6月18日の聞き取りより）

このように，チタカにおいては品質管理と原価低減を同時に追求することができたのである。

以上，チタカにおける品質管理と原価管理の同時追求のプロセスを見てきたが，事例からの発見は次のようにまとめることができる。

第１に，品質管理と原価管理のそれぞれに目標が設定され，管理される中で，一方（品質管理）の業績を高めるための活動が，必然的にもう一方（原価管理）の業績の低下を招き，従業員はコンフリクトを感じた。

第２に，社会的不祥事，企業の社会的責任等を背景に，品質管理に対する意識が高くなるにつれて，両者のうち品質管理に優先順位が上がり，除々に解消されるようになった。

第３に，その結果，品質管理が優先的に行われたが，これは同時に原価管理に対する工夫も促した。なぜなら，品質管理に費やした時間やコストが業績指標により明確になり，それは次の原価管理のための目標と範囲になっていたからである。これによって，最終的に品質管理と原価管理の同時追求が達成されたのである。

次に，本章2で検討した先行研究と関連付けながら，事例からの発見に対して考察を行い，本研究を締めくくりたい。

4■考　　察

まず，先行研究で指摘されているように，品質管理と原価管理という複数の課題に対して，チタカにおいてもそれぞれ業績評価システムを利用して達成しようとしていた。しかし，品質の業績を高めるための活動が，必然的に生産性業績の低下を招くため，先行研究で指摘するように，チタカにおいても従業員はコンフリクトを感じるようになった。

しかし，食品の品質をめぐる社会的不祥事や，企業の社会的責任への強調などを背景に，品質管理に対する具体的仕組みが増加するにつれて，原価管理より品質管理に優先順位がつけられ，そのコンフリクトは徐々に解消されていった。先行研究では，戦略などの上位目標に複数の業績システムを統合し，先行指標と遅行指標など因果関係を構造的に示すことによって，コンフリクトになる課題間の優先順位がつけられるとされる。

チタカにおける品質管理目標への優先は，このようなMCSの構造によって示されたものではない。品質管理と原価管理は長期的な視点で見れば相反するものではないという認識が，品質管理への優先順位づけに影響してはいるが，それは「会社の存続」を1つの計算できない失敗コストとする前提に基づく，理念的なものであり，先行指標・遅行指標のように，必ずしも明確なMCSの構造をもってその優先順位を示すものではなかった。また，品質管理への取り組みが増加しても，原価管理，あるいは生産性業績の目標は変わらないことからわかるように，チタカにおける品質管理と原価管理のための業績評価指標には，優先順位がなかったといえる。

品質管理に優先順位がつけられたうえで，品質管理が原価管理のための改善活動の目標と範囲になり，2つの課題が同時に追求されていた。業績評価システムは，品質管理のための活動と，原価管理のための改善活動の成果を，時間という同じ尺度で評価することによってそのプロセスを助けた。先行研究では，複数の課題間の注意の移行がスムーズに行われるときに，その同時追求が実現しやすいとされているが，チタカにおける事例もそれを支持する。

以上，チタカにおける事例を先行研究と比較しながら考察を行ってきたが，特徴的なのはコンフリクトの解消に影響を与える課題間の優先順位づけは，必ずしもMCSの明確な構造ではなく，不祥事の回避，会社の存続，企業の社会的責任など，抽象的で理念的な認識を共有することによりなされた点である。このように基本的価値の共有による企業文化はコンフリクト解消に貢献し，内的統合を促すことで衆知を集めた経営を可能にするとされている（野中，1983）。しかし，これは決してMCSが２つの課題の同時追求に役割を果たしていないことを意味するわけではない。基本的価値の共有のもと業績評価システムは２つの課題に共通の尺度を提供し，その両立を促進していたといえる。

5■おわりに

以上，事例紹介とそれからの考察を通じて，原価管理と品質管理の当時追求という問題に対して，業績評価システムはそれを促進する役割を果たしたことがわかった。

チタカでは品質と原価の両方に業績目標を設定することによって管理するが，従業員のコンフリクトも引きおこす。しかし，そのコンフリクトはある１つの課題（品質管理）に優先順位をつけることにより解決されるが，その優先順位は先行指標・遅行指標のように業績評価システムの構造に明確に組み込まれているのではなく，抽象的で理念的な価値観を共有することによってつけられたものである。１つの課題（品質管理）に優先順位がつけられたうえで，業績評価システムは2つの課題に共通の尺度を提供することによって，他方の活動（原価管理）が目指すべき目標と範囲を明確にし，最終的に両課題の同時追求が行われた。

今後の課題としては，類似した文脈を持つ企業における調査を通じて，本研究の発見をより一般化することである。そのうえで，このようなMCSの役割が生じる条件を理論的に特定することが必要である。さらに，それを前提にしたうえで，最終的にはMCSの設計，あるいは運用方法について提言を行うことを目指したい。

【注】

1　本章は，李（2012）を元に，加筆・修正したものである。
2　役割コンフリクトと目標コンフリクトの関係について，Locke et al.（1994）では，両者はまったく同じではないけれど，密接に関わっている概念だとしている。役割はより広い概念で，どのように行動してほしいかとの期待を表し，目標はより狭義の概念としてある特別な結果（outcome）を達成することへの期待を表しているとする。目標は役割の一部分を表しているとする。本章では，品質管理とコスト低減の目標のみならず，取り組み自体も取り上げるために，役割コンフリクトか目標コンフリクトかの区分ではなく，コントロール・システムとコンフリクトの関係を見ることにする。
3　上總・澤邉（2006）では，管理会計技法とそれが実際に利用される文脈との相互関係に関する知識を構築する際に，その対象企業は少数のリーディングカンパニーではなく，より一般的ボリュームゾーンにある企業に広げることができるとされている。
4　チタカの製造部門は，全国に7つの工場を持っており（2010年6月当時），ここでいう工場長は各工場の責任者である。チタカで工場長は組織階層上課長に相当し，直属の部下は1～2名のチーフである。また日常的な主要業務は，ラインが正常に機能しているか，でき上がった商品がスタンダードになっているかのチェックをすることであるとされている(2010年6月8日のインタビューより)。したがって，本章では工場長を製造現場に近い役職として取り扱う。なお製造部門の本部長は，7つの工場を統括する責任者である。またチーフは一般従業員の上司であり，実際製造現場に関わっている。記述に登場する役職の階層関係は，本部長，工場長，チーフという順番になる。
5　ここで5大任務とは，職場安全，品質保証，生産性向上，原価低減，人材育成である。
6　インタビュー当時。その後委員会のメンバーは，全国工場の製造部部課長が中心的メンバーとなっていた。
7　人時製造高は，チタカの製造現場の効率や生産性をはかる主要な業績指標である。チタカにおける品質管理活動の項目のうち，目標管理の項目で，「時間当たり平均生産数」を指している。

【参考文献】

Burney.L and S.K.Widener (2007) "Strategic performance measurement systems, Job-related information, and managerial behavioral response- Role stress and performance," *Behavioral Research In Accounting,* Vol.19, No.1：43－69.

Cheng, M.M, P.F. Luckett, and H.Mahama (2007) "Effect of perceived conflict among multiple performance goals and goal difficulty on task performance," *Accounting and Finance,* Vol.47, No.2：221－242.

Collins, F. (1982) "Management accounting systems and control：a role perspective," *Accounting, Organizations and Society,* Vol.7, No.2：102－122.

De Dreu, C.K.W. (1997) "Productive conflict: The importance of conflict management and conflict issue," in C.K.W de Dreu, and E.Van de Vliert eds., *Using conflict in organizations,* SAGE Publications: London.

Hall, M. (2008) "The effect of comprehensive performance measurement systems on role clarity, psychological empowerment and managerial performance," *Accounting, Organizations and Society,* Vol.33, No.2-3：141－163.

Henri, J.F. (2006) "Management control systems and strategy: A resource-based perspective," *Accounting, Organizations and Society,* Vol.31, No.6：529－558.

Hinsz, V.B. and R. E. Ployhart (1998) "Trying, intentions, and the processes by which goals influence performance: An empirical test of the theory of goal pursuit," *Journal of Applied Social Psychology,* Vo.28, No.12：1051－1066.

Hirst, M. K. (1987) "The effects of setting budget goals and task uncertainty on performance: A theoretical analysis," *The Accounting Review,* Vo.62, No.4：774－784.

Ittner, C.D and D.F. Larcker (1998) "Innovations in Performance Measurement: Trends and Research Implications," *Journal of Management Accounting Research,* Vol.10：205－238.

Kahn, R., D. Wolfe, R. Quinn and L.Snoek (1964) *Organizational stress: Studies in role conflict and ambiguity,* NY: John Wiley.

Kanfer, R., P. L. Ackerman, T. C. Murtha, B. Dugdale and L. Nelson (1994) "Goal setting, conditions of practice, and task performance: A resource allocation perspective," *Journal of Applied Psychology,* Vol.79, No.6：826－835.

Kaplan, R. S., and D. P. Norton (1996) T*he Balanced Scorecard: Translating Strategy into Action,* Boston MA: Harvard Business School Press. (吉川武男訳『バラン

スコアカード：新しい経営指標による企業変革』生産性出版，1997年）
Kernan, M. C. and R. G. Lord (1990) "Effects of valence, expectancies, and goal-performance discrepancies in single and multiple environments," *Journal of Applied Psychology,* Vo.75, No.2：194－203.

Lillis, A. M. (2002) "Managing multiple dimensions of manufacturing performance," *Accounting, Organizations and Society,* Vo.27, No.6：497－529.

Locke, E.L. and G.Latham (1990) *A theory of goal stetting and task performance,* NJ: Prentice Hall.

———, K. G. Smith, M. Erez, D. O. Chah and A. Schaffer (1994) "The Effects of intra-individual Goal Conflict on Performance," *Journal of Management,* Vol.20,No.1：67－91.

Marginson, D. and B. Bui (2009) "Examing the human cost of multiple role expectations," *Behavioral Research in Accounting,* Vol.21, No.1：59－81.

McNair, C. J., R. L. Lynch and K. F. Cross (1990) "Do financial and nonfinancial performance measures have to agree?," *Management Accounting (U.S.),* Vol.72, No.5：28－36.

Merchant, K. A. and W. Van der Stede (2007) *Management Control Systems: Performance Measurement, Evaluation and Incentives. 2nd Edition,* Harlow : Financial Times/Prentice Hall.

Simons, R. (1990) "The role of management control systems in creating competitive advantage: New perspective," *Accounting Organizations and Society,* Vol.15, No.1-2：127－143.

———, R. (1995) *Levers of Control,* Boston: Harvard Business School Press.（中村元一・黒田哲彦・蒲島史恵訳『ハーバード流21世紀経営―4つのコントロール・レバー―』産能大学出版部，1998年）

Slocum, J. W., W. L. Cron and S. P. Brown (2002) "The Effect of Goal Conflict on Performance," *The Journal of Leadership and Organizational Studies,* Vol.9, No.1：77－89.

Tubbs, M. E. and S. E. Ekeberg (1991) "The role of intentions in work motivation: implications for goal-setting theory and research," *Academy of Management Review,* Vol.16, No.1：180－199.

上總康行・澤邉紀生（2006）「次世代管理会計のフレームワーク」上總康行・澤邉紀生編著『次世代管理会計の構想』中央経済社。

吉田栄介（2007）「管理会計の組織プロセスへの影響：ダイナミック・テンションの

創造に向けて」『三田商学研究』第50巻第１号：19－32。
―――（2011）「原価企画の新機能：テンション・マネジメントとしての役割期待」『三田商学研究』第54巻第３号：45－59。
李燕（2012）「品質管理とコスト低減の同時追求に対するマネジメント・コントロールの役割」『メルコ管理会計研究』第５号－Ⅰ：31－44。

第7章

ソフトウェア開発における品質コストマネジメント

――製造装置メーカーX社の事例研究――

1■品質コストマネジメントの適用領域

品質コストとは，品質管理活動をめぐって消費されるさまざまな経営資源を貨幣価値によって測定したものである。品質コストは，品質管理活動を実施するためのコストである品質管理コスト（品質適合コスト）と，品質不良が発生したときに企業が負担しなければならないコストや損失である失敗コスト（品質不適合コスト）に大別することができる。本章では，品質コストを測定しその発生額を管理する取り組みを，品質コストマネジメントと呼ぶことにする。

近年になって，ソフトウェア開発のための管理会計への関心が高まるなかで（篠山，1991；太田昭和監査法人・ビジネスブレイン太田昭和，1992；Wellman，1992；櫻井，2006；井出吉，2012），品質コストマネジメントは，元来は有形の製品の品質管理を対象に開発され発達してきた手法であるが，近年では，サービスやソフトウェアなど無形財の品質管理においても一定の有用性があると主張されている（伊藤，1999，2001，2005；Campanella，1999）。

無形財であるソフトウェアの品質向上において，会計のものさしである品質コストが一定の有用性を持つとすれば，管理会計研究者として，ソフトウェアの品質コストマネジメントに関する有意義な知識を提供することが，社会的にも求められているであろう。しかし，無形財の品質管理において品質コストがどのように適用され，どのような効果を持つのかに関する知見は，いまだきわめて限定的である。このことが無形財への品質コストマネジメントの適用を阻害しているおそれもある。このような認識から，本章は，無形財の１つであるソフトウェア開発業務における品質コストマネジメントについて検討を行うことを目的としている。

本章の目指す貢献は次のとおりである。第1に，日本企業の間に品質コストマネジメント実践が普及するなかで，製造企業については多くの実践例の報告が蓄積されつつあるが，わが国におけるソフトウェア開発についての事例報告は未だ限られている。本章は，ソフトウェア開発における品質コストマネジメントの実践例を記述している点に大きな貢献がある。第2に，ソフトウェアに関わる品質および生産性の向上において，品質コストが一定の有用性を持つことを示すことである。ソフトウェアに関わる品質問題が社会的にも重要な関心となっているなかで，品質問題の克服における品質コストの役割を検討することには意義があるだろう。第3に，実際の適用事例の検討を通じて，ソフトウェア開発における品質コストマネジメントの実践上の課題の抽出を試みることである。

ソフトウェア開発において品質コストマネジメントが潜在的な有用性を十分に発揮できるように，ソフトウェア開発における品質コストマネジメント実践に伴う一般的な課題を抽出するように努めたい。

2■先行研究

ソフトウェア開発における品質コストの役割の前置きとして，ソフトウェア開発の概要を簡単に見ておきたい。ソフトウェア開発とは，顧客ニーズに合致したソフトウェア製品を開発する一連のプロセスである。無形製品であるソフトウェアには，有形製品とは異なるいくつかの特徴があるため，開発プロセスも有形製品のそれとは大きく異なり，固有の困難性が存在している。Campanella (1999) は，有形製品と比較しながら，ソフトウェアやその開発の特徴として，以下のような点を指摘している。

- ソフトウェアは有形製品ではなく知的製品であるから，その開発は物理的法則よりも人的・論理的制約を受けやすい
- 顧客の要求が変化する
- 個人やチーム間の生産性の違いが大きい

- 欠陥は，原材料の不良ではなく，誤解やミスによって発生する
- 有形製品は製品特性自体に対して価値が認められるが，ソフトウェアには相互作用的な機能に価値が認められる
- ソフトウェア品質の経済性は，要求を理解するプロセスに依存している
- 単なる適合性よりも，ソフトウェアに対する要求を理解するプロセスが，ソフトウェア製品の価値を決定する
- ソフトウェア開発コストの大部分は，設計・実装・検査において発生し，ソフトウェアの製造段階のコストは小さい
- ソフトウェア製品は，個々に固有の特徴を有しているため，複製にあたっては統計的手法を適用することが難しい

無形製品であるソフトウェアの品質の定義は，有形製品の品質概念をベースとしながらも，論者や団体によって多様である。たとえば，顧客満足度，製品価値，重要な属性，欠陥が存在しないこと，プロセス品質など，さまざまな観点からソフトウェア品質を定義することが可能である（Campanella，1999；SQuBOK策定部会，2007）。

ソフトウェアの品質概念同様，その品質の管理についても，有形製品に関する品質管理が踏襲されるが，ソフトウェア開発に固有の困難性がともなう（Campanella，1999）。たとえば無形財であるソフトウェアの特徴として，顧客の要求や期待が曖昧であることが指摘される。すなわちソフトウェアの開発初期段階では必ずしも顧客の要求や期待を明確にすることができず，開発プロジェクト途中であっても，ソフトウェアが顧客要求や期待を満たしているのかを評価することは難しい。また，ソフトウェア開発は労働集約的であり，自動化することが難しく，人の作業にはミスが不可避的にともなう。さらに，ソフトウェア開発に関する近年の特徴として，システムの大規模化が指摘されており，開発業務が高度に細分化され，細分化された業務の相当部分が外部委託されている。高品質を確保するためには，細分化された開発業務を再統合しなければならないが，そのためには優れた調整能力が不可欠である。

ソフトウェアの品質管理の方策としては，技術的な観点からさまざまな開発支援ツールや分析ツールが提案されている一方で，組織プロセスや組織能力が

ソフトウェア品質や生産性を規定するという認識に基づいて，ISO15504，CMM（Capability Maturity Model），およびCMMI（Capability Maturity Model Integration）などの，ソフトウェア開発プロセスに関するモデルが提唱・実践されてきた。ここでは，ソフトウェア開発に関する代表的なプロセスモデルとして，カーネギーメロン大学のソフトウェア工学研究所（Software Engineering Institute：SEI）が開発したCMMおよびCMMIについて見ていこう。

SEIは，ソフトウェア開発に関するベスト・プラクティスを体系化し普及させるために，1984年にアメリカ国防総省がカーネギーメロン大学に設立した研究所である。CMMは，ソフトウェア開発プロセスの改善モデルならびにアセスメント手法として開発され，1989年にHumphrey教授によって公表された。CMMは，ソフトウェア開発を行う組織を，能力成熟度モデルに基づいて，①初期状態（Initial），②管理された状態（Repeatable），③定義された状態（Defined），④定量的に管理された状態（Managed），および⑤最適状態（Optimizing）の5つのステージに区分している。CMMの提唱者は，ソフトウェア開発能力が成熟し，CMMのステージが上がるほど，ソフトウェア開発の生産性や品質が向上すると主張している。CMMはその後，改訂や他の規格やモデルと統合され，現在ではCMMIとなっている。

さて，ソフトウェアの品質向上のためには膨大な資源が投入されるが，ひとたびソフトウェアに不具合が見つかれば，企業は多大な損失を被ることとなる。したがって，企業は，ソフトウェア開発の品質向上に対する資源投入額と，不具合が発生した場合に企業が被る損失について，最適な意思決定を行わなければならない。従来から，ソフトウェア品質をめぐる資源消費額を測定する会計的ツールとして，品質コストに対して一定の関心が向けられてきた（Dion, 1993；Knox, 1993；Haley, 1996；Slaughter et al., 1998；Campanella, 1999；Harter et al., 2000；Krishnan et al., 2000；Karg et al., 2011；野中，2012）。ただし，ソフトウェアの品質コストといっても固有の概念や手法があるというわけではなく，基本的には，有形製品において提案されてきた概念や手法を，ソフトウェア開発の特徴に合わせて適用させようとする試みがほとんどである。たとえば**第1表**に示すとおり，品質コストの定義や分類についても，予防（Prevention）コスト，評価（Appraisal）コスト，および失敗（Failure）コスト（内部と外部）に分類するPAFアプローチの適用が推奨されている。

第1表　ソフトウェア品質コストの例

カテゴリー	定　義	典型的なコスト
内部失敗コスト	出荷前に発見された不具合によるコスト	欠陥管理，手直し，再テスト
外部失敗コスト	出荷後に発見された不具合によるコスト	技術支援，苦情調査，不具合告知，アップグレード・修繕
評価コスト	製品の状態をテストするための活動のためのコスト	テストとその関連活動，製品品質監査
予防コスト	不具合を予防するための活動に掛かるコスト	SQA管理，検査，工程解析・改善，データ収集・分析

出所：Campanella（1999：93）。

さて，限られた資源を品質コストの各カテゴリーにどのように配分すれば，総品質コストが最適になるであろうか。製造企業における品質コストに関する議論と同様に，この問題が品質コストの経済性として議論されてきた。先行研究では，品質コストの経済性について，品質管理活動に関わる予防コスト・評価コストと失敗コストとの間にトレードオフ関係を想定する古典的モデルと，品質管理活動に関わる予防コスト・評価コストと失敗コストとの間にトレードオン関係を想定するTQMモデルが提唱されてきた（梶原，2008）。

またKnox（1993）は，CMMの成熟度と総開発費に占める品質コストの割合の理論的な関係として，**第1図**に示すように，CMMの成熟度が低い状況では，内部失敗（Int Failure）コストや外部失敗（Ext Failure）コストが多く発生するが，予防コストや評価コストに資源投入を行って成熟度の向上を図ることにより，外部失敗コストが著しく低下し，総品質コスト（Total Cost of Software Quality：TCoSQ）が低減していき，CMM成熟度がさらに向上すると，予防コストは増加するが，他の品質コストが低減されるため，総品質コストは成熟度5レベルにおいて最小化されるようなモデルを提唱している。

これらのモデルを検証している経験的な研究として，アメリカ企業の事例を扱ったDion（1993）およびHaley（1996）は，Reytheon's Electronic Systems Group（RES）社の1987年～1996年の10年間について，CMMレベル1からレ

第1図　CMM成熟度とソフトウェア品質コストの関係

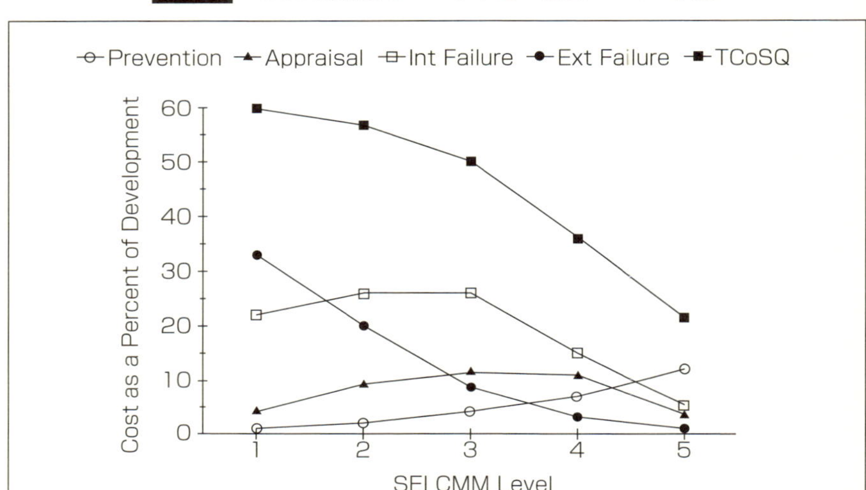

（出所）Campanella（1999：94）。

ベル3への成熟過程における品質コストのビヘイビアを分析し，**第2図**のように，品質適合（Conformance）コスト（予防コスト＋評価コスト）を掛けるにつれて，品質不適合（Rework）コスト（内部失敗コスト＋外部失敗コスト）が低減し，総品質コストも低下することを示し，古典的モデルを検証している。

一方で，同様にアメリカ企業であるBDM International社の事例を扱ったSlaughter et al.（1998）は，1984年～1995年の12年間のトレンド分析を行い，**第3図**のように，品質適合コストを増加させなくても，品質不適合コストが傾向的に低下し，総品質コストも低下することを示し，TQMモデルを検証している。

また，日本企業の事例を扱っている野中（2012）は，ソフトウェア開発にかかるコストはほとんどが人件費であるため，人件費以外は無視して開発工数だけを測定・分析しても有益であること，まずプロジェクト単位で集計してから，開発開始年またはリリース年を基準にして年次単位に再集計して分析する方法が効果的であること，ある会社のソフトウェア開発部門の2003年～2009年の7年間のデータに基づく分析で，開発総工数に占める予防＋評価コスト率と外

第2図　品質コスト・ビヘイビアのトレードオフ関係

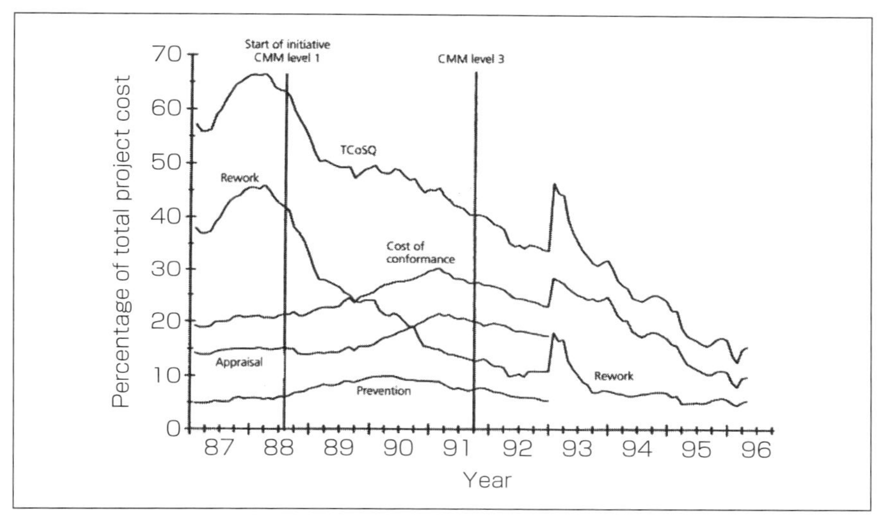

出所：Campanella (1999：95)。

第3図　品質コスト・ビヘイビアのトレードオン関係

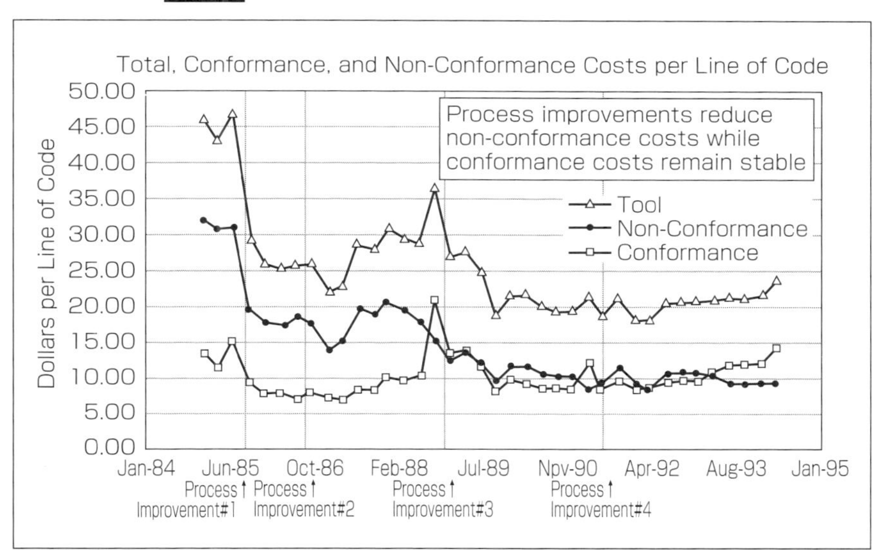

出所：Slaughter et al. (1998：71)。

部失敗コスト率の間には明確な関係が認められなかったが，作り込み（要件定義・設計・コーディング）＋予防コスト率と外部失敗コスト率の間には強い負の相関が認められたことなどを紹介している。

さらに，1980年～2009年の30年間にわたるコンピュータ関連の主要国際学術ジャーナル60誌に掲載された87本のソフトウェア品質コスト研究のレビューを行ったKarg et al.（2011）によれば，経験的研究はそのうちの36％（31本）に限られており，分析対象となってきたのは，評価コストと失敗コストの関係が最も多い一方で，予防コストと評価コストの関係および予防コストと失敗コストの関係を経験的に分析している論文が皆無であったと報告している。

以上のように，先行研究では主に，ソフトウェア開発における品質コスト・ビヘイビアの古典的モデルとTQMモデルの検証や，CMM成熟度とソフトウェア品質コストの関係のKnoxモデルの検証に関心が注がれてきており，また予防コストと評価コスト・失敗コストの関係の経験的な研究が課題となっているといえる。

3■事例研究

3.1 研究方法

前節でみたとおり，ソフトウェア開発の品質コストマネジメントに関する経験的な研究は，海外を含めても限定的であり，とりわけ日本企業における品質コストの実践例についてはほとんど明らかにされていない。本章では，ソフトウェア開発に品質コストマネジメントを適用している日本企業の事例研究を実施し，品質コストマネジメントがどのように実践されているのか，品質コストの利用がソフトウェア開発に対してどのような効果をもたらしているのかなどについて検討を行っていく。研究方法は個別企業の事例研究であり，データの収集は，ソフトウェア開発部門の責任者や品質管理担当者へのインタビュー，品質管理関連データ，品質コストの測定・集計に関連する各種帳票，および品質管理関連会議の資料などの入手によっている。本章では2009年2月から2011年3月にかけての当時のインタビュー結果や品質コストデータを中心に分析する。

3.2　X社のソフトウェア品質コストマネジメント実践

本章のリサーチサイトは製造装置産業に属するX社であり，自社製品用の組込みソフトウェアや市販用のソフトウェア商品を開発する複数のソフトウェア開発担当部門を有している。ソフトウェア開発部門の総人員規模はおよそ200名程度であり，開発工程の一部は協力企業への外注も利用している。同社はCMMIのレベル３の認証を取得している。同社では全社的に品質コストへの取り組みが行われてきたが，ソフトウェア開発部門では，ソフトウェア開発の生産性と品質の向上を目的とし，より詳細な品質コストへの取り組みが実施された。

同社における平均的なソフトウェア開発期間は２～６カ月であり，**第２表**にあるとおり，ソフトウェアの開発プロセスを，要求確定，設計，実装，評価，製品化作業，失敗，原籍，その他というフェーズに区分している。品質コスト分類は，いわゆるPAFモデルをベースとし，ソフトウェア開発の各フェーズで発した予防活動，評価活動，失敗活動に費やされた開発工数の記録をベースに，予防コスト，評価コスト，失敗コストを集計している。

品質コスト分類の特徴としては，要求確定／設計／実装フェーズにおけるレビュー活動やISO9001・CMM関連のコストが予防コストに分類され，評価フェーズにおける結合テストやシステムテストが評価コストに分類されている。また失敗コストは，ソフトウェアに起因するリリース後の不具合として定義され，いわゆる外部失敗コストを失敗コストとして集計しており，リリース前に生じた手戻りなどの内部失敗コストは，測定の困難さなどの理由から測定対象とされておらず，正常な開発活動に関わるコストの一部に含められている。

品質コストの測定方法は，**第３表**のような工数管理表を用いて，日付／プロジェクト／カテゴリー／タスク別に，開発作業者自身が15分刻みで開発工数を入力し，集計された工数に賃率をかけて金額換算している。すなわち品質コストとして測定されているのは，ソフトウェア開発部門の開発総工数のうち，品質関連活動に費やされた作業時間数を把握し，それに賃率をかけて金額換算したものである。

第2表　X社における品質コストの定義

要求確定	設計	実装	評価	製品化作業	失敗	原籍	その他	カテゴリ	タスク	コスト種別 失敗 評価 予防
◎								企画	企画	
							◎	販促支援	販促支援	
				◎				開発	プロジェクト管理	
◎								開発	要求仕様	
◎								開発	要求仕様レビュー	予防コスト
	◎							開発	分析	
	◎							開発	分析レビュー	予防コスト
	◎							開発	設計	
	◎							開発	設計レビュー	予防コスト
		◎						開発	実装	
		◎						開発	実装レビュー	予防コスト
			◎					開発	評価（システムテスト）	評価コスト
			◎					開発	評価（システムテスト以外）	
				◎				開発	リリース	
							◎	開発	開発関連作業	
							◎	開発	プロジェクト終了分析	予防コスト
				◎				評価	プロジェクト管理	評価コスト
◎								評価	要求仕様	評価コスト
◎								評価	要求仕様レビュー	評価コスト
	◎							評価	分析	評価コスト
	◎							評価	分析レビュー	評価コスト
	◎							評価	設計	評価コスト
	◎							評価	設計レビュー	評価コスト
		◎						評価	実装	評価コスト
		◎						評価	実装レビュー	評価コスト
			◎					評価	評価（システムテスト以外）	評価コスト
			◎					評価	評価（システムテスト）	評価コスト
				◎				評価	リリース	評価コスト
							◎	評価	開発関連作業	評価コスト
							◎	評価	プロジェクト終了分析	予防コスト
				◎				製番業務	プロジェクト管理	
◎								製番業務	引き合い業務	
◎								製番業務	要求仕様	
◎								製番業務	要求仕様レビュー	予防コスト
	◎							製番業務	分析	

要求確定	設計	実装	評価	製品化作業	失敗	原籍	その他	カテゴリ	タスク	コスト種別 失敗 評価 予防
	◎							製番業務	分析レビュー	予防コスト
	◎							製番業務	設計	
	◎							製番業務	設計レビュー	予防コスト
		◎						製番業務	実装	
		◎						製番業務	実装レビュー	予防コスト
			◎					製番業務	評価（システムテスト以外）	
			◎					製番業務	評価（システムテスト）・デバッグ	評価コスト
		◎						製番業務	データ作成	
				◎				製番業務	リリース	
							◎	製番業務	開発関連作業	
				◎				製品関連業務	製品関連業務	
				◎				製品関連業務	改造製番業務	
							◎	トラブル対応_ユーザ	トラブル調査（切り分け作業）	
					◎			トラブル対応_ユーザ	分析・対策検討	失敗コスト
					◎			トラブル対応_ユーザ	設計	失敗コスト
					◎			トラブル対応_ユーザ	実装	失敗コスト
					◎			トラブル対応_ユーザ	評価	失敗コスト
					◎			トラブル対応_ユーザ	リリース	失敗コスト
					◎			トラブル対応_ユーザ	付帯業務	失敗コスト
							◎	トラブル対応_○×以外	トラブル対応（○×以外）	
							◎	標準化	○×規格関連	
							◎	標準化	技術標準化関連	
							◎	他カンパニー業務	その他業務	
							◎	他カンパニー業務	ISO（品質）	予防コスト
							◎	○×業務	その他業務	
							◎	○×業務	ISO（品質）	予防コスト
						◎		原籍	原籍	

出所：X社の提供資料を一部修正。

同社では，製品群ごとに組織が分かれ，それぞれの組織にソフトウェア開発部門が存在しており，この複数の組織を統合してソフトウェア品質改善活動を進めるために，組織を横断して支援する品質推進部門が存在している。そこに所属する品質推進スタッフと，各組織のソフトウェア開発部門の活動を推進するために選任された推進担当者（部門SEPGと呼ばれる：SEPG=Software Engineering Process Group）で構成されたグループが主体となって，品質管理活動が行われている。同社における品質コスト情報に基づくマネジメントプロセスは，事業年度のサイクルと連動しており，1年間を1サイクルとして実施されている。

まず期首において，各ソフトウェア開発部門の品質改善活動の目標が設定され，その中の1つとして品質コスト目標が設定される。設定されるのはすべての品質コストカテゴリーではなく，失敗コストなどの代表的なカテゴリーに対してである。失敗コストの目標値は，前年度実績に基づいて対前年度比何％減という形で設定されることが多い。失敗コストに関する目標は，ソフトウェア開発部門にとって必達目標とされ，部門の業績評価にも反映される。

期中では，ソフトウェア開発者が入力した開発工数データは，各部門において月次で集計され，各部門の責任者と品質推進部門に報告される。また，品質推進スタッフと部門SEPGのメンバーで構成されるSEPG会議が毎月実施され，各部門の品質コスト発生状況の報告が行われ，目標の達成状況が確認されるとともに，品質向上に向けた意見交換や情報共有が行われる。さらに，半年に1回，各ソフトウェア開発部門長，部門SEPG，および品質推進スタッフから構成される品質マネジメント会議が開催され，半年間の品質コストの発生状況が報告され，期首に設定された目標の達成状況の確認が行われる。

期末には，集計された年次の品質コストデータに基づいて，部門別・製品群別のトレンド分析が行われ，問題点の認識や次年度に向けての改善施策の検討が行われる。部門レベルの品質コストの分析は品質推進スタッフによって行われ，製品別やプロジェクト別の品質コストの分析は部門SEPGによって行われる。

では，品質コストマネジメントは，X社のソフトウェア開発に対してどのような効果をもたらしているのであろうか。以下では，インタビュー結果と品質

第3表　X社における品質コストの測定

工数管理表

集計

失敗工数合計（H,%）	
評価工数合計（H,%）	
予防工数合計（H,%）	

日付	(すべて)

日付	プロジェクト	カテゴリ	タスク	工数（H）	要求No/要求仕様No.	備考	コスト分類

合計 / 工数（H）			
プロジェクト	カテゴリ	タスク	集計
⊟○X製品関連業務	⊟○X業務	その他業務	
	○X業務 集計		
	⊟トラブル対応_ユーザ	トラブル調査（切り分け作業）	
		分析・対策検討	
	トラブル対応_ユーザ 集計		
	⊟製番業務	設計レビュー	
		データ作成	
		プロジェクト管理	
		リリース	
		実装	
		設計	
		評価(システムテスト）・デバッグ	
		要求仕様レビュー	
	製番業務 集計		
	⊟製品関連業務	製品関連業務	
	製品関連業務 集計		
○X製品関連業務 集計			
⊟原籍	⊟原籍	原籍	
	原籍 集計		
○X製品関連業務 集計			

出所：X社の提供資料を一部修正。

コストデータの分析結果に基づいて，ソフトウェア開発に対する影響および品質コストの発生額に対する影響という2つの観点から，同社における品質コスト活用の効果を考察していく。

品質コストがもたらした第1の効果は，品質コストの測定によって，ソフトウェア開発担当者が，品質に対して従来以上に注意を払うようになったことである。出荷後のソフトウェアに不具合が発生すれば，本来の開発業務を中断してでも対応しなければならないため，バグの修正作業に時間を要するだけではなく，本来の開発活動に割くべき時間が奪われてしまい，開発スケジュールがタイトになってしまう。同社においてソフトウェア開発の納期は必達であるため，計画以上の開発工数をかけてでも納期に間に合わせなければならず，納期を守るために集中的に開発要員を投入したり，協力企業への外部委託が増加することとなる。

このように不具合の発生は，ソフトウェア開発に大きな負荷をかけるものであり，その結果，生産性を著しく低下させてしまうものである。この点で，品質コストを測定することによって，同社では，不具合によってどれくらいの開発工数が失われているのかを金額で明示することができるようになり，ソフトウェア開発担当者の品質に対する意識が向上したとされている。

品質コストがソフトウェア開発にもたらした第2の効果は，同社におけるソフトウェア開発プロセスの効率化のために，新たな切り口で改善機会を明示することにつながったことである。同社では，従来からCMMIなどに基づいて定期的に開発プロセスの成熟度を評価したり，クレーム件数や不具合件数などの物量尺度に基づいてソフトウェア品質を評価してきた。しかしソフトウェア開発の品質保証スタッフによれば，同社におけるこれまでの改善活動は一定の成果をあげてきたが，物量尺度についてはもはや改善することが難しい水準にあるという。

こうした状況において，同社では，従来の物量指標に加え，失敗コストをソフトウェア開発の新たな組織目標として改善活動を展開したところ，たとえば，失敗コストの測定を通じて，不具合の中には，その対応に長時間の開発工数を要するものと，それほど修正工数を要しないものがあることが判明し，不具合に伴う失敗コストを見積もることによって，不具合の種類に応じて修正や対応に掛かる開発工数の見積りが可能となったという。不具合の種類によって失敗工数の見積りができるようになったため，同社では，開発業務の進捗状況と必要な失敗工数の双方を睨みながら，ソフトウェア開発に取り組むことができるようになったのである。

また同社では，品質コストの測定を通じて，客先新規障害の原因分析活動（同社では「切り分けコスト」と呼んでいる）に多くの工数がかけられていることを見出した。この「切り分けコスト」は，顧客から指摘された不具合の原因がソフトウェア起因であるかどうかを調査・分析し，適切な対応を検討する活動である。ある部門では，この切り分けコストを非付加価値活動と位置づけ，改善重点項目として把握するようにし，その削減額について明示的な組織目標を掲げ，その低減に向けて組織的な取り組みを行うことによって，一定の成果を上げることができている。

さらに，一部の部門では，協力企業において発生する品質コストの低減にも力を入れつつある。ソフトウェア開発を行う他の企業と同様に，同社でもソフトウェア開発の一部を外部の協力企業に委託しているが，同社では自社内部の品質コストの把握を先行させて行ってきたために，協力企業における品質コストの把握は遅れていた。しかし，近年，ある部門では，協力企業の品質コストの把握にも力を入れ，協力企業側で発生する失敗コストの削減も明示的な組織目標として掲げて，それを削減するための取り組みを展開している。

以上のように，同社では品質コストの測定が，ソフトウェア品質への意識の向上や新たな改善機会の識別に役立っており，品質コストがもたらすこれらの２つの効果が発揮されることにより，限られた開発予算を本来の開発業務に投入することが可能となり，ソフトウェア開発の生産性の向上に寄与することが想定されよう。

品質コストがもたらす以上のような効果は，物量指標に基づくソフトウェア品質の評価によってはもたらされない，固有の効果であるということができる。そして品質コストの活用がソフトウェア開発業務に以上のような影響を与えているのであれば，ソフトウェア開発業務に掛かる資源消費額にも効果が及ぶはずである。

以下では，同社における品質コスト測定以降の予防コスト，評価コスト，および外部失敗コストのトレンドを見ながら，同社における品質コストマネジメントが品質コストに及ぼしている効果について検討してみる。

3.3 X社のソフトウェア品質コスト・ビヘイビア

第4図は，X社における予防コスト，評価コスト，外部失敗コスト，および総品質コストがソフトウェア開発総工数に占めている割合の推移である。分析対象は，同社が約半年の試験適用を経たのちに，品質コストの測定を開始した2009年2月から2011年3月までの26カ月分のデータである。総品質コストの金額は月次ではある程度変動しているが，ソフトウェア開発の総工数に占める総品質コストの割合は10～20%の水準で推移していることがわかる。また，品質コストの中でもっとも割合が大きいのは評価コストであり，開発総工数の5～10%の範囲で推移している。予防コストおよび外部失敗コストの割合は，いずれも5%以下の水準で推移している。

すでに指摘したとおり，X社はCMMIのレベル3の認証を受けているので，同社の品質コストのトレンドを**第1図**に示したKnoxモデルと比較してみることによって，次の点を指摘できるだろう。

第1の特徴は，Knoxモデルと比較すると，同社の開発総工数に占める品質コストの割合がかなり低い水準にあることである。同社は品質コストに取り組む数年前にCMMIのレベル3の認証を受けているので，これは継続的にソフトウェア開発の成熟度向上に取り組んできた成果であると考えられる。

しかし，同社において品質コスト率が低いもう1つの原因は，内部失敗コストや外部失敗コストの一部が測定されていないことが考えられる。開発過程でバグや不具合が検出されれば，手戻り作業が生じ，内部失敗コストが発生しているはずであるが，同社では本来の開発業務と手戻りを区別して測定することが難しいことなどの理由で，内部失敗コストが把握されていない。このため，総開発工数に占める失敗コストの割合が，過小に評価されている可能性は否めない。

第2の特徴は，導入当初は外部失敗コスト率が予防コスト率を上回るような水準にあったが，途中からその関係が逆転して，予防コスト率が外部失敗コスト率を上回って推移しており，これはKnoxモデルに照らせば，CMMのレベ

第4図　X社における品質コスト率のトレンド

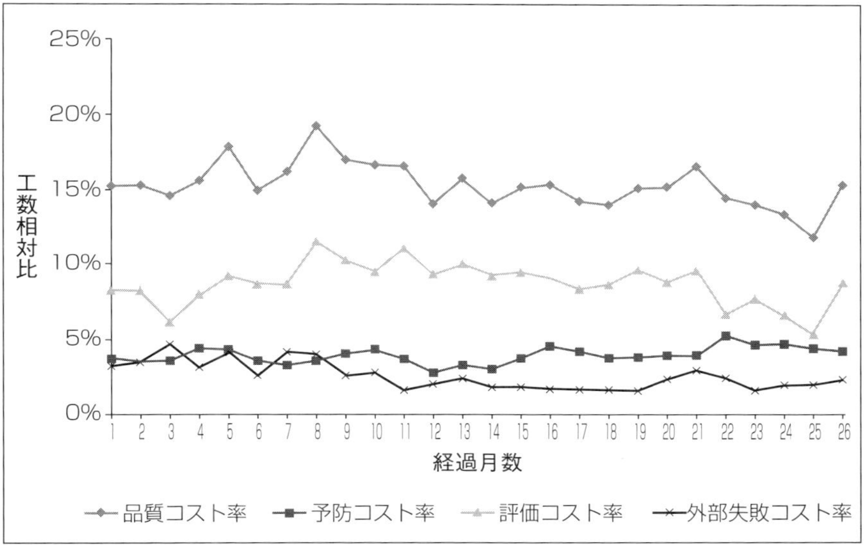

出所：X社提供データより筆者作成。

ル３からレベル４に移行していく現象と解釈することができる点である。したがって，同社が現に受けているCMMの認証はレベル３であるが，品質コスト率の水準やその構成を測定・観察することによって，自社の開発プロセスの成熟度が高まっていることを，客観的に判断するための重要な指標となる可能性がある。

次に，予防コスト，評価コスト，および外部失敗コストの間の関係について考察する。月次の品質コストデータに，開発期間のタイムラグを加味したうえで，開発総工数に対する比率の間での相関関係を見てみると，**第４表**にあるとおり，評価コスト率は3～6カ月後の外部失敗コスト率と，また予防コスト率は1～2カ月後の評価コスト率と，それぞれ有意な負の相関を示したが，予防コスト率と外部失敗コスト率の間には有意な相関がみられなかった。

これを踏まえて，予防コスト率，1～2カ月後の評価コスト率，および4～8カ月後の外部失敗コスト率を変数として，**第５図**のような因果モデルのパス解析を行ったところ，分析結果は**第５表**のようになり，モデル適合度は好まし

第4表 X社における品質コスト間の相関関係

相関係数

		予防コスト率	評価コスト率
外部失敗コスト率 1カ月後	Pearsonの相関係数	-.280	-.117
	有意確率（両側）	.175	.579
	N	25	25
外部失敗コスト率 2カ月後	Pearsonの相関係数	-.115	-.249
	有意確率（両側）	.593	.240
	N	24	24
外部失敗コスト率 3カ月後	Pearsonの相関係数	.134	-.395
	有意確率（両側）	.541	.062
	N	23	23
外部失敗コスト率 4カ月後	Pearsonの相関係数	.262	-.620
	有意確率（両側）	.239	.002
	N	22	22
外部失敗コスト率 5カ月後	Pearsonの相関係数	.231	-.549
	有意確率（両側）	.313	.010
	N	21	21
外部失敗コスト率 6カ月後	Pearsonの相関係数	-.036	-.464
	有意確率（両側）	.880	.039
	N	20	20
外部失敗コスト率 7カ月後	Pearsonの相関係数	-.303	-.385
	有意確率（両側）	.208	.104
	N	19	19
外部失敗コスト率 8カ月後	Pearsonの相関係数	-.349	-.138
	有意確率（両側）	.156	.585
	N	18	18
外部失敗コスト率 9カ月後	Pearsonの相関係数	-.185	-.099
	有意確率（両側）	.477	.705
	N	17	17
外部失敗コスト率 10カ月後	Pearsonの相関係数	.011	.018
	有意確率（両側）	.968	.947
	N	16	16

相関係数

		予防コスト率
評価コスト率 1カ月後	Pearsonの相関係数	-.418
	有意確率（両側）	.037
	N	25
評価コスト率 2カ月後	Pearsonの相関係数	-.394
	有意確率（両側）	.056
	N	24
評価コスト率 3カ月後	Pearsonの相関係数	-.255
	有意確率（両側）	.241
	N	23
評価コスト率 4カ月後	Pearsonの相関係数	.072
	有意確率（両側）	.749
	N	22
評価コスト率 5カ月後	Pearsonの相関係数	-.034
	有意確率（両側）	.884
	N	21
評価コスト率 6カ月後	Pearsonの相関係数	-.153
	有意確率（両側）	.518
	N	20
評価コスト率 7カ月後	Pearsonの相関係数	-.212
	有意確率（両側）	.384
	N	19
評価コスト率 8カ月後	Pearsonの相関係数	-.203
	有意確率（両側）	.419
	N	18
評価コスト率 9カ月後	Pearsonの相関係数	-.099
	有意確率（両側）	.705
	N	17
評価コスト率 10カ月後	Pearsonの相関係数	.417
	有意確率（両側）	.108
	N	16

第5図　品質コスト間の関係のモデル

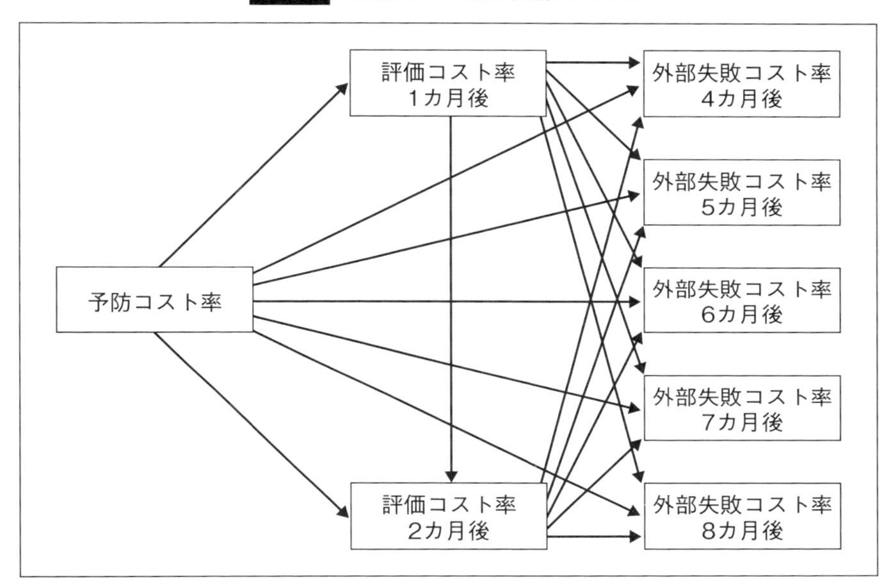

くないものの，予防コストが，１～２カ月後の評価コストを介して，４～８カ月後の外部失敗コストに，間接的には有意な影響を与えていることが確かめられた（第6図）。

また，予防コスト率，１～２カ月後の評価コスト率，および６カ月後の外部失敗コスト率に変数を絞り込むことによって，好ましいモデル適合度が得られたので（モデル3），予防コスト率＋１カ月後の評価コスト率＋２カ月後の評価コスト率を品質適合コスト率，６カ月後の外部失敗コスト率を品質不適合コスト率として散布図を描いたところ，第7図にあるとおり，両者には有意な強い負の相関関係を確認でき，これは３カ月間にわたって投下される品質適合コストが６カ月後の品質不適合コストに強い影響を与える関係になっていることを示しているといえよう。

また，新規の客先障害件数を品質不良の度合いとみなして，予防コスト率＋１カ月後の評価コスト率＋２カ月後の評価コスト率から構成される品質適合コスト率および6カ月後の外部失敗コスト率である品質不適合コスト率と，６カ

第5表 分析結果

			モデル1	モデル2	モデル3
			パス係数	パス係数	パス係数
予防コスト率	＝＝＞	評価コスト率1カ月後	-0.424**	-0.424**	-0.424**
予防コスト率	＝＝＞	評価コスト率2カ月後	-0.242	—	—
予防コスト率	＝＝＞	外部失敗コスト率4カ月後	0.198	—	—
予防コスト率	＝＝＞	外部失敗コスト率5カ月後	0.162	—	—
予防コスト率	＝＝＞	外部失敗コスト率6カ月後	-0.082	—	—
予防コスト率	＝＝＞	外部失敗コスト率7カ月後	-0.239	—	—
予防コスト率	＝＝＞	外部失敗コスト率8カ月後	-0.113	—	—
評価コスト率1カ月後	＝＝＞	評価コスト率2カ月後	0.360*	0.463**	0.463**
評価コスト率1カ月後	＝＝＞	外部失敗コスト率4カ月後	-0.427**	-0.516***	—
評価コスト率1カ月後	＝＝＞	外部失敗コスト率5カ月後	-0.606***	-0.750***	—
評価コスト率1カ月後	＝＝＞	外部失敗コスト率6カ月後	-0.443***	-0.418***	-0.418***
評価コスト率1カ月後	＝＝＞	外部失敗コスト率7カ月後	-0.304*	—	—
評価コスト率1カ月後	＝＝＞	外部失敗コスト率8カ月後	-0.429**	-0.534***	—
評価コスト率2カ月後	＝＝＞	外部失敗コスト率4カ月後	-0.011	—	—
評価コスト率2カ月後	＝＝＞	外部失敗コスト率5カ月後	-0.162	—	—
評価コスト率2カ月後	＝＝＞	外部失敗コスト率6カ月後	-0.565***	-0.545***	-0.545***
評価コスト率2カ月後	＝＝＞	外部失敗コスト率7カ月後	-0.661***	-0.708***	—
評価コスト率2カ月後	＝＝＞	外部失敗コスト率8カ月後	-0.330*	—	—

		モデル1	モデル2	モデル3
	カイ2乗値	24.310	37.252	1.821
	自由度	10	20	2
	有意確率	0.007	0.011	0.402
	GFI	0.788	0.728	0.963
	CFI	0.850	0.819	1.000
	RMSEA	0.249	0.194	0.000

$^{***}p<0.01$, $^{**}p<0.05$, $^{*}p<0.10$

第6図　X社における品質コスト間の関係（モデル2）

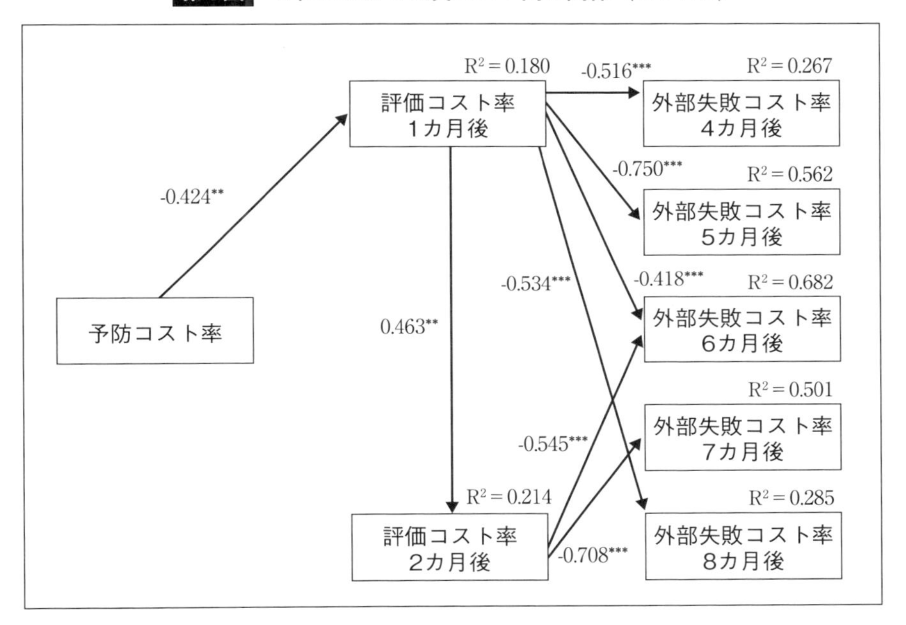

第7図　X社における品質適合コストと品質不適合コストの関係

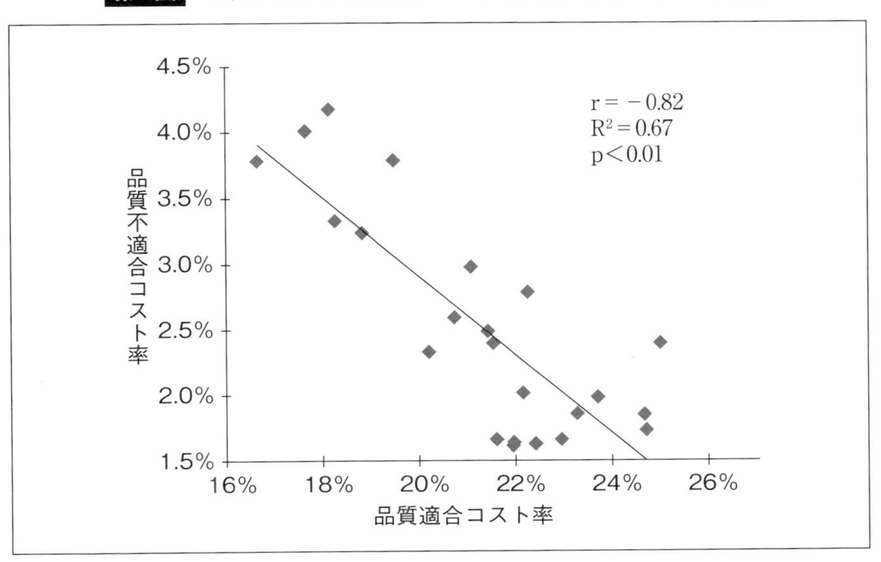

第8図 客先障害件数と品質適合コスト

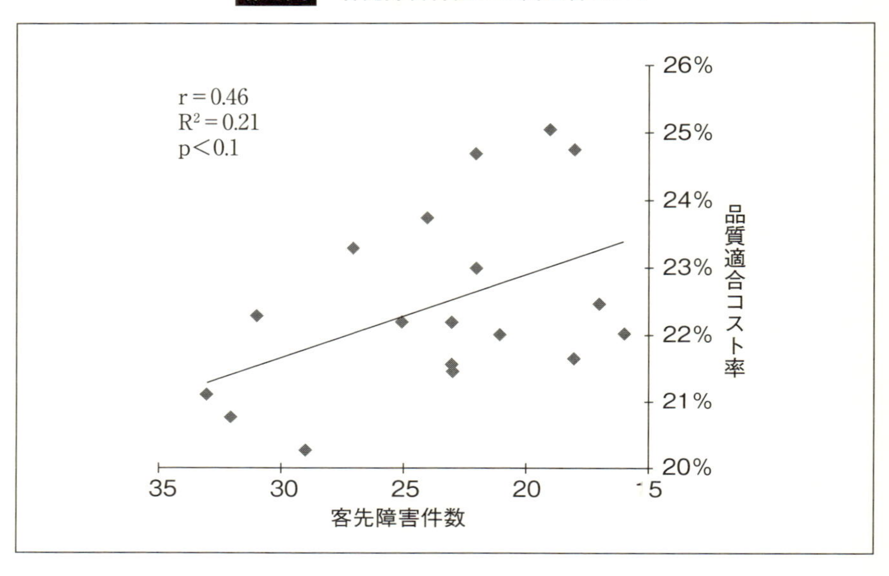

第9図 客先障害件数と品質不適合コスト

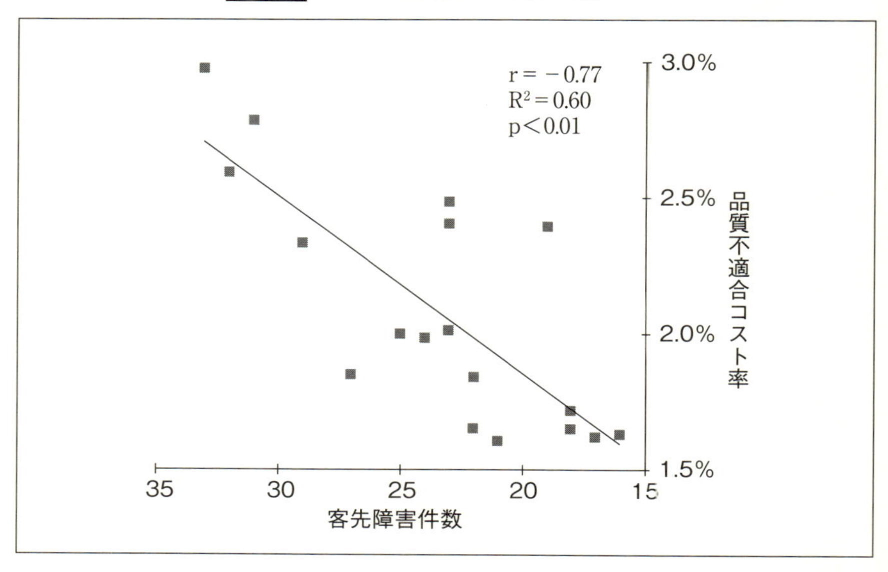

月後の客先障害件数との関係を考察すると，第8図および第9図にあるとおり，品質適合コスト率と品質不良には有意な正の相関が，品質不適合コストと品質不良には有意な負の相関が，それぞれ確認された。

4■品質コストマネジメントの効果と今後の課題

本章では，ソフトウェア開発に品質コストマネジメントを適用しているX社の取り組み事例に基づいて考察を行った。事例分析の結果，次の点が明らかにされた。

第1に，ソフトウェア開発においても，品質コストマネジメントの適用は可能であり，いくつかのソフトウェアに固有の特徴が認識された。野中（2012）と同様に，X社でも開発担当者の開発工数のみが測定対象となっていたが，ソフトウェア開発費の原価構成の実態からすれば，一定の合理性が認められるといえよう。またX社では内部失敗コストが測定されていなかったが，ソフトウェア開発担当者にレビューやテスト後の手戻りを自ら記入させることは，その作業の煩雑さ自体が開発の生産性にとって与える負担は決して少なくないため，同社では比較的容易に測定できる部分から徐々に取り組みを進めていくなどの工夫が検討されている。

第2に，ソフトウェア開発に品質コストマネジメントを適用することが，ソフトウェア開発の生産性向上にどのように寄与するのかを具体的に考察することができた。たとえばX社では，不具合対応に掛かる失敗コストが開発総工数のうちどの程度を占めるのかが，月次のPDCAサイクルを通じて可視化され，障害件数の減少にもかかわらず，失敗コストがそれに応じて十分に低減しない状況が確認されたため，限られた資源をより効果の大きい不具合対策へ優先的に投入するなどの行動が重視されるようになった。

以上のように，同社では品質コストマネジメントを開始して以降，一定の成果が得られていると評価することができると思われるが，一方で品質コストマネジメントの潜在的な便益をさらに享受するにあたって，克服すべき課題もあるように思われる。以下で，品質コストマネジメントの実践において克服しなければならない課題について指摘して終わりにしたい。

第1の課題は，品質コストの分析技法が確立されていないことである。これは品質コストマネジメントを実践する多くの企業が共通して抱える問題であるが，同社では詳細な品質コストデータを収集し，品質コストの内容やトレンドを検討しながらも，とりわけ失敗コストに焦点を当ててその低減に取り組んでいる。しかしながら，品質コストマネジメントの重要な特徴の1つは，予防コスト，評価コスト，および失敗コストを総合的に把握することによって，各コスト間の最適な関係を構築していく点にあり，同社でも品質コストデータの総合的な分析技法の確立に向けて試行錯誤を続けている。

第2の課題は，自社の品質コスト水準を評価するための信頼しうるベンチマークが存在しないことである。同社の品質管理スタッフによれば，せっかく品質コストを測定しても，信頼しうるベンチマークがないため，自社の水準が適正な水準なのか，あるいは何を目標として品質コストマネジメントに取り組めばよいのかがわかりにくいという点に不満を感じているという。同社が参照しているのは，上述したKnoxモデルしかないのが現状である。しかしながら，Knoxモデルは，約20年以上前にアメリカにおいて提唱されたモデルであり，技術環境や雇用慣行などが大きく異なっている現在の日本企業において，それが妥当であるという保証はない。また，同社は特徴の異なる複数の部門で多様なソフトウェアを開発しているため，部門間での品質コストの比較も定期的に行ってはいるが，各部門の品質コストがそれぞれ適正であるのかについて判断を下すことは難しいという。信頼しうる品質コストのベンチマークを外部企業に求めることは，品質コストに関するデータの秘匿性から容易ではなく，また品質コストを測定している場合であっても，企業毎に品質コストの定義や測定範囲が異なっているため，一概に比較できないという事情がある。したがって，信頼しうる品質コストベンチマークを入手するためには，自社において品質コストを継続的に測定しながら，部門や製品特性に応じた適正な品質コストの水準を経験的に見出す以外にないと思われる。

第3の課題は，ハードウェアとソフトウェアの連携がまだ十分にとれていないと思われる点である。同社のソフトウェアのほとんどは，自社で製造している製造装置に組み込まれるものであり，仮にソフトウェアに不具合が生じれば，ハードウェア側でトラブルが生じ，そのために営業担当者やサービススタッフが客先に出向き，さまざまな対応をしなければならない。品質コストマネジメントの特徴の1つは，ハードとソフトの部門を横断して品質コストを把握し，プロセスを通じて全体最適化を図ることにあり，今後，品質コストを通じたソフトウェアとハードウェアの有機的な連携をより強化することが求められる。

【参考文献】

Campanella, J.（1999）*Principles of Quality Costs：Principles, Implementation and Use,* Milwaukee :WI, ASQ Quality Press.

Dion, R.（1993）"Process Improvement and the Corporate Balance Sheet," *IEEE Software,* July：28－35.

Haley, T. J.（1996）"Software Process Improvement at Raytheon," *IEEE Software,* November：33－41.

Harter, D. E., M. S. Krishnan and S. A. Slaughter（2000）"Effects of Process Maturity on Quality, Cycle Time, and Effort in Software Product Development," *Management Science,* Vol.46, No.4：451－466.

Karg, L. M., M. Grottke and A. Beckhaus（2011）"A Systematic Literature Review of Software Quality Cost Research," *The Journal of Systems and Software,* No.84, No.3：415－427.

Knox, S. T.（1993）"Modeling the Cost of Software Quality," *Digital Technical Journal,* Vol.5, No.4：9－17.

Krishnan, M. S., C. H. Kriebel, S. Kekre and T. Mukhopadhyay（2000）"An Empirical Analysis of Productivity and Quality in Software Products," *Management Science,* Vol.46, No.6：745－759.

Slaughter, S. A., D. E. Harter and M. S. Krishnan（1998）"Evaluating the Cost of Software Quality," *Communications of the ACM,* Vol.41, No.8：67－73.

Wellman, F.（1992）Software Costing：An Objective Approach to Estimating and Controlling the Cost of Computer Software, Prentice Hall.（櫻井通晴監訳，新江孝訳『ソフトウェア原価の見積りと管理』白桃書房，1996年）

井出吉成佳（2012）『ソフトウェア原価計算―定量的規模測定法による原価管理―』創成社。

伊藤嘉博（1999）『品質コストマネジメント―品質管理と原価管理の融合―』中央経

済社。
伊藤嘉博（2001）『環境を重視する品質コストマネジメント』中央経済社。
伊藤嘉博（2005）『品質コストマネジメントシステムの構築と戦略的運用』日科技連。
SQuBOK策定部会編（2007）『ソフトウェア品質知識体系ガイド－SQuBOK Guide－』オーム社。
太田昭和監査法人・ビジネスブレイン太田昭和編（1992）『ソフトウェア開発の原価管理<改訂版>』中央経済社。
梶原武久（2008）『品質コストの管理会計―実証分析で読み解く日本的品質管理―』中央経済社。
櫻井通晴（2006）『ソフトウェア管理会計―IT戦略マネジメントの構築―（第2版）』白桃書房。
篠山勲（1991）『ソフトウェア開発の原価管理』日刊工業新聞社。
野中誠・小池利和・小室睦（2012）『データ志向のソフトウェア品質マネジメント―メトリクス分析による「事実にもとづく管理」の実践―』日科技連。

第8章

中国におけるものづくり企業の管理会計

―ハイアールを中心として―

1■中国企業の管理会計実務

これまで筆者は中国の原価計算・管理会計に関心を持ち，その特徴について主として文献を中心に研究し，同時に機会を見つけては企業調査も実施してきた。中国における管理会計の特徴や動向については，①中国の管理会計理論の研究，調査報告書の検討，②中国企業の実態調査（インタビュー調査），③中国会計研究学会への出席と研究者との意見交換，④中国の代表的な管理会計テキストの内容を時系列で検討・分析，⑤中国公認会計士試験における管理会計論の取り扱い，内容の検討，⑥中国の管理会計人協会（IMA）の活動等の検討が重要と考え，筆者は長期にわたって問題意識を持ちつつ取り組んできた。その研究成果についてはまだ部分的で不十分ではあるものの参考文献に提示した過去の拙稿，学会報告で発表してきた。

本章ではこうした研究成果とこの数年間の中国訪問調査を踏まえながら，中国におけるものづくり企業の管理会計についての近年の動向と特徴を明らかにすることを目的としている。本章ではまず中国の管理会計の実施状況と理論的関心をアメリカのIMAの調査報告と胡・劉（2013）の研究に基づいて検討し，次に中国の代表的なものづくり企業であり，有力な総合家電メーカーであるハイアールの原価計算・管理会計を調査したIMAの上記報告の内容を紹介し，最後に本研究プロジェクトの一環として筆者が実施してきたハイアールのインタビュー調査を整理し，ハイアール研究の一助としたい。

2■中国における管理会計の実施状況と理論的関心

中国における管理会計の発展とその特徴については，水野（1996a，1996b，2006b）において考察してきたところであるが，中国における管理会計の伝統的な特徴は，国家からの制度的な規制が強いこと，および責任と権限と利益を結合させた班組計算を基礎とする責任会計にあったのである。また，管理会計技法について1990年代初頭までは「研究や教育面での急激な発展に比べて，管理会計の実践上の適用における進展は比較的緩慢である。数多くの欧米の先進的技法が理論的に探求されているが，それらはまだ実際にはほとんど用いられていない。今日まで多くの企業における管理会計は，依然として伝統的な中国型に留まっている」（葛ほか，1995：178）という状況であった。この中国型というのは責任会計や予算，標準原価計算などである。その後，馮編（2002）による管理会計技法の実施状況調査（200社調査のうち有効回答118社）によれば，第1表のようになっていた。

第1表　管理会計方法の適用状況

・営業予算（94社79.1%）	・原価差異分析（35社29.6%）
・業績比較（76社64.4%）	・ABC（15社12.7%）
・資本支出予算（78社67%）	・責任会計（95社80.5%）
・原価態様分析（51社43.2%）	・振替価格（49社41.5%）
・品質原価分析（29社24.6%）	・在庫計画と統制（90社76.2%）
・目標原価法（25社21.2%）	・BSC分析（2社1.7%）
・戦略原価分析（4社3.3%）	・貢献利益分析（54社45.7%）
・EVA分析（9社7.6%）	・ライフサイクルコスト分析（4社3.3%）
・CVP分析（58社43.2%）	・標準原価分析（44社37.3%）

出所：馮編（2002：25）。

この表を見ると，やはり責任会計が80.5%と高いのは中国管理会計の特徴なのであろう。営業予算が79.1%，在庫計画と統制が76.2%と高くなっているのは導入の容易さと有用さが考えられる。資本支出予算が67%となっているのは資本予算の理論と技法が広がってきていることの反映であろう。また，現代的な新しい管理技法であるライフサイクル・コスト（LCC）分析やバランスト・スコアカード（BSC），戦略原価分析，経済付加価値[1]の実施数が少ないものの，2000年前後の状況としては品質原価計算や活動基準原価計算（ABC）が意外に多いと感じられるかもしれない。

ところで，アメリカのIMAによる中国の管理会計の調査も注目すべきものである。IMAの研究グループは，中国の会計研究者の協力を得て，2006年5月15日～6月13日，8月28日～9月15日の2回にわたって中国の主要な企業12社を訪問調査し，また400企業を対象にしたアンケート調査を実施した（209社回収）。これらの調査はおそらく，これまでになかった本格的な実態調査であり，近年の中国企業の原価計算・管理会計の動向を抽出したきわめて重要な研究報告だと考えられる。これらの調査報告は，2010年12月に『管理会計在中国―成本計算方法，成本管理実務和財会職能―』として刊行された[2]。

次頁の**第2表**は，このIMAが各種管理技法の重要度を尋ねたアンケート調査の一部である。ここでも，経営予算や損益分岐点分析，責任会計などの伝統的な管理技法が重視されていた。ただBSCの評価が高まってきていることも重要な特徴であった。

さて，ここでIMAの調査報告の結論を次に紹介しておきたい。

まず製品原価計算については，2006年に公布された中国の会計準則は中国の会社による外部財務報告を一層国際会計準則に近づけた。中国の過去の会計法規で不適切に処理されてきた原価処理は，2006年の会計準則で修正された。製品原価の処理における主要な相違は，直接労務費に関係する福利費の取扱いにある。この問題は現行の会計準則で修正されてきたという[3]。

その他として，各種生産補助部門の原価の処理について問題が残っており，これらの原価の処理はしばしば会社によって異なっている。各会社は中国の会計規制を基本的に遵守している。直接材料費と直接労務費は基本的に適切に記録されており，実際原価は消費量に基づいて製品に直課されている。中国の会社では，個別の会社で例外はあるが，基本的に間接費は期間原価あるいは製品原価として適切に計算されている。間接費の測定は，例外（土地使用権など）があるものの，基本的に信頼ができる。製品への間接費の配賦は，標準的な方法を使用している会社が多いが，会社によってはそれぞれ若干異なっている。

第2表 IMAのアンケート調査結果（各種原価管理技法の重要度）

原価管理技法	非常に重要	重要	中立	重要でない	あまり重要でない	知らない	適用せず	合計
経営予算	71% (69)	9% (9)	18% (17)	2% (2)				(97)
変動予算	61% (11)	11% (2)	28% (5)					(18)
資本予算	53% (16)	20% (6)	27% (8)					(30)
損益分岐点分析	61% (30)	16% (8)	20% (10)				2% (1)	(49)
価値連鎖原価計算	44% (7)	44% (7)	6% (1)				6% (1)	(16)
目標原価法	65% (22)	9% (3)	18% (6)	6% (2)			3% (1)	(34)
責任会計	66% (43)	12% (8)	18% (12)	3% (2)				(65)
インセンティブ報酬制度	70% (52)	10% (7)	19% (14)	1% (1)				(74)
業績測定（BSC）	64% (32)	14% (7)	14% (7)	8% (4)				(50)
標準原価計算	77% (10)	8% (1)	15% (2)					(13)
内部振替価格	43% (17)	12% (8)	43% (17)	3% (1)		3% (1)		(40)
伝統的間接費配賦法	54% (20)	5% (2)	35% (13)			3% (1)	3% (1)	(37)
ABC	67% (2)	33% (1)						(3)
LCC	56% (5)	11% (1)	33% (3)					(9)
ベンチマーキング	60% (3)	40% (2)						(5)
TOC	50% (3)	33% (2)	17% (1)					(6)
EVA	40% (2)	20% (1)	40% (2)					(5)

販売価格の設定において最も重要な要素は製品原価である。競争相手の価格を含むその他の要素もまた販売価格に影響を与えている。中国と西欧諸国の原価計算実務の相違が製品のダンピング問題を引き起こしているということを結論づけることはできない。中国の会社の原価計算実務と欧米諸国の会社で用いられてきた実務にはまだ相違があるものの，そうした実務のコンバージェンスは進行中である。

次に原価管理については，次のように述べている。

中国の企業で用いられている原価管理技法と実務は，比較的簡単なものから複雑なものまで多様性に富んでいる。この種の実務の多様性は他の諸国でも同様に存在する。中国の多くの会社の原価管理システムは，計画経済の下で以前用いられてきた計画と統制システムを反映している。計画経済の下で用いられた実務の多くは，市場経済において西欧諸国の会社によって実践されてきたものと類似している。 中国の会社によって行われる意思決定はまた，彼らの経営環境を反映している（多くの会社にとって主として考慮するものが雇用目標になっている）。損益分岐点分析や固定費・変動費分析のような西欧諸国の原価管理技法は，中国の会社によって採用されはじめている（他の研究のような広範囲の採用は見つけられなかったけれども）。中国の会社は成長し，多様な製品と顧客に関係する複雑さと組織規模の拡大に直面しているが，彼らはより複雑な原価管理システムをますます必要とするようになってくるだろう，というのである。

また胡・劉（2013）は，中国会計学会の機関誌である『会計研究』の過去30年間（1980年～2009年）に掲載された管理会計の論文475編を素材に管理会計の理論的課題を「基本理論」や「原価計算」など20項目のテーマで分類整理し，その変遷を辿る興味深い調査を実施している。彼らは，管理会計実践の歴史的な発展を中国の経済体制の変化に即して，①経済体制の転換期（1980年～1992年），②社会主義市場経済体制の確立期（1993年～2002年）そして③社会主義市場経済体制の完成期（2003年～2009年）の３段階に区分してその特徴づけを行っている。

そこでは，管理会計の「基本理論」を取り上げた論文数が①18.2%，②17.3%，③12.4%と逓減し，とくに「原価計算」では①28.8%，②12.5%，③1.5%

と激減し，そして「業績評価管理」は①6.5%，②7.1%，③27.0%となって，近年一気に増えている。その次に「責任管理」が①10.0%，②6.6%，③4.4%と逓減しているが,「価値管理」は①0.6%,②4.8%,③16.9%のように最近急増し,「内部計算」が①11.8%，②1.8%，③1.5%と大きく減少し，「予算予測」は①1.8%，②3.6%，③10.0%と増加し，そして「マクロ管理」が①5.3%，②7.7%，③0%となっている。比較的少ないテーマが「ABC」①0.6%,②8.3%,③2.2%であり,「人的資源」①0.6%,②4.8%,③6.6%,「実験調査」①1.8%,②7.1%,③0.7%,「環境会計」①0%，②6.5%，③3.7%，「戦略管理」①0%，②4.2%，③4.4%と「電算管理」①0%，②1.2%，③0.8%のような研究テーマの変遷となっている（胡・劉，2013：107頁）。

研究テーマとしては，伝統的な管理会計の「基本理論」や「原価計算」が減少し，「業績評価管理」や「価値管理」が近年急増し，人気がある研究テーマになってきていることがわかる。ただ管理技法として予算がかなり長く広く用いられながらも研究テーマとして以前が少なくて近年増加していることについては興味深いものである。

3■ハイアールの原価計算・管理会計

IMA調査報告のケーススタディには，ハイアールの原価計算・管理会計についても取り上げられている。次にこれを紹介しよう。

まず原価計算についてであるが，ハイアールには4つの事業分野（技術，工業，貿易，金属）があり，240を超える独立した採算計算単位がある。洗濯機事業部では，エネルギーと塗装コストの上昇により，全体として製造原価は上昇傾向にあるが，ハイアールはこうした傾向に技術革新を進め，高付加価値製品を開発することによって対応し，平均販売価格を高めてきているのである。

また直接材料費については，直接材料費のうち97.4%が購入原価であり，残りの2.6%がその他の原価である。原材料費は製品の種類にしたがって製品原価に直課される。ハイアールは製品の価格競争力をコントロールするために予定価格を設定し，各製品ごとに標準原価を確定している。実際原価と標準原価との差異は，一般に1%から2%の範囲にある。

続いて直接労務費と福利費については，労務費（実際に発生した原価）は直接労働時間に基づいて各種製品に直課される。福利費（託児所費,学費と医療費）は直接労務費のパーセンテージで各種製品原価に配賦される。医療保険，養老金（年金費用）そして住宅手当は管理費用に含められる。

さらに製造間接費について，製造間接費は間接労務費（製造現場の部門管理者の給料；製造間接費の15%を占めている），福利費（託児所費，学費，医療費；間接費の7%），減価償却費（30%），維持補修費（24%），労働保護費（7%），その他費用（17%）を含んでいる。製造間接費は３級組織（組織の第３階層）である製造現場の部門に集計される。間接労務費と福利費は直接労働時間によって各種製品原価に配賦され，その他の間接費は機械時間によって配賦される。間接費は実際原価である。補助部門は，動力部門，ロジスティクス部門，設備部門を含んでいる。土地使用権原価は製造間接費に含まれる。

また販売費および一般管理費については，一般管理費に研究費（41%），給料（13%），ブランド費（7%），労働保険費（7%），福利費（4%）およびその他費用（28%）が含まれる。これらの費用は総原価の11%を占めている。販売費には広告費（31%），営業所費（6%），運送費（28%），その他費用（25%）が含まれる。これらの費用は総原価の13%を占めている。販売費と一般管理費は期間費用として処理し，各ビジネスユニットには配賦しない。

そして振替価格については，市場価値に基づいて，財務部門によって設定される。その振替価格は購入者と販売者との交渉によって決定され，それらは四半期ごとになされる。

原価管理について，ハイアールは，大変有用と考えられている次のような原価管理の手段と技術を用いている。目標原価法，責任会計，成果主義報酬，業績評価，標準原価計算とABCである。ハイアールはまた，有用と考えられている内部振替価格，および変動予算を用いている。ハイアールは年度予算を編成し，各月と日に分割される。予算編成過程では，通常７～10回上級機関と下級機関でやりとりされる。実際の結果と予算との差異は，差異分析がなされ，これによって今後の予算編成の改善に用いられる。

次の**第３表**は，予算の内容と担当部門を示したものである。

第3表　予算の内容と担当部門

項　　目	担　当　部　門
販売計画	販売部
生産計画	生産指令部門
技術と経済指標	製品開発部
標準（計画）原価	財務，マーケティング，開発部門
購買予算	分配とJIT部
要員計画	人事部
各種見積計算書	財務部
資本計画	財務部
計画キャッシュフローステイトメント	財務部
利益予算	財務部
固定資産投資計画	企画室
直接労務費予算	人事部

業績評価については，IMA報告では次のように述べられている。

業績評価はハイアールの「市場鏈報酬制度（market chain salary system）」によって実施される。採用される各種業績評価指標は，企業全体の目標とリンクされている。この連携はハイアールのすべての従業員が所属する「戦略事業単位（SBU）」の理念を用いることによって達成され，このSBUの収益は所属する従業員が創造した価値から主として生み出されるものである。各SBUは，それぞれの市場に関係し，それぞれの目標を持っている。各SBUはそれぞれの目標と個人の努力を結びつけることによってのみ発展することができる。各SBUの目標は，SBUの資源の最適な活用とイノベーションを通して高水準の利益を獲得することである。この目的は，従業員各自が「面向（内部或外部的）市場」（face the market）を持つことである。このような方法で従業員と企業の目標は連携させることができる。

また直接材料費の管理については，材料消費量は材料明細書（材料清単（the Bill of Materials））によって計算される。材料の原価標準は，消費量と目標原価に基づいている。差異分析は不利な材料消費差異とそのような消費に対する責任を明確にするために用いられる。

原価管理と業績測定についてであるが，業績はハイアールの「全員価値管理（TVM；Total Value Management）」システムを用いることによって測定される。このシステムの主要な要素は，自己管理と各SBUの価値創造であり，このことを通して企業の価値創造と発展を実現することである。ハイアールの「市場鏈報酬制度」は，SBUの収益とSBUが創造した価値に基づいている。価値創造はSBUの損益計算結果をベースにして測定される。一般的には利益の20%がSBU内部の従業員チームにボーナス基金として分配され，その他の残りの部分は企業に帰属する。ボーナス基金の一部は現金で個人に支払われ，残額（通常それより大きな部分）はそのSBUに帰属する。現金ボーナスはあらかじめチームメンバー間（チームリーダーを含む）で決められたパーセンテージに基づいて分配される。毎月，毎週，毎日の実績と予算が比較され，この評価が「SBU市場鏈損益計算表」を通して実施される。原価情報は，プロセスの改善のためだけではなく，戦略的計画と価格決定，購入ネットワークの開発，最適な製品企画に用いられるというのである。

最後に製品価格については，まず市場状況，ハイアールの競争相手，そしてハイアール自身を分析することによって設定される。その場合，ハイアールの競争市場のポジションは，顧客のニーズと市場状況の分析に基づいて評価される。ハイアールのコスト競争力の分析は，原価企画（目標原価法）と損益分岐点分析を活用することによってなされる。収益性の分析は，販売予算，販売チャネル予算，目標利益を考察することによってなされる。そして最後に販売価格が決定されるのである。

4■ハイアールでのインタビュー調査

ハイアールについては，青島の本社に数度（2006年3月16日，2008年9月17日，2009年8月27日，2011年8月20日）にわたって訪問し，各種の展示場や，ハイアール大学（研修施設）の見学，ハイアールが公刊している各種の文献，パンフレットなどの資料を収集してきた。またその際には，ハイアールの財務や証券市場を担当する経営幹部との意見交換，インタビュー調査を実施してきた。またハイアールの白物家電の有力な工場である安徽省合肥市にある合肥ハイアールにも二度（2012年9月12日，2013年12月25日）訪問し，工場見学とともにその現状についてインタビュー調査を実施した。ただインタビューにあたっては，説明される資料が配付されず，パワーポイントでの説明もメモを取ってのことであり，録音も難しいなかでの調査であった。次にその内容の一部を紹介することにしたい。

4.1　ハイアール本社でのインタビュー（2008年9月17日，青島市）

ここでは，ハイアールについて3つのポイントに焦点を当てて質問をした。

Q：ハイアールのSBUの構造と内容についてご教示いただきたい。とくに従業員個人にまで損益の責任を持たせることについてお聞きしたい。

A：ハイアールによるSBU管理モデルの考え方は2001年の中頃に提案され，2002年に正式に導入された。2002年からのSBUの実行は，実はその時までに定着してきたハイアールの「日事日畢」（その日の仕事はその日に完結）や「日清日高」（その日の成績と不足分を確認し改善を含めた目標を次の日に設定）のスローガンにも表されてきたOEC管理モデル[4]からSBU管理モデルへの展開であった。OEC管理モデルの段階では，細部までの全面的な管理を重視していたが，SBU管理モデルの段階では，OEC管理モデルの段階に加えてさらに企業の戦略的方針を個人の段階にまで浸み込ませていくものである。企業が一定の規模まで発展してきたら，企業全体の戦略を重視するというやり方をしなければならない。

SBUとBSCの区別をここで説明することも必要かもしれない。BSCは企業や集団全体の戦略を個々の部門に浸透や導入することを重視しているのに対して，SBUは企業の個々の従業員が新しいものを作りだすことを提唱し，下から上までのフィードバックを強調している。

なぜハイアールがSBUを提案したかというと，やはりこれが中国市場の発展に関わりがあったからだと思う。「白物家電を作る」という全体的な戦略的計画を変えることはないが，計画というのは時代とともに変化しなければならないと考えるからだ。

SBU管理モデルの構造は次のように示すことができる。

企業全体の戦略（例：全体の計画）→部門の目標（例：購買部門の計画）
→部門責任者（例：地域責任者の購買計画）→個人（例：購買係の計画）

Q：ハイアールに関する論文によれば，ハイアールでは，個人にまで損益責任を担わせるようにして，個人という「単位」で損益表を作っていると書かれている。そうすると，１万数千個のSBU，つまり京セラでいえば「アメーバ」が存在し，１万数千枚の損益表が作成されることになってしまうが，本当にそのように，つまり個人単位の財務的な損益表を作っているのか？

A：個人の責任に関わる損益表は，会計基準に従って作られた財務的損益表と同じものではない。たとえば，生産ラインの工場従業員なら，１つ１つのカードがあり，そこに操作の進捗状態，標準賃金コスト，製品修繕コスト，社会的にフィードバックさせる損失等のデータが書かれている。これらのデータはデータベースから取り出すことができる。

財務的損益表をどこまでの「単位」が作っているかということを数えたことも考えたこともない。

半製品や仕掛品が出てくるプロセスなら，「市場鏈（市場チェーン）[5]」があり，内部振替価格を使用していると考えればよいだろう。

Q：ハイアールの業績評価の特徴についてお聞きしたい。

A：部下が上司を評価することや自分の周りの人が自分を評価することはないが，業績評価の形はさまざまである。横軸を考えたならば，関連部門が評価する。企画，市場開発，財務，人材育成といった部門がお互いの評価をしている。縦軸を考えたならば，ハイアールの全体戦略を中心にし，すべての評価が集団の総目標に達するかどうかということに関わっている。個人目標が部門目標に従って作成され，部門目標が集団の全体目標に従って作成される。それらの目標がすべて予算として表現され，記録される。３つ（業績指標，団体経営，個人成長）の方面から予算を達成したかどうかについて評価される。異なるポジションなら3つの方面の占める割合が違ってくる。

業績指標については，もちろん異なる部門が異なる指標で評価される。製品自体についても，冷蔵庫，携帯電話といった異なる製品についてはそれぞれの売上等で評価される。経営分析モデルによる独自の指標として，製品をサポートする分析モデルによる指標なども今後必要かもしれない。ハイアールの人材評価と抜擢システムが「賽馬（競馬）」方式[6]と呼ばれることもあるようだが，それが適切な表現かどうかはわからないが，ハイアールが職位間で競い合うことを奨励しているのは確かである。

このあと，ハイアール関係の文献や資料を購入したいという要請をしたところ，ハイアール社内で用いられている小冊子の研修用教材やハイアールの標語が入ったトランプなどを販売するところに案内され，資料を購入した[7]。

4.2　ハイアール本社でのインタビュー（2009年8月27日，青島市）

翌年再度ハイアール本社を訪問した際に実施したインタビューでもハイアールの管理会計システムの特徴であるハイアールのSBUを中心にして質問をした。そこでは1枚のスライドの組織図を提示しながら，ハイアールのSBUについて説明された。そこでメモした図は，その後，汤谷良（対外経済貿易大学国際商学院），穆林娟（北京工商大学商学院），彭家鈞（海爾集団本部）の3氏が中国会計学会の機関誌『会計研究』に掲載した共同研究論文の中の図と類似していることがわかった。それが次のSBUシステム図（第1図）である。

彼らは，ハイアールのSBUの概念と制度的枠組みについてまず，「ハイアールのSBUは組織内部を市場化させる組織構造を持つ一種の管理統制機構であり，その設計構想はそれぞれの業務ユニットをすべて市場の中で取引する主体に変成させ，1人1人の従業員をすべて市場に向かわせることに極力努めて，直接市場競争と経営に参与させることである」と述べている（汤・穆・彭，2010：49)。また彼らはハイアールを訪問調査したことを踏まえて，**第1図**で示されたハイアールのSBUの管理統制システムを次のように紹介している。

ハイアールのSBUシステムは，縦方向と横方向があって，縦方向は戦略的・

第１図　ハイアールのSBU管理制御システム

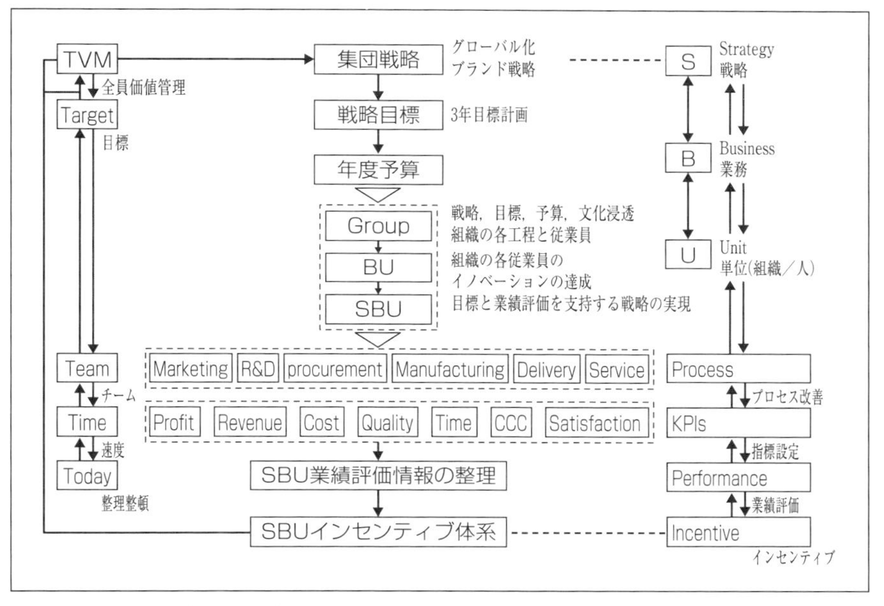

出所：汤・穆・彭（2010：49）。

意思決定支援システム，管理統制システム，責任評価システムと業績管理システムの4つから構成され，管理会計の4つの職能つまり戦略的予算管理，原価管理，責任会計および業績管理を含んでいるのである。横の方向は企業活動の連鎖管理を基礎にして構築されており，製品の研究開発，購買，生産，販売およびアフターサービスを含んでいるのである。

続いて，このときの訪問時のインタビューの一部を整理したものを紹介しておこう。

Q：御社の張瑞敏CEOは，1人1人がSBUになることを目標として語っているが，SBUは個人単位まで具体化されているのか？

A：個人の目標を全社的な業績と結びつけるのがSBUの考え方である。通常は課や係といったチームに適用される。販売や研究開発といった区分がチームになり，それを結びつけやすい単位までユニットに分解する。業績評価は課やチームに適用され，その責任者までが業績に責任を負う。

Q：現在のSBUのユニットの数はいくつぐらい存在するのか？

A：把握していない。種類としては，たとえば，市場SBU，研究開発SBU，製造SBU等の種類がある。さらに，市場SBUは地域SBU，顧客SBUといったように細分化されたSBUの種類がある。そこでは市場との結びつきが重視され，市場需要が主導で，市場SBUは中核に位置づけられている。その他のSBUは市場SBUをサポートする役割を果たしている。

Q：御社の張瑞敏CEOは，日本の京セラのアメーバ経営とハイアールのSBUが似ていると話している。京セラのアメーバはその分解，統合が弾力的に行われているが，ハイアールのSBUのユニットの分解，統合は弾力的なものになっているのか？

A：ユニットの統廃合は顧客・地域に変化があれば対応するが，あまり頻繁ではない。

Q：製品ごとのSBUは存在するのか？

A：製品ごとというよりも市場，顧客で分類されている。注文の獲得によって生産を行っている。そのためSBUは「人単合一」と結びついており，注文票（単）とつながっている。製造にとっての「単」は製造票になる。ただ「人単合一」の「単」は今では広義に用いられており，「目標」という意味で理解すればよい。

なおSBUはチーム（販売，製造，研究開発などを含むミニ・ミニ・カンパニー）

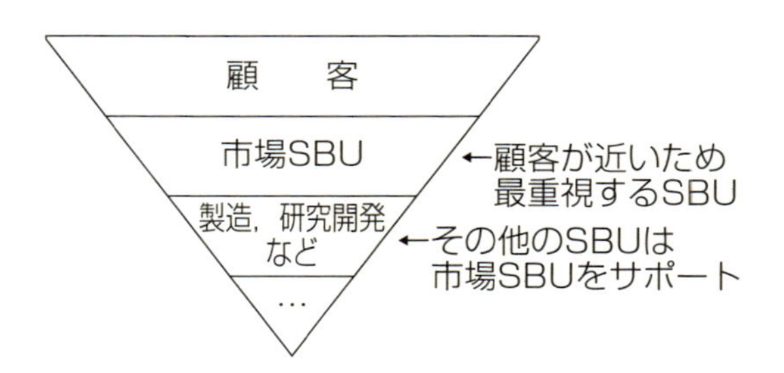

全員が顧客のために働くという理念を持っている。これは顧客を最上位とする前頁のような逆ピラミッドをイメージすると理解しやすいだろう[8]。

Q：市場SBUと製造SBUは取引関係にあるのか？

A：内部取引を行っている。安く調達できないなど取引がうまくいかないといった市場・製造間のコンフリクトもかつてはあったが，今はすべて市場をサポートするために協力関係にある。納期に間に合わなければ製造が責任を負う。コストに見合わないオーダーはイノベーションが足りない研究開発の責任となる。以前と異なり，すべてが市場とリンクするように工夫されている。たとえば経理（チーム内に設置）は，各顧客にどの程度価値があるかを算定したのち資源配分を決定する。

Q：地域SBUと製品SBUが重複することはないのか？

A：たとえば，上海で冷蔵庫を販売しているような場合は製品がメインとなる。地域のリーダーと製品のリーダーは次元が異なるので協力できる。

Q：製造SBUの業績はどのように評価するのか？

A：納期，品質（6シグマ導入），コスト，ただもっとも重要な指標は“satisfaction”である。

Q：販売価格の決定権はSBUの誰にあるのか？

A：価格設定は同業他社の動向，製品機能等を見ながら「研究開発」と協力しつつ最終的には「企画」（チーム内に設置）が行う。

Q：ハイアールのSBUではTVM（全員増値管理と説明している）が強調されているが，これはどのようなことを意図しているのか？

A：「人単合一」の源も同じでハイアールは顧客付加価値を増やすこと，そして従業員の価値（持分）を増やすこと（全員増値）を目標としている。多くの企業は企業の価値しか考えていないが，ハイアールは顧客の価値を大きく，従業員の価値を大きく，企業を小さく（ユニットの細分化）することを考えている（中国語では「把客户做大，把员工做大，把企业做小」）。また従業員の給料を例にとれば，ハイアールのSBUの下では，給料を「もらう」（「発」工资）のではなく自ら「稼ぐ」（「挣」工资）へのパラダイム・シフトを目標としている。

以上，ハイアールのSBUに関係するインタビューの一部を紹介したが，最後の従業員の給料の例は，付加価値会計と共通するところであり，付加価値経営（Value Added Management）にも担当者は関心を示された。

4.3　ハイアール本社でのインタビュー（2011年8月20日，青島市）

2011年にもハイアール本社を訪問する機会を得たが，このときは上海にある大変有名な中欧国際工商学院[9]の院生達が研修の一環としてハイアールを訪問しており，その1コマの講義に参加させていただくことになった。その際に強調されていたことは，ハイアールの新たなビジネスモデルの提唱であった。それは要約すれば次のようなことである。

「"人単合一双赢"的海爾」というスローガンに象徴されているが，この場合「人」は従業員，「単」は市場目標で，「合一」とは各自が自己の市場目標を持つことである。「双赢」とは従業員と企業双方が満足すること（win-win）をいう。さらに企業の新たな計算体系を"資本主義"から"人本主義"に転換させることを目指している。伝統的な財務諸表は資本中心（以資本為中心）であり，株主至上主義であるが，ハイアールの自主経営体（以前のSBU）の「三張表（損益表，日清表，人単酬表）」は従業員中心（以員工為中心）である。自主経営体では従業員を被管理者から自主的に経営するイノベーションの主体にまで変わらせることを目標としているのである。

4.4　合肥ハイアールの訪問（2012年9月12日，安徽省合肥市[10]）

ハイアールの白物家電の有力な工場である安徽省合肥市にある合肥ハイアールを訪問し，工場見学とともにハイアールの現状についても財務担当の責任者から説明をしていただいた。以下はその一部である。

担当者の説明によれば，合肥ハイアールでこの半年間，製造の方面で最も主要な仕事はモジュール化であった。モジュール化の目的は製造から研究と開発の設計がさらに販売の全体の流れまで製品の競争力を高めるためであった。たとえば洗濯機内の筒のモジュール化，設計からのモジュール化である。つまり洗濯機内の筒を１つのモジュールにして，各種の部品を使って組み立てを行うのではない。

製造の方面からこのことを考えると，まず第1に人件費のコストが下がって，効率は高まってくるのである。

続いて担当者は，オートメーション化の説明をして，製造だけではなくて，マーケティングでも，研究と開発の設計，販売などの方面でも，ボトルネックの問題を解決するためにオートメーション化を行わなければならないことを強調した。また担当者は，「知恵の工場」を形成しなければならないというのである。たとえばすでにニュージーランドのフィッシャー・アンド・パイケル[11]の技術を導入して，以前40人が生産をしていたところが，この技術導入の後には，4人だけで生産を行うことができるようになり，しかも製品の品質を高めて，コストを下げて，大いに効率を高めたそうである。

Q：合肥ハイアールは上海の青島ハイアールに属するのか，それとも香港のハイアール電器に属するのか？

A：冷蔵庫，エアコンなどの製品は上海，湯わかし器，洗濯機などの製品は香港に属していた。なお次第に上海に帰属するものが多くなり，香港の方面はもっぱら物流，専売店などサービスの側面を支援する方向に進んでいる。

Q：香港に上場しているハイアール電器は年々財務状況と業績が好転しているのに，どうして配当しないのか？

A：利潤の分配の方面については，すべて理事会が決定したことで，彼らは間違いなく自分の意図があって，戦略のうえの決定で，この方面について私は話しづらい。しかしハイアールは上海と香港の両証券市場についてはとても重視している。

Q：SBU，現在では自主経営体と呼ばれる組織体は，ハイアール集団に2,000余りあると聞いているが，合肥ハイアールにはどのくらいあるのか？

A：自主経営体は3つのレベルに分けることができる。主体，プラットフォーム，内勤の3つであり，さらに主体は，研究・開発，製造，販売に区分され，内勤は財務と人事に区分される。合肥ハイアールの製品事業部は20ぐらいあって，自主経営体は30ぐらいになるだろう（ただ工場だけを含んで販売は含まない）。しかし，これらのデータは動態的で固定されているものではない。洗濯機事業部を例にすると，洗濯機もたとえば全自動洗濯機とそうでない自動洗濯機などに何種類か区分することになり，このように自主経営体の数は製品事業部の数よりも多くなっている。

Q：1つの自主経営体はおよそ何人ぐらいの従業員がいるのか？

A：小さい自主経営体の従業員は通常100人ぐらいであるが，大きな自主経営体は200人ぐらいになっている。たとえば洗濯機に比較的に簡単で，自主経営体の人数は少なめになっているが，冷蔵庫は比較的に複雑で，自主経営体の人数は比較的多い。現在ハイアールはますます従業員の意見を重視して，自主経営体組織の力を信頼して，自主経営体の自律化を評価している。

Q：現在の自主経営体の経営業績はどのように測定し，どのように分配するのか？

A：現在私達の自主経営体のアカウント（勘定）には，従業員の指標について，指導者からの指標，コスト低減指標，効率向上の指標などいろいろな指標が数量化されて存在する。これらすべての指標をアカウントの中にある程度反映して，それぞれの部門はすべて損益計算書があって，収益と費用の両方面を反映するだけではなくて，そのうえにまだ従業員に何をするべきかを教えなければならない。

もちろんこれらの指標を設計する計算過程は比較的複雑で，ハイアールの管理会計を発展させるうえでの重要な課題である。会社の功績と従業員の功績とをどのようにリンクさせるかについては，我々もまだ探求している。

Q：自主経営体のアカウントにおいて収益と費用は計算することができるのか？

A：損益計算書の中で収益と費用は多くの指標があって，それによって損失を制御している。自主経営体のそれぞれの指標はすべて詳しい規則があって，たとえば業績はどのように会社の業績と連結させるのかなどが定められている。

自主経営体は自主的に分配政策を決定して，独自の権限を有している。青島冷蔵庫事業部では試験的に自主的に従業員を選び，利潤を確保した後に自主的に分配し，自分で稼ぎ自分で使うことを実現している。

Q：異なった自主経営体のボーナスには違いがあるのか？

A：すべての自主経営体の標準は異なっている。動態的ではあるが，普通は多く稼ぐところには多くのボーナスが出る。自主経営体に自分で計画を立て，それを実現させることで，自主経営体のリーダーシップが発揮され，次世代のリーダーの養成につながっていく。

Q：“人単合一”の概念はそれほどやさしいものではないが，従業員はどのように理解しているのか？

A：これは，個人の目標と会社の戦略・目標と結びつけることを意味するもので従業員は問題なく理解している。ハイアールの管理体制は主に４つの部分から構成されている。第1は戦略で，第２は経営体で，第３は流程（フローチャート）である。そして第4は報酬である。これらが有機的に結びつけられなければならない。

Q：ハイアールでは標準原価計算を実施しているのか？

A：すでに実施しており，SAPのERPを導入し，系統的なコントロールを実施している。半年に1回，原価標準を調査している。

Q：SAPの間接費の計算は，ABCを使っているのか？

A：使っていない。現在，SAPのERPのフローチャートを採用してきたので，労働時間によって配分を行っている。

Q：現在，国有企業は経済付加価値（EVA）を計算しなければならないが[12]，ハイアールではEVAを計算して活用することはあるのか？

A：現在まだ使っていない。なお財務部自体も自主経営になっている。

Q：ハイアールは毎月予算を編成するのか？

A：ハイアールは，年度，四半期，月間，すべて予算編成を実施している。

4.5　合肥ハイアールの訪問（2013年12月25日，安徽省合肥市）

2013年にも合肥ハイアールを訪問する機会を得た。前年と同じく合肥ハイアールの財務担当の幹部が対応してくださった。

合肥ハイアールに大きな変化はないが，ハイアールの戦略経営がますます進化していることをとくに強調していた。すなわちハイアールの戦略的な展開は，①ブランド確立戦略段階（総合品質管理）（1984年～1991年），②製品多角化戦略段階（OEC管理モデル）（1992年～1998年），③国際化戦略段階（「市場鏈」再構築）（1998年～2005年），④グローバル化ブランド戦略段階（「人単合一」「Tモデル」）（2006年～2012年），を終えて，新しい第5の段階に入ってきたというのである。それは⑤ネットワーク化戦略（2012年～2019年）である。これは2012年12月24日に始まったそうで，ハイアールは中国のネット通販最大手の「アリババ」と提携を開始し，ITを駆使した本格的なインターネットを活用するネットワーク戦略を推進することになったというのである。

5■著しい発展を遂げるハイアールと管理会計

以上，本章ではまず中国の管理会計の実施状況と理論的関心をアメリカの

IMAの調査報告と胡・劉（2013）の研究に基づいて検討し，次に中国の代表的なものづくり企業であり，有力な総合家電メーカーであるハイアールの原価計算・管理会計を調査したIMAの報告の内容に沿って考察し，最後に本研究プロジェクトの一環として筆者が実施してきたハイアールのインタビュー調査を整理し，紹介してきた。筆者はハイアールを中心に中国の管理会計を長年研究してきたが，その発展は著しいものである。

とりわけハイアールの企業規模の拡大と組織的な変容は驚異的なものといっても過言ではないだろう。インターネットへの対応とネットワーク戦略は，ハイアールの業態を大きく変えていく可能性がある。今やハイアールのグループで中国に約3万5千の系列店，約6,000カ所の発送拠点，そして5万台のトラックを保有する企業集団になっており，中国で同等の物流網を持つのは「郵便局ぐらいしかない」というのは驚きであり，ハイアール専門系列店の店長の「店なんか完全にショールームになっちゃっていいのよ。客がネットで買えば伝票を書く必要もないし」という割り切り方にも感心せざるを得ない。「企業の経営手法にも寿命がある」という張瑞敏ハイアールCEOの言葉には激烈な競争環境にある経営者の覚悟が感じられる[13]。

ハイアールの最近のホームページでは，第5のネットワーク化戦略（2012～2019）を図で提示すると同時に次のような説明文が付与されている。

「インターネット時代の到来は伝統的な経済の発展モデルを混乱させてきた。他方，新しいモデルの基礎とオペレーションは，市場と企業がネットワーキングの特徴を示すという状態で出現している。ハイアールの見地からすると，ネットワークで結ばれた企業の発展戦略を実行する方法は3つの標語に体現される。すなわち，ボーダーがない企業，マネージャーなしのマネージメント，そして尺度のないサプライチェーン。」

今後ともハイアールの動向は，中国経済を展望し，また管理会計の展開方向を考察するうえでも注視し続けることが重要であろう[14]。

【注】

1　EVAのことであり，中国でもこの時期に紹介された文献が増加してきた。青島ビールでも使用されていた。

2　この調査報告書の構成は以下のようになっている。

　Ⅰはじめに，Ⅱ研究背景，Ⅲ中国企業の原価計算実務のケーススタディ（原価計算，直接材料費，直接労務費と福利費，製造間接費，原価管理，計画と統制，業績評価と従業員報酬制度），Ⅳ中国企業の原価計算実務のアンケート調査　（調査の背景 アンケート調査の分析 その他会計問題），Ⅴ総括．Ⅵ参考文献，Ⅶ ケーススタディ（12社：この12社には鞍山製鉄所や第一汽車集団，青島ビール，ハイアール，ＴＣＬなどの有力な国有企業や上場企業が含まれている）。

3　この結論は，適切ではなく，すでに1993年の旧企業会計準則（基本準則48条49条）でそれまでの中国特有の総原価法は修正されている。費用と原価の区分は明確にされ，製品原価と期間原価も区分されている。さらに2000年に公布された「企業会計制度」では原価と費用について第7章99条～105条で規定し，会計科目の説明の中で詳しく記述されている。

4　このOECとは，Overall（全方位），Everyone（みんな），Everything（すべてのこと），Everyday（毎日），Control（統制），Clear（整理整頓）の頭文字を表したものである。

5　この「市場鏈」とは，企業内部に企業外部の市場競争と市場取引の関係を導入し，内部化しようとするものである。たとえば製造ライン であれば前工程の作業者を「仕入先」，後工程の作業者を「顧客」，作業内容を「商品」とみなすのである。また社内各部門間の相互関係も徹底した供給契約によって構築されるようになっている。

6　この当時ハイアールの人事管理の特徴をあらわす「賽馬不相馬」という言葉が広く用いられていた。賽馬とは競馬のことであり，ハイアールは「伯楽相馬」式人事管理から「賽馬（競馬）」式人事管理へと転換させてきたというのである。つまり人事は公平，公正の原則に従って，同郷，同族，人間関係ではなく能力・成果によって昇進・抜擢させようというのである。

7　その後，ハイアールを訪問したところ，内部用の小冊子や教材などを販売するところはなくなっており，ハイアールの映画のDVDだけが購入できた。

8　この逆ピラミッドのイメージは，張瑞敏CEOも語っている（張，2010：27)。さらに同様のことを張瑞敏CEOは日本での講演「ハイアールの経営モデルについて」の中で「正三角形から逆三角形の組織へ」でも話していた（2012年2月15日)。この講演は長く日本のハイアール社で配信されていた。

9　中欧国際工商学院（http://www.ceibs.edu/index_cn.shtml）は上海交通大学と欧州管理発展基金会と合同で設立したMBAとEMBAを中心とするビジネススクールであり，有力な企業のトップが派遣されてくるのと高額な授業料で有名な大学院である。

10　合肥市については水野（1994）参照。

11　このフィッシャー・アンド・パイケル社は，1934年創業のニュージーランド唯一の白物家電メーカーで，冷蔵庫，洗濯機などで大きなシェアを占め，技術力にも定評があった。ハイアールは2009年に同社の20％の株式を取得し，筆頭株主になっていたが，シンガポール子会社を通して93％の株式を取得した。

12　EVAについては中国の中央企業（国有資産監督管理委員会が管理する国有企業117社）において2010年1月より業績評価指標として導入されている（国务院国有资产监督管理委员会令第22号）。

13　『日経ビジネス』(2014：28－47)。

14　ハイアールはIMAとの管理会計の共同研究を推進し，IMA主催のビジネスコンテストに「ハイアール杯」を提供するなど積極的にIMAとの結びつきを強めている。

【参考文献】

馮巧根（2002）『管理会計応用与発展的典型案例研究― 一種理論与実践総合的視角―』経済科学出版社。

胡偉・劉科（2013）「中国管理会計理論研究和実務応用的発展」『財会月刊』2013年2月。

汤谷良・穆林娟・彭家钧（2010）「SBU：戦略執行与管理控制系統在中国的実践与創新」『会計研究』2010年5月。

張瑞敏（2010）『商周刊』2010年6月。

葛家澍・林志軍・劉峰（1995）「中国における会計基準と会計実践」（西村明監訳『アジア太平洋地域の会計』九州大学出版会所収）。

『日経ビジネス』(2014) 日本経済新聞社，2014年3月17日号。

水野一郎（1994）「中国内陸部の経済開発の一齣：合肥市の経済開発区や企業などを訪ねて」『華夏』（中国綜合研究中心）第2号。

―――（1996a）「中国管理会計の現状と特徴―責任会計とCVP分析を中心として―」『佐賀大学経済論集』第29巻第3･4合併号。

―――（1996b）「中国における企業会計の現状と特質」長野暹編『中国経済の構造分

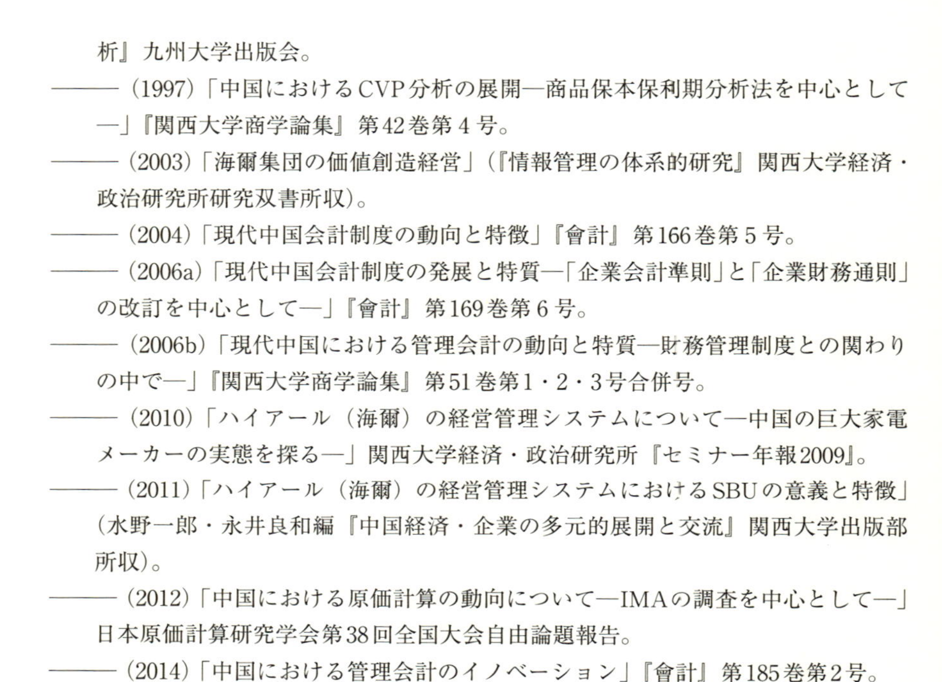

析』九州大学出版会。
―――（1997）「中国におけるCVP分析の展開―商品保本保利期分析法を中心として―」『関西大学商学論集』第42巻第4号。
―――（2003）「海爾集団の価値創造経営」（『情報管理の体系的研究』関西大学経済・政治研究所研究双書所収）。
―――（2004）「現代中国会計制度の動向と特徴」『會計』第166巻第5号。
―――（2006a）「現代中国会計制度の発展と特質―「企業会計準則」と「企業財務通則」の改訂を中心として―」『會計』第169巻第6号。
―――（2006b）「現代中国における管理会計の動向と特質―財務管理制度との関わりの中で―」『関西大学商学論集』第51巻第1・2・3号合併号。
―――（2010）「ハイアール（海爾）の経営管理システムについて―中国の巨大家電メーカーの実態を探る―」関西大学経済・政治研究所『セミナー年報2009』。
―――（2011）「ハイアール（海爾）の経営管理システムにおけるSBUの意義と特徴」（水野一郎・永井良和編『中国経済・企業の多元的展開と交流』関西大学出版部所収）。
―――（2012）「中国における原価計算の動向について―IMAの調査を中心として―」日本原価計算研究学会第38回全国大会自由論題報告。
―――（2014）「中国における管理会計のイノベーション」『會計』第185巻第2号。

第9章

生産管理の課題への臨床会計学からの接近

──経営の設計図と現場の施工図を結びつける「機会損失」──

1■ハイブリッド管理会計モデルからの示唆

生産管理論においてわが国の研究を牽引してきた藤本隆宏教授は，価値転写論に基づいて「よい設計」と「よい流れ」が強い現場を作るという基本モデルを提示している（藤本，2001，2012）。このような価値転写論の考え方は，上總康行教授（2003,2014）の提示しているハイブリッド管理会計と結びついて,「機会損失」を鍵概念とした生産管理と管理会計の新たな統合モデルの確立を予想させている。ハイブリッド管理会計の考え方からすると，「よい設計」は「原価企画」などの技法を経て売上高利益率の向上に，「よい流れ」は「トヨタ生産方式（JIT)」などの技法や「下請関係」などの組織間関係を介して総資産回転率の改善に結びつき，総合的に総資産利益率の向上をもたらす。管理会計技法が，その他のさまざまな技法や組織間関係と組み合わされハイブリッド化されることで，企業の経営効率を改善しているというのがハイブリッド管理会計の見立てである。

その際に，日本的なハイブリッド化の特徴として上總（2014）が指摘しているのが，既存の生産キャパシティや利益獲得機会が完全に活用されている理想的な状態をベンチマークとして，そこからの差分を「機会損失」として可視化している点である。そのような例としては，アメーバ経営におけるマスタープランと予実管理の関係や，トヨタ生産方式や，原価企画における目標原価と原価の作り込みの関係などに見られる。この指摘を手がかりに日本的管理会計の特徴をとらえるならば,「機会損失」の可視化を梃子として経営改善を進めることで既存資源の有効活用を図り，人員リストラなどを極力回避しつつ，共同体としての組織の維持と経済性の両立を図ろうとしているのが日本的管理会計である。

後述のように「機会損失」概念は会計学上で統一的な定義が共有されているわけではない。本章では，上總（2013）の示唆に基づき，機会損失概念の明確化を図り，機会損失と臨床会計学の課題がどのように結びつくかを検討する。本章の目的は，「機会損失」概念を明確に規定し，それが管理会計の理論と実践を結びつける臨床知の次元でどのような可能性を持つのが示すことである。

本章の構成は次のようになっている。まず，日本的ハイブリッド管理会計の鍵概念となる「機会損失」概念を，限界利益概念および機会原価概念とを結びつけて明確にする。続いて，臨床会計学の考え方を紹介し，「固有世界への弁証法的関与」「二重の身体性」「多重再帰性」といった臨床会計学の基本原理と，「機会損失」の可視化がどのように関連しているのか示すことで，「経営の設計図」と「現場の施工図」が「機会損失」概念を介して結びつくことを論じる。

2■限界利益と機会損失

2.1　経済学上の限界利益概念と会計学上の限界利益概念

近代経済学の誕生は，19世紀後半の「限界革命」にある。1870年代に W. S. Jevons，C. Menger，L. Walrasの3人の経済学者が，それぞれ別々に「限界効用理論」を基礎にした経済学の体系を築き，それ以前の古典派経済学に対して近代経済学を創始した。教科書的に説明すれば，限界効用とは，ある財をもう1単位だけよけいに消費ないし保有することにより可能になる効用の増加のことを意味する。ここから，たとえば，コーヒーへの支出をもう1,000円だけ増やした場合の効用の増加がビールへの支出を1,000円だけ減少させたときの効用の減少より大きければ，ビールへの支出を減らしてコーヒーへの支出を増加すべきであるといった意思決定をはかるうえでの基本的な考え方が導き出される。限界効用の考え方を合理的な経済人の行動原則の基礎におき，近代経済学の体系が樹立された[1]。

営利企業の「効用」は「利益」に他ならず，「限界効用」は「限界利益」として表現することができる。近代経済学の立場からすると，「効用」を「利益」と言い換えても，基本的な考え方になんら変化はない。ある財を１単位だけよけいに生産することにより可能となる利益の増加が「限界利益」である。限界の意味は，生産量を１単位増減させるという意味の限界的な変化であり，限界利益の考え方が企業による意思決定＝行動原則を理解するための基礎となる。

経済学上の限界利益＝限界的な増分売上高－限界的な増分費用

ところが，会計学における「限界利益」概念は，経済学上の限界利益概念とは似て非なる概念となっている。会計学における「限界利益」は，売上高から変動費を差し引くことで求められる。

会計学上の限界利益＝売上高－変動費

ここで，会計学上の変動費とは，売上高（操業度）の増減に応じて変動する費用のことであり，売上高の多少にかかわらず発生する費用である固定費の対概念である。会計学上の限界利益は，一見すると，経済学における限界利益の考え方を会計上の用語に置き換えただけのように理解されるかもしれない。つまり，ある財を１単位だけよけいに売ったとき，売上高が１単位生じる。そのときの変動費は，売上高１単位の増分に対応して増加する費用のことである。売上高から限界的な変動費を控除することで限界利益が計算されるという理解である。

会計的な限界利益を売上高１単位の増分に対応しているという理解は間違いではないものの，不十分である。実は，会計的な限界利益は，売上高の限界的な変化に対応しているだけでなく，限界的な会計期間の変化に対応した利益概念なのである。会計期間１単位の増加が見られた際の限界的な収益の増加額が当該会計期間の売上高であり，同じ限界的な会計期間１単位における費用の増加額が当該会計期間の変動費であり，その差額として計算されるのが会計学上の限界利益である。つまり，経済学的な限界利益が限界的な売上高について定義されているのに対して，会計学的な限界利益は**限界的な期間（時間）**について定義される。これは，売上高などが会計学上のフロー概念であり，会計期間の前後において生じた変化量，期首額と期末額の差額であることからも原理的に確認できる。

2.2 事前の意思決定と事後の評価の間にある「行動」

このような会計学上の原価利益概念の性質は，時間を捨象して意思決定問題をとらえる経済学上の限界利益概念とは異なり，時間の関数として限界利益をとらえることで，事前の意思決定と事後の成果を同じ図式の中で結びつける能力を持つ[2]。

第1図　損益分岐点図表

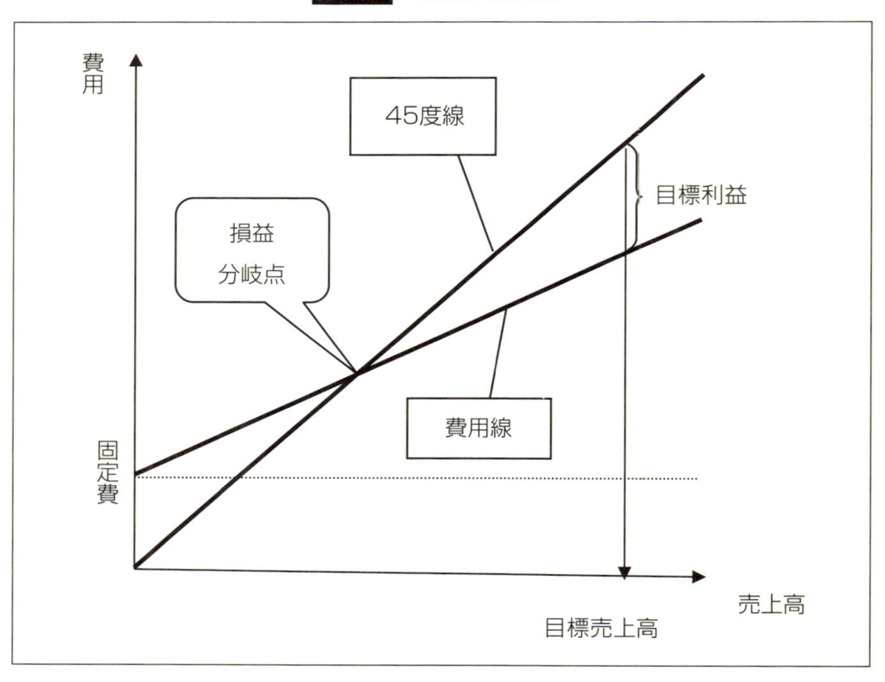

第1図は一般的な損益分岐点図表である。固定費と変動比率を所与として，損益分岐点は，売上高と費用が一致する変動費線と45度線の交点として表現されている。このような一般的な損益分岐点図表は，事前の意思決定や事後的な評価を表現するために用いることができる。第1図では，費用構造を所与と

して，目標利益を達成するために必要な目標売上高を示すという意味で，事前の意思決定を表現している。

第2図　**限界利益図表**

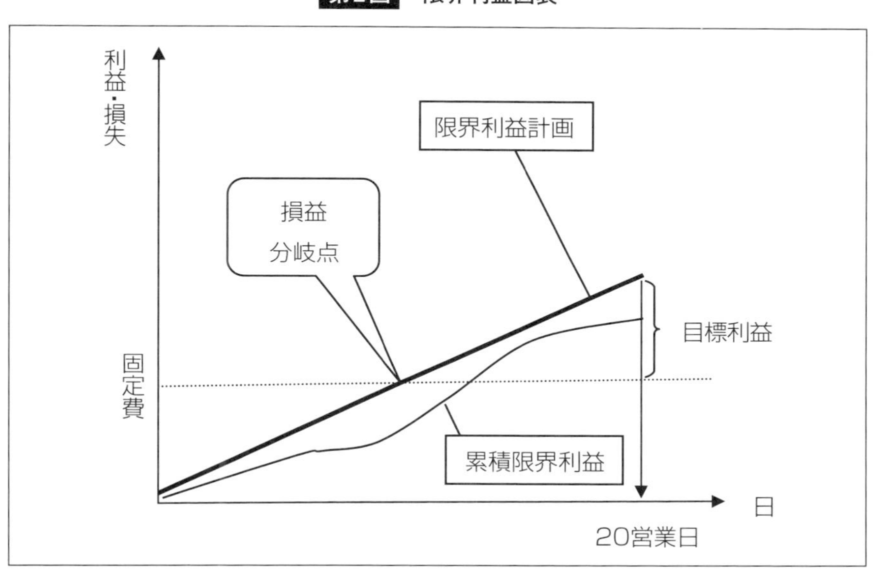

第２図は第１図と同じような状況を限界利益図表で表現したものである。ただし，横軸は売上高ではなく「営業日数」であり，限界利益線は計画である。第２図では，横軸を営業日数とすることで，利益が時間の関数として表現されている。この限界利益図表は20営業日の時点で目標利益を達成するように限界利益を獲得する計画を示している。

横軸を売上高のような金額ではなく，営業日数のような時間にすることで，営業活動などのような日々の行動によって目標利益が達成される様子を，営業日毎の限界利益を実績（累積値）としてプロットしていくことで，同一の図を用いて表現することができる。つまり，第２図のような限界利益図表は事前の意思決定を表現するとともに，その計画が現実にどのように実現されるかを表現することもできている。

第２図のような図表は営業店舗の廊下や，工業現場でごく普通に活用されて

いる。時間の関数として成果を表現し，事前の計画を示した図の中に事後の実績を示すこと（累積限界利益）で，計画を実現するのが自分たちの行動であることをこのような図は示している。

時間の関数として限界利益を表現した第２図の性質は，売上高の関数として限界利益を表現した第３図と比較することでより明確になる。

第3図　限界利益（売上高）

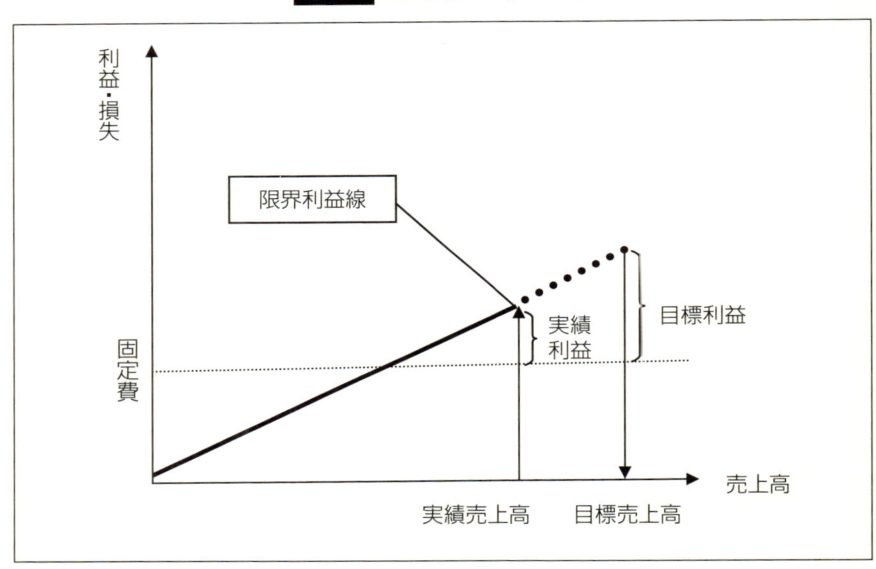

第３図では横軸に売上高がおかれ，限界利益線のうち実線で示されたものが実績値，点線部分が計画未達成部分である。第３図でも，目標利益に実績が到達しなかった理由が，売上高不足に起因していることは示されている。しかし，第３図では結果的にそうなったことが示されているのみで，時間の推移に伴ってどのようにこの結果が生じたかを継続的に示すことはできない。

第４図は第２図と基本的には同一であるが，計画上の目標利益と実績利益の差額が「機会損失」であることが明示されている。月末（20 営業日目）においていきなり「機会損失」が顕在化するのではなく，毎日の実績がプロットされた時点で，その時点での目標値（予定値）と実績値との差額として「機会損失」

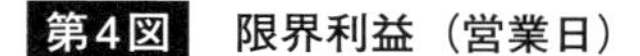

第4図　限界利益（営業日）

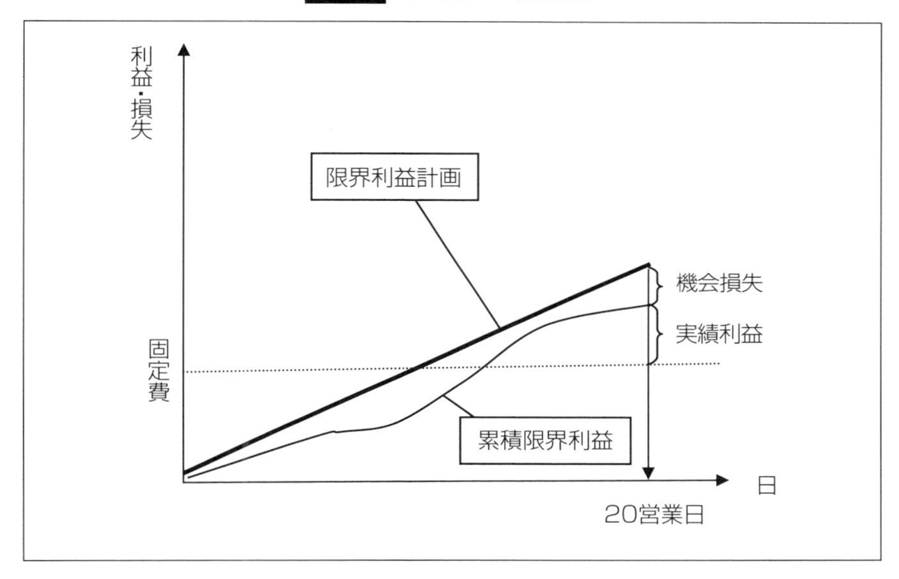

が第４図では連続的に可視化されている。このように時間の推移の中での連続的な「機会損失」の変化を可視化することができるのは，第４図では縦軸に貨幣次元を横軸に時間次元をとって平面が構成されているからである。第４図の貨幣時間平面上において，事前の意思決定と時間の推移に伴う変化が表現されるのである。第３図では，このようなことはできない。第３図と第４図の本質的な違いは，横軸が売上高（円）という次元であるか，時間（日）という次元であるかという点であり，これは，経済学上の限界利益概念が限界的な売上高の増分に伴う変化量として限界利益を定義しているのに対して，会計学上の限界利益概念が限界的な会計期間，つまり時間の限界的な増分に伴う変化量として限界利益を定義していることと対応している。

3■機会原価と機会損失

「機会損失」(opportunity loss)と近い関係にある概念が「機会原価」(opportunity cost）である。後述のように「機会損失」概念は多様に理解されているのに対して,「機会原価」概念は相対的に共通の理解が確立している。英語圏での代表的なテキストの索引を見ても,「機会損失」は見当たらないが,「機会原価」はほとんどすべてのテキストに掲載されている。

たとえば,Horngren et al.(2006:388)では,機会原価は「次善の代替的選択肢に基づいた経営資源の利用を採用しなかったため失われた営業利益への貢献」(ibid.:388),あるいは「経営資源の機会原価とは,当該資源が次善の代替的案にしたがって利用されていたならば得られたであろう額」と理解されている。同様の理解は,Atkinson et al.(2007)やMaher et al.(2004:12, 674)などにも見られる。

それに対して,「機会損失」概念は,多様に理解されており,統一的な定義が共有されているわけではない。わが国で最近刊行されたテキストを見ても,用語法は多様である。たとえば,古田ほか(2009:49)や小林(2008:118)では,機会損失を機会原価と同義として説明している[3]。他方で,昆(2000:649)などでは,機会損失と逸失利益を同義にとらえている。

実務的には,逸失利益を機会損失ととらえる後者の見方が多いようである。たとえば,香川ほか編(1995:291)では,機会損失・機会利益は「機会原価と機会収益との差」として定義されている[4]。このような実務的な「機会損失・機会利益」概念は,次のように簡明に示すことができる。

機会損失・機会利益=機会収益−機会原価 ―――――――――― (1)

ここで,機会原価とは,上述の標準的な理解と同じく,1つの案を選んだことで他の代替案を断念せざるを得ない場合に,この断念される代替案によって得られたはずの利益のことであり,機会収益とは選択した案によって得られた利益のことである。

(1)式のように定式化することで,「機会損失」と「機会原価」の関係が明確となる。(1)式において両者は密接に関連しているものの,まったく異なる概念であることが確認できる。しかし,時間の次元が捨象されている(1)式にわれわれは満足することができない。(1)式に時間の次元を組み込むことが次の課題である。

さて,前節まででは,会計学上の限界利益概念を経済学上の限界利益概念と対比することから始めて，時間の次元を明示的に表現した限界利益図表上で，事前の意思決定が示す変化量（目標利益）と事後的に実現された変化量（実現利益）との差分としての「機会損失」を表現できることを示してきた。

「機会損失」は，フィードバック・ループだけでなくフィードフォワード・ループにおける投入としても利用されると考えられるので，目標利益と実現利益との差分としてだけでなく，目標利益と予想される利益の着地点との差分としても機会損失は可視化されることがある。そこで，事前・事後が相対的であることを考慮して一般化すると，「機会損失」概念は下記のように示すことができる。

機会損失$t\text{-}n$ = 目標利益$t\text{-}m$ −（予想）実現利益$t\text{-}l$ ―――――――――― (2)

(2)式において，目標利益と（予想）実現利益は同じ会計期間tについて設定・計算される利益であり，$t\text{-}n$，$t\text{-}m$，$t\text{-}l$はそれぞれ機会損失の計算，目標利益の設定，（予想）実現利益が計算される時点である[5]。

(2)式では，lの値によって，フィードバック・コントロールとフィードフォワード・コントロールでの利用が決まる。会計期間tの実現利益は，計算時点がt以降（$l<0$）であれば実現利益として計算され，t以前（$l \geqq 0$）であれば予想実現利益として計算される。フィードバック・コントロールでは，目標値と実績値の差分がコントロール・システムに投入され，フィードフォワード・コントロールでは目標値と予想実績値がコントロール・システムへの投入となる（丸田，2005：26－27）。したがって，$l<0$のときはフィードバック・コントロール，$l \geqq 0$のときはフィードフォワード・コントロールとしての機会損失の利用を表現している。

(1)式のような「機会損失」概念のとらえ方はDemski（1969）と共通している。Demski（1969：98，100）において，機会損失（opportunity loss）は，最適な成果と実際の成果の割引現在価値との差額（the difference between the optimum and the discounted future effects of actual results）であり，企業の短期的な成功を測定する尺度であると考えられている[6]。

ここで時間は考慮されているものの，現在価値に割り引くことで，結果的に現時点のみに焦点が合わされている。それに対して（2)式は時間の推移を問題にしている。

(2)式においてn，m，lがともに0とすると形式的には（1)式と一致する。つまり，n，m，lが0の時，(1)式と（2)式ともに，同じt時点において計算され可視化された2種類の利益の差額として，機会損失は表現されている。しかし，(1)式は異なる2つの代替案から得られる利益の差額として機会損失をとらえているのに対して，(2)式は基本的には同じ案についての目標利益と（予想）実現利益の差額であるという決定的な違いがある。

このような（1)式と（2)式の性格の違いは，差額が生じる理由に求められる。前述のように，(1)式は，最善の案から得られる利益を機会収益に，次善の案から得られたであろう収益を機会原価として，その差額である機会損失を計算している。機会損失が生じるのは2つの代替的な案が異なるからである。それに対して，(2)式では，基本的に同じ案であるのにもかかわらず，差額が生じることになっている。その理由は，目標利益を設定する際に前提したさまざまな要因が，利益が実現される（あるいは現実的な実現利益の予想を行う）際には満たされていないからである。

目標利益と実現利益（やその予想）との差を生み出す要因は数限りなくあるが，代表的なものとしては市場環境，組織能力，価格政策，生産管理などが挙げられる。つまり，(2)式において機会損失が生じるのは，同じ案であってもいかなる環境において誰がどのように実行するかによって差が生じることを示しているのである。そして，「機会損失」を可視化する意味は，目標設定時点では現実には満たされていない前提条件を，事後的に実現していくよう誘導することにある。

4■臨床会計学の考え方

4.1 「管理会計の有用性」を回復する場「臨床会計学」

臨床会計学は，科学的な知識と実践的な知識を結びつける知識（Kaplan, 1986）であり，学問と現実のずれを認め学問の再構築を目指す方法（中村, 1992）である「臨床知」を，個人的な知識から社会的な知識へと展開していく「場」として構想されている（澤邉，2013)。

管理会計研究において臨床知を研究プログラム上の鍵概念として提示したのは，Kaplan（1986）である。Kaplan（1986）は，管理会計研究の有用性を回復するうえで，研究方法としてのフィールドワークの重要性を明らかにし，その中心に臨床知を位置づけた。

Kaplan（1986）が管理会計の有用性回復という問題意識から，「臨床知」を発見したように，中村（1992）は，現代の社会諸科学が現実から乖離してしまっているという問題意識から出発する。「臨床知」は，学問と現実のずれを認め，学問の再構築を目指すために提唱されている（中村，1992：3）。

中村（1992）は，Husserl（1954）の議論に依拠しつつ，現代の社会諸科学が現実から乖離してしまった根本的な原因を，自然科学を範としてしまったことにあると論じる。社会科学がそれ固有の問題領域の特徴を顧みることなく自然科学を模倣してしまったゆえに，近代自然科学の成功を基礎づけた３つの基本的性質が，社会科学においては，学問の現実からの乖離を生み出す原因になっていると中村は批判する。

ここで指摘される近代科学の３つの基本性質とは，(1)普遍性，(2)論理性，(3)客観性である。近代自然科学の３つの基本性質のうちで，(1)普遍性とは，理論の適用範囲がこのうえなく広く，例外なしにいつでもどこでも妥当することである。(2)論理性とは，主張するところがきわめて明快に首尾一貫しており，理論の構築に関しても用語のうえでも多義的な曖昧さを少しも含んでいないことである。(3)客観性とは，あることが誰でも認めざるを得ない明白な事実としてそこに存在し，その存在は個々人の感情や思いから独立していることを意味している。

これら３つの基本性質は，フッサールによれば，ガリレイが目指した自然の数学化，すなわち，多様な形態と意味を含む生活世界から，言葉の本来の意味での「客観的な世界」を作り出すことに確認できる（ibid.）。これら３つの性質は，近代自然科学の発展の基礎となると同時に，科学的営為の視野から現実世界の重要な性質を体系的に見落とす原因となった（中村，1992）。

4.2　「固有世界」「身体性を備えた行為」「事物の多義性」

近代科学の基本的な性質によって見落とされてきたのは，一般化することが容易ではない「他にはない有機的なまとまりを持った固有の世界」であり，単純明快な論理に帰着しない複雑性を持った「事物の多義性」であり，客観性を確保しがたい主体と対象の再帰的相互作用である。まず,「普遍性」は，個（別）性を捨象し，それぞれの領域独自の有機的なまとまりを視野の外におくことを研究者に求める。「論理性」は，単純明快に説明できることのみに価値を認めるあまり，「事物の多義性」や複雑性を軽視する傾向を生み出してきた。「客観性」は，主観の排除を求め，主体と客体とのダイナミックな相互作用や再帰性を考慮の枠外においてきた。このように中村（1992）は，近代自然科学の成功をもたらした性質そのものが，社会諸科学にとってとりわけ重要な生活世界の性質を学問的営為から排除することにつながったと論じている。

社会諸科学の有用性をとりもどすため，中村（1992）は，「固有世界」「事物の多義性」「身体性を備えた行為」の３つの原理を持った知識として「臨床知」を生み出していく必要性を主張する。「臨床知」は，個々の場所や時間の中で，対象の多義性を十分考慮に入れながら，それとの交流の中で事象をとらえる方法であり，それはフィールドワークの知に他ならない，と中村（1992）は言う。

4.3 「固有世界への弁証法的な関わり」「二重の身体性」「多重な再帰的関係」

澤邉（2013）では，このようなKaplan（1986）や中村（1992）の問題提起に応えるべく実施したプロジェクト（「臨床会計学ワークショップ」）から得た知見が「固有世界への弁証法的な関わり」「多重な再帰的関係」「二重の身体性」として整理されている。

「固有世界」の論理に対応した管理会計の臨床家の姿勢が「固有世界への弁証法的な関わり」方である。一般化することが容易ではない他にはない有機的なまとまりを持った固有の世界と向き合った管理会計専門家が，学問的な知識を活用するために，現実の企業や経営者の個性を尊重しながらも，その個性そのものの変革を促していくという意味で弁証法的な関わり方をしていることが示された。

管理会計専門家が企業や経営者を支援しようとするとき，学問的に正しい考え方を活用するためには，会計学の知識を教科書的に適用するのではなく，個々の会社の状況や経営者の考え方を丁寧に理解しなければならない。普遍的原理をそのまま適用するのではなく，それぞれの状況にあわせてどのように学問的知見が利用できるのか考える，まさに固有世界を理解することが管理会計専門家には求められる。

しかし，企業の状態や経営者の考え方を丁寧に理解するということは，経営者の考え方をそのまま認めることでもなければ，企業の現状を追認するということではまったくない。そうではなく，経営者に正しい考え方を持ってもらい，企業の問題意識を高めてもらうことが学問的な知識を活用するためには必要となる。つまり，経営者や企業の個性を理解しつつ，経営者の考え方や企業の姿勢をただしてもらうことが，管理会計の臨床家には求められる。これが，固有世界への弁証法的な関わりということである。

「身体性を備えた行為」に対応した管理会計の臨床家の姿は,「二重の身体性」として整理されている。固有世界への弁証法的な関わりにおいて，管理会計の臨床家は，経営者の考え方を変え組織風土を改善していかねばならない。この難題に取り組む姿勢を「二重の身体性」は示している。「二重の身体性」とは,「会社の現場という身体性」と「臨床家の身体性を伴った関与」である。

企業外部から経営者を支援する立場におかれている管理会計専門家は，経営者や幹部しか見えていない危険性がある。しかし,会社は経営者だけで成り立っているわけではない。会社として活動を支えているのは，現場の従業員である。現場の従業員を主体とする会社の身体を目覚めさせることができなければ，管理会計専門家の学問的知識は絵に描いた餅にしかすぎない。会社の身体性を目覚めさせるために必要なのが，現場に足を運ぶ管理会計専門家の熱意であり，そうして生まれる管理会計専門家の身体的な関与である。臨床会計家が現場に足を運び，現場の従業員を経営プロセスに巻き込んでいくことが，学んだ（learned）知識を実践に活かすために必要であることを示しているのが「二重の身体性」である。

「臨床知」に求められる3つめの原理が「事物の多義性」（中村，1992）である。管理会計の臨床家の間でも，それぞれの立場や考え方の違いから同一の事象の解釈が分かれることは少なくない。とくに注目すべきは，管理会計をめぐる関係者たちの考え方や行動が，複雑な相互作用を織り込んでいることである。

管理会計が管理する道具であるからこそ管理される道具にもなるという再帰

的な関係を経営者や従業員は感じている。臨床家は，その感覚を理解したうえで，経営者が管理会計を用いてしっかりした経営管理を行うよう助言し，従業員自らも管理会計を用いていい仕事をすることを支援しなければならない。臨床家は，管理的側面が表に出すぎると管理ができなくなる危険性を意識しながら指導力を発揮しなければならない。管理するためには管理してはいけないというもう１つの再帰的関係の理解が臨床家には求められているのである。

5　臨床会計学と機会損失
―「経営の設計図」と「現場の施工図」を結びつける「機会損失」

経営の役割が成果をあげることであり，そのために何をすべきかを決めて，その意思決定が事後的に正しいことを証明すべく努力することにあるならば，その出発点は目標を定め，その目標がどのように実現できるか見通しを立てることにある。そのような見通しを「経営の設計図」と呼ぶならば，(2)式における目標利益の背後には「経営の設計図」が存在している（べきである）。

現場の役割が，日々の作業を適切に実行することであるならば，決められた作業をどのように遂行すべきか指示した「現場の施工図」が重要となる。現場において，どれだけ適切に仕事ができたか（あるいはできそうか）は，(2)式における（予想）実現利益によって示されている（べきである）。ここで現場の役割がどれだけ全うできるかどうかは，担当者の能力や個性をどこまで考慮しているかも含め，「現場の施工図」の善し悪しに依存している。この意味で，(2)式における（予想）実現利益の背後には「現場の施工図」が存在している（べきである）。

このように考えるならば，「機会損失」は「経営の設計図」と「現場の施工図」とを結びつけていることになる。もちろん，経営の設計図や現場の施工図が具体的にどのようなものであり，それぞれがどのように関連しているか現実は多様であると考えられる。しかし，「機会損失」を(2)式が示しているように定義することで，同じ案について経営と現場が議論することが可能となる。「機会損失」を可視化することによって，経営者と従業員を同じ課題に立ち向かう仲間とする可能性が高まるのである。

ここに，臨床会計学の基本原理である「固有世界への弁証法的関わり」「二重の身体性」「多重な再帰的関係」と「機会損失」の可視化がどのように結びつくか考えるヒントが隠されている。「経営の設計図」や「現場の施工図」は１つ１つの会社の個性や現場の特性を反映して多様であるが，それらが弁証法的に発展していかねばならない。そのために，管理会計の学問的知識を活用しようとする専門家には，経営者だけでなく現場の従業員を巻き込むべく自ら身体性を伴って関与していくことが求められる。さらに，可視化された「機会損失」は，経営と現場の連結環となり，現場の改善だけでなく，経営能力の向上が求められるようになるといった展望が得られるのである。

本章では，日本的管理会計の特徴を「機会損失」の可視化に求めた上總（2014）の示唆に基づいて，「機会損失」概念を整理し，「機会損失」概念が臨床会計学の考え方とどのように結びつきうるのか，その一端を論じた。「機会損失」概念の検討についても，臨床会計学との関連についても，本稿で行った検討は部分的なものにとどまっている。前者については，本来ならばベームヴァベルクなどのオーストリア学派や1930年代のロンドン・スクール・オブ・エコノミクスにおける議論などがどのように会計学上の概念形成に影響したのか「機会原価」概念の学説史的検討を行わなければならない。また，古典派経済学やそれを現代によみがえらせるべく尽力したピエロ・スラッファの考え方と，本章における「機会損失」概念のとらえ方の関連についての検討も大きな課題である。ピエロ・スラッファは「ほとんどの場合，生産量を制約しているものは販売数量であった」（Sraffa，1926：543）と考え，企業の「生産量の増大を制約しているものは，新古典派が考えているような限界費用の増大ではなく，価格を引き下げるか，より多くの販売費用を費やす事なくしては，販売量を増大させることができない」状況を考察した（塩沢，2014：101）。スラッファが検討した状況は，まさに「機会損失」の可視化がはかられているような状況である。さらに，臨床会計学と機会損失概念の関連について本章では，その可能性のほんの一端が言及されたに過ぎない。これらの課題を検討することで，管理会計学と経営学や経済学の関係について理解を深めるとともに，日本的管理会計の本質理解に近づけるはずである。

【注】

1　本節の議論は，進化経済学における会計学の意義を検討した江頭ほか編著（2010）に依拠している。

2　時間の関数として会計数値を理解する見方は，別に限界利益に限られた見方というわけではなく，会計学上のフロー概念が期間変化量であることから生じる一般的な特性に基づくものである。

3　櫻井（2013：118）では，機会原価の説明の後に，機会原価を「実務では，機会費用とか機会損失ということもある」と補足説明されている。

4　同様の「機会損失」と「機会原価」の理解は，実務家の見地から管理会計を論じた高田（2004：431－443）の例示でも示されている。

5　ここでは単純化のために会計期間tと時点との違いを捨象している。

6　Demski（1967）が機会損失発生の原因を，情報の問題としてとらえているのに対して，われわれは行為主体そのものが可塑的であることを重視する。

【参考文献】

Atkinson, A. A., R. S. Kaplan, E. M. Matsumura, and S. Ma. Young（2007）*Management Accounting,* 5th eds., Pearson.

Demski, J. S.（1969）“Predictive ability of alternative performance measurement models,” *Journal of Accounting Research,* Vol.7, No.1：96－115.

Husserl, E.（1954）*Die Krisis der Europaischen Wissenschaften und die TranszendentalePhanomenologie,* Haag, Marinus Nijhoff.（細谷恒夫・木田元訳『ヨーロッパ諸学の危機と超越論的現象学』中央公論社，1974年）

Horngren, C. T., S. M. Datar & G. Foster（2006）*Cost Accounting, a managerial emphasis,* 12th ed., Peason.

Kaplan, R.（1986）“The Role for Empirical Research in Management Accounting,” *Accounting, Organizations and Society,* Vol.11, No.4－5：429－452.

Maher, M. W., C. P. Stickney & R. L. Weil（2004）*Managerial Accounting, an introduction to concepts, methods, and uses,* 8th eds., Thomson.

江頭進・澤邉紀生・橋本敬・西部忠・吉田雅明編著（2010）『進化経済学基礎』日本経済評論社。

香川保一・徳田博美・北原道貫編（1995）『新版金融実務辞典』きんざい。

上總康行（2003）「日本的経営にビルトインされた管理会計技法―ハイブリッド型日本的管理会計―」『企業会計』第55巻第4号。
―――（2014）「日本的経営と機会損失の管理―アメーバ経営とトヨタ生産方式の同質性―」『企業会計』第66巻第２号：14－26。
小林啓孝（2008）『エキサイティング管理会計』中央経済社。
昆誠一（2000）「機会損失」日本管理会計学会編『管理会計学大辞典』中央経済社。
櫻井道晴（2012）『管理会計（第五版）』，同文舘。
澤邉紀生（2013）「臨床会計学の構想」『原価計算研究』第37巻第１号：16－28。
塩沢由典（2014）「価値と数量の二重調整過程」塩沢由典・有賀祐二編著『経済学を再建する―進化経済学と古典派価値論―』：75－118。
高田直芳（2004）『ほんとうにわかる管理会計＆戦略会計』PHP研究所。
谷武幸（2013）『エッセンシャル管理会計（第３版）』中央経済社。
中村雄二郎（1992）『臨床の知とはなにか』岩波書店。
藤本隆宏（2001）『生産マネジメント入門（I）（II）』日本経済新聞社。
―――（2012）『競争力構築のための原価計算試論―設計情報転写論に基づく全部直接原価計算の可能性―』MMRC Discussion Paper Series, No.410。
古田清和・中西富紀子・山田善紀（2009）『基礎からわかる管理会計の実務』商事法務。
丸田起大（2005）『フィードフォワード・コントロールと管理会計』同文舘。

第10章

テキストマイニング技術を応用した工場診断

1■工場管理と工場診断

製造業において工場管理は重要であり，その内容は生産管理・技術管理・原価管理・品質管理・在庫管理・販売管理など多岐にわたる。一般に，目次，月次での継続的な内部管理だけでなく，定期あるいは不定期に第三者による診断・評価を受けて工場の改善・改革に取り組むことも有効である。このような第三者による評価は，従来から「工場診断」という呼称で行われてきた。

とくに中小・中堅企業では，社内では気づいていない問題点を抽出し，改善の方向付けをするために中小企業診断士などによる工場診断が利用される。社内の幹部やスタッフでは気づいていない問題点を抽出し改善の方向づけができれば，効果的な改善活動を実施する動機づけとなる。

工場診断では，さまざまな評価のために会計数値や在庫量などというように明確に数値化できるものが多用されるが，多くの文書に含まれる文字情報も重要である。そのような文字情報を客観的に分析，評価しようとする研究が数多く報告されている。とくに自然言語処理の中でテキストマイニングは，VOC（Voice of Customer）分析でも実用化され注目されている。テキストマイニングでは，通常の文章からなるテキストデータを単語や文節で区切り，それらの出現の頻度や共出現の相関，出現傾向，時系列などを解析することで有用な情報を取り出す（たとえば，石井，2002）。

今までに，テキストマイニングを用いた企業評価分析（白田ほか，2009）や有価証券報告書のテキストマイニング（喜田，2006），経営理念と企業パフォーマンスについてのテキストマイニングを用いた実証研究（小田・三橋，2010），テキストマイニングを用いた知的資産の分析に関する研究（長坂ほか，2002；長坂，2006）等が報告されている。

本章では，工場診断の一環として，工場視察時の意見ラベルを電子化，テキストマイニング技術を応用し，より客観的な工場経営の分析，診断を行う方法について説明する。これは，長年（約20年間）に渡り，工場視察およびヒアリングを繰り返し，カード・ラベル方式で視察参加者の意見を整理することで，実際の生産システムのユニーク性，問題点を抽出，分析してきた活動に依拠するものである[1]。すなわち，複数の専門家が工場を視察した後，各自の意見を出し合い，それを整理，分析するという方法による（長坂ほか，2004）。

2■工場診断とは

1930年代に工場診断制度が設立され（平井，1933），その後，工場診断の実態についての調査研究が精力的に行われてきた（たとえば，森川，1949）。また，工場診断と会計との関わりについての議論が行われる一方で（たとえば，油谷，1950），その方法論については多くの改善が行われてきた。工場診断に関する著書（江木，1959；並木，1988）から，各時代の方法論の特徴を知ることができる。

さらに，人材育成の重要性が工場診断でも大きく取り上げられ（大和田，1996），IT（情報技術）の発展にともない工場診断方法も変化してきた（宮野正克，2002）。その後，企業の社会的責任（CSR），リスクマネジメントと工場診断の関わりも注目され（石島，2005），工場の徹底した可視化が推奨されるに至り（田村・小島，2007），いくつかの診断システムも提唱されている（Dengel et. al., 2008）。

現在の工場診断では，一般に，①財務原価構造分析（資料調査），②分野特性・製品特性の把握，③経営管理状況の分析（ヒアリング），④生産現場診断，⑤機能別診断等が行われる。また，①生産戦略（製品・技術・人材・設備），②5S（整理・整頓・清掃・清潔・躾），③工場レイアウト（設備レイアウトとライン編成），④作業の効率性（作業のムダとり・標準化），⑤モノの流し方（工程管理・現品管理・物流管理），⑥品質管理（品質基準・工程品質）のような項目について，現場主義を基本として調査分析を行い，定量的に評価することも行われる[2]。

一方，特定分野で最高レベルの業績をあげている企業のプロセスからベストプラクティス（最高の実践方法）を探り，その状態に近づけるように改善・改革を進める経営管理手法としてベンチマーキングがある（Horngren et. al., 1994)。工場をベンチマークすることで，ベストプラクティスを探究し，他社や他部門を参考にすれば，これまで気づかなかった新しい方法を取り入れることができる（秋葉ほか，1992)。ベンチマーキングでは，ベンチマーク（指標）を数値化し定量的に評価する。この手法はコストマネジメント（飯塚，1996）や総合的品質経営（TQM）への適用（圓川，1998）の他，企業効率性の評価（植村，1998）や卓越企業の比較研究（西川，1999）に適用されるようになった。

優れた経営システムを有する企業を表彰する1987年に創設されたマルコム・ボルドリッジ（MB）賞（米国国家経営品質賞），このMB賞を基に1995年に創設された日本経営品質賞は，互いに国家的競争力の向上を目的とした企業ベンチマーキングであるともいえる（八木，2008)。米国生産性品質センター（American Productivity and Quality Center）は，1992年に，業務プロセス改善のためにベンチマーキングツールとして業界を超えて使用できる汎用的なモデルとしてAPQCビジネスプロセスモデル（APQC Process Classification Framework）を公表した。これは，標準的な業務プロセス分類のフレームワークで，業務プロセスのベストプラクティスを調査し，ベンチマーキングするための基準として定義されたもので，アメリカのMB賞のプロセス評価基準ともなっている。また，日本の経営品質賞選考時のプロセス評価基準や，ITCプロセスの経営戦略策定フェイズのリファレンスモデルとしても利用されている。

卸売業・小売業に対しては，1998年に通商産業省が，流通システムの効率化進展度合いを客観的に評価する手法（ECRスコアカード）を開発し，日本GCI推進協議会/スコアカードWGで普及がはかられてきた。また，日本ロジスティクスシステム協会（JILS）と浜崎章洋らは，SCM／ロジスティクス業界の企業についてオペレーションレベルで4つの大項目，22の中項目で評価する自己診断「SCMロジスティクス・スコアカード（LSC)」を開示している。5段階レベル表現により回答が容易で，蓄積されている約250社のデータに対してベンチマーキングが簡単に行え，回答に掛かる時間は20～30分程度と短いという特徴を持つ（浜崎ほか，2004）。

工場診断のように工場の状態を数値で把握することは，具体的に悪い部分をより明確に把握できる。さらに，ベンチマーク（指標）に目標値を設定し，計測を続けることによって具体的な改善の進捗状況，効果を把握できる。数値評価は判断に客観性を持たせ，従業員に具体的な目標を与えることにもなる。自工場の強みと弱みを分析して，迅速に強みを増幅し，弱みを克服することへ向かうことにもつながる。

3■工場診断での評価指標

工場診断での評価指標はいろいろ提案されているが，本章では，関西ＩＥ協会の「戦略的統合生産システム（SIGMA）研究会」のツール改編作業部会で開発された意見ラベルを評価，分類，整理するための評価テンプレート（SiGMA^2-LISTと呼ぶ）を紹介する（関西経営システム協会，2003）。

この評価テンプレート（SiGMA^2-LIST）は**第１表**に示すように，大きく次の６つの評価項目を持つ。つまり，①製品・市場の戦略的決定と中核能力で顧客をつかむ（L100シリーズ），②業務プロセス毎にQCDE（品質・コスト・納期・環境）面の対応能力を備える（L200シリーズ），③組織の最適選択と密連携による競争優位なバリューチェーンを構成する（L300シリーズ），④情報技術を活用して競争力・適応力を向上する（L400シリーズ），⑤現場に立脚した組織的改善活動と定石を活用する（L500シリーズ），⑥風通しがよくやる気があって知を生み出し育てる組織風土（L600シリーズ）という6つの大分類で26の中分類，83の小分類からなる。Ｌはリスト（List）の頭文字であり，３桁のコードで分類している。

たとえば，「②業務プロセス毎にQCDE面の対応能力を備える」という大分類の評価項目の中には，４つの中分類視点があり，さらにそれぞれ３分類の小分類視点（12分類）が存在する。これらには，L200，L210，L211などのコード（１桁目：大分類視点，２桁目：中分類視点，３桁目：小分類視点）を付与し，コードで識別できるようにしている。この評価テンプレートは，研究会における過去の工場視察で実際に出た意見ラベル（858枚）をカテゴライズし，体系化し

第1表　**工場評価テンプレート（SiGMA2-LIST）抜粋**

コード	項目	分類数
L100	製品・市場の戦略的決定と中核能力で顧客をつかむ	
L110	経営理念	中分類10 小分類27
	L111　経営理念が明確ですか？	
L120	ビジョンの策定	
	L121　ビジョンがありますか？	
	L122　共通の価値観は明確ですか？	
L200	業務プロセス毎にＱＣＤＥ面の対応能力を備える	
L210	品質面の対応能力	中分類4 小分類12
	L211　品質に対して戦略の展開をしていますか？	
	L212　品質の管理方式を確立していますか？	
L220	原価面の対応能力	
	L221　原価に対する戦略の展開をしていますか？	
	L222　原価を低減する業務プロセスが確立していますか？	
L300	組織構造の最適選択と部門間／企業間の密接な連携による競争優位を構築する	
L310	製品開発/技術開発とサプライチェーンとの連携	中分類2 小分類13
	L311　製品開発/技術開発に対する戦略の展開をしていますか？	
	L312　製品開発の管理方式を確立していますか？	
L320	サプライチェーンの確立	
	L321　サプライチェーン管理に対する戦略の展開をしていますか？	
	L322　サプライチェーンの管理方式を確立していますか？	
L400	情報技術を活用して競争力・適応力を向上する	
L410	情報化戦略	中分類3 小分類7
	L411　情報化戦略がしっかり立案できていますか？	
L420	情報技術の活用	
	L421　データ格納・参照の形態で情報技術を活用していますか？	
L500	現場に立脚した組織的改善活動と定石を活用する	
L510	生産定石活用	中分類3 小分類12
	L511　リードタイム短縮を推進していますか？	
L520	全社的改善活動	
	L521　改善推進・体制が明確にされていますか？	
L600	風通しがよくやる気があって知を生み出し育てる組織風土	
L610	変革能力を生み出す組織風土	中分類4 小分類12
	L611 作業者への動機付けを行っていますか？	
L620	労働力確保の柔軟性	
	L621　必要な労働力が確保できていますか？	

て作成されたものである。

工場見学の後，各自が記入した意見ラベルに対して，評価テンプレート（SiGMA2-LIST）を照らし合わせ，該当する評価項目の分類コードを追加記入する。その後，意見ラベルを大分類①～⑥に分ける。さらに，参加メンバーは６つのグループに分かれ，討議を通じて，いわゆる親和図法を用いて層別分類を行う。そこで集約された意見は，視察工場の特徴を浮き彫りにするもので，発表会を通じてメンバーがその特徴について再吟味することが可能となっている。

評価テンプレートは，以下のような考えに基づいている。すなわち，企業において，経営環境を考慮しながら，マーケットを絞り込み，明確なビジョンの基に経営戦略が提示されるべきである。また，企業の基礎となるのは，人材・技術などの基礎体力，固有技術，競争力・適応力，定石・手法であり，その上に積み上がった中核能力を生かす形で開発から保守までのバリューチェーンが構成される。そのバリューチェーンの機能が十分であれば，創出価値が増大し，財務指標にその結果が現れる。

工場診断にあたり，適切な評価プレート（分類コード付）を用意しておくことが重要である。

4■工場視察時の意見ラベル分析

テキストマイニングを用いて，工場視察時の意見ラベルを分析する方法を以下に紹介する。この方法では，工場視察を行った複数人（生産技術や工場管理等に携わる専門家10～30人程度）の意見を整理することで工場評価を行う。

4.1　工場視察意見ラベルの分析手順

工場視察意見ラベルの分析手順は以下のように要約される。

まず，評価テンプレートを確認し，工場を視察する。工場視察後に，意見ラベルとして，青ラベル（素晴らしい，よいと感じたこと）を10枚程度，赤ラベル（改善すべきである，問題があると思われること）を10枚程度記入する。さらに，意見ラベルに記入後，記入した本人が評価テンプレートの分類でもっとも合致

第1図　テキストマイニングによる工場視察意見ラベル分析

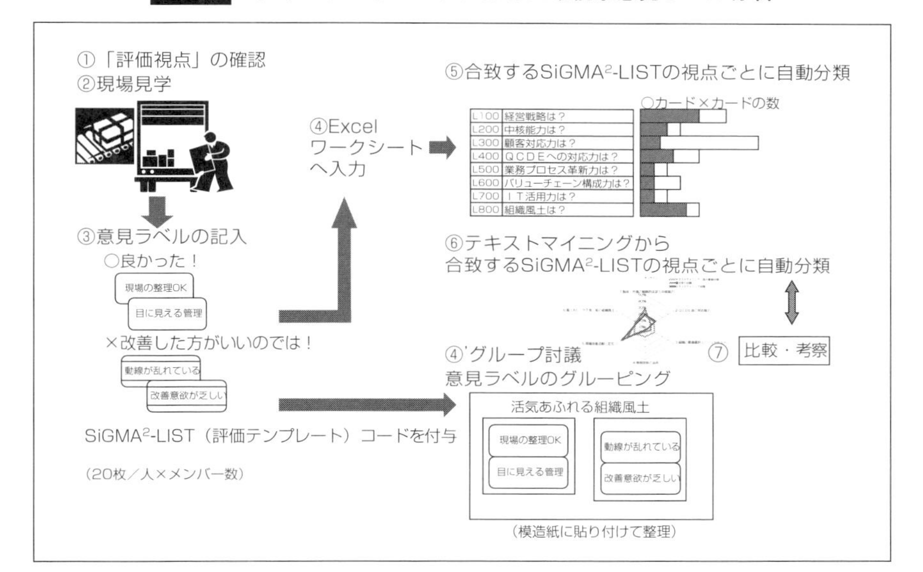

する評価項目分類コードを付与しておく。

その後のグループ討議では，評価テンプレートの大分類に沿い6つのグループに分かれる。すでに大分類（①～⑥）が行われた意見ラベルが各グループに集められ，各グループが自由に討議する。すなわち，親和図法を用いて，意見ラベルを模造紙上にグルーピングしながら分析を進め，第2図のような島づくりと表題づくりを行う。

一方で，意見ラベルを電子データに変換する（第1図④，第3図のExcelシートに入力）。ここで，模造紙にまとめられた親和図の島番号と評価テンプレートの分類コードを同時に入力しておく。また，青ラベル（g）か赤レベルか（s）かの識別子も入力しておく[3]。

さらに，第1図の⑤，⑥にあるようにテキストマイニング技術を用い，評価テンプレートにそって自動的に意見ラベルを分類する。そのために，第3図で入力されたすべての意見ラベルについて，評価テンプレートの分類コード（第1表）毎に合致するものを抽出して並べ替えるマクロ・プログラムやグラフに表示するスプレッドシートを開発している。

第2図　グループ討議による意見ラベルのまとめ（親和図法）

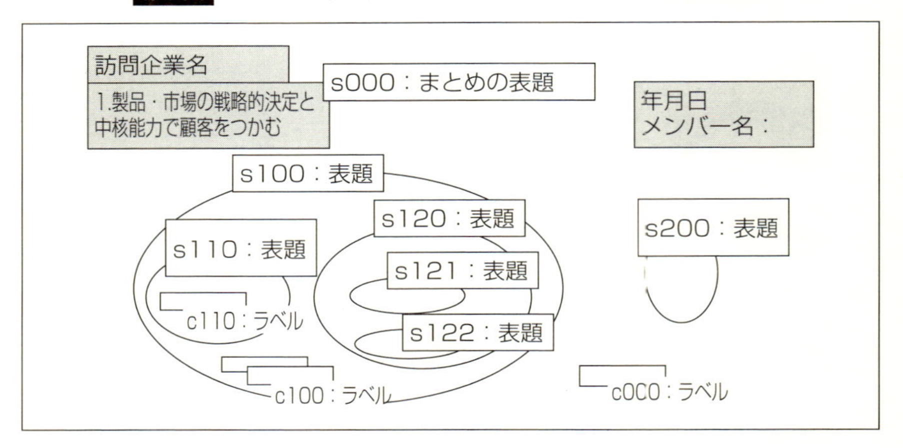

第3図　意見ラベル入力のためのスプレッドシート

年月日	訪問先	討議まとめ 種別	大	中	小	ラベルの内容	SiGMAコード 分類	大項目	中項目	評価区分
20020904	シグマ電装	s	0	0	0	まとめ全体についての表題	1	0	0	g
20020905	シグマ電装	s	1	0	0	Shop制による生産性一貫体制	1	0	0	g
20020905	シグマ電装	c	1	1	0	改善についてはNOと言えない体制づくりをやっている事に感動した。	1	2	1	s
20020905	シグマ電装	c	1	2	1	現場の作業者が，設備に愛着を持っている事がうかがえる。	1	3	0	?
20020905	シグマ電装	c	1	1	0	掲示物は，目標指標がきちんと明示されている。	1	2	2	g
20020905	シグマ電装	c	2	1	0	環境問題にいち早く対応している。	1	1	0	s
20020905	シグマ電装	c	2	0	0	社長の事例発表が，社長のやる気や自信がうかがえた。	1	2	0	s
20020905	シグマ電装									
20020905	シグマ電装									
20020905	シグマ電装									
20020905	シグマ電装									
20020905	シグマ電装									
20020905	シグマ電装									

SiGMAのコード番号

島番号

good＝青ラベル
suggestion＝赤ラベル
?＝どちらでもない

ラベル種別：s＝島の表題であることを示す
c＝各自が書いたラベルであることを示す

第4図　評価項目に対する縦棒グラフによる意見ラベルの分布表示（例）

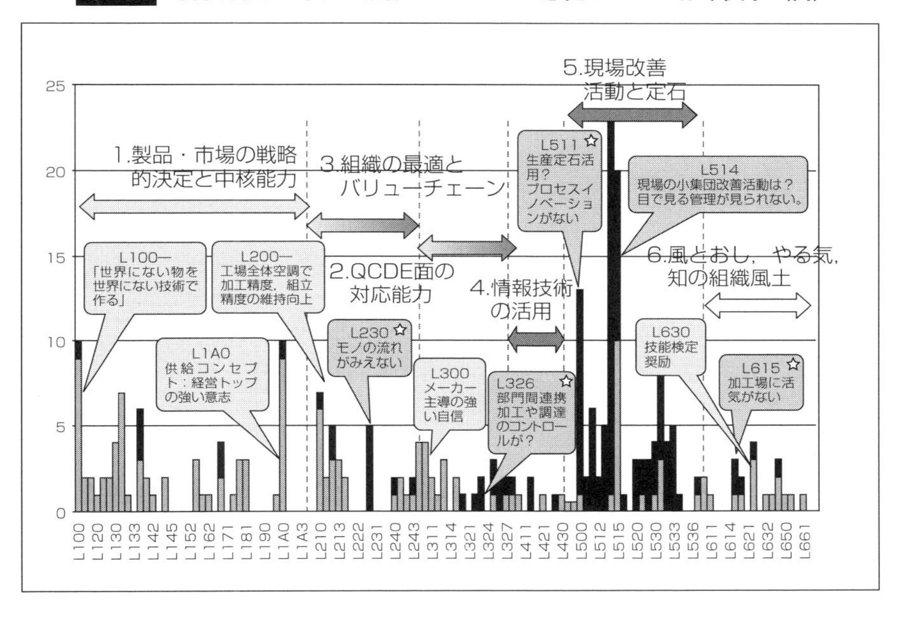

第5図　レーダーチャートによる意見ラベルの分布表示（例）

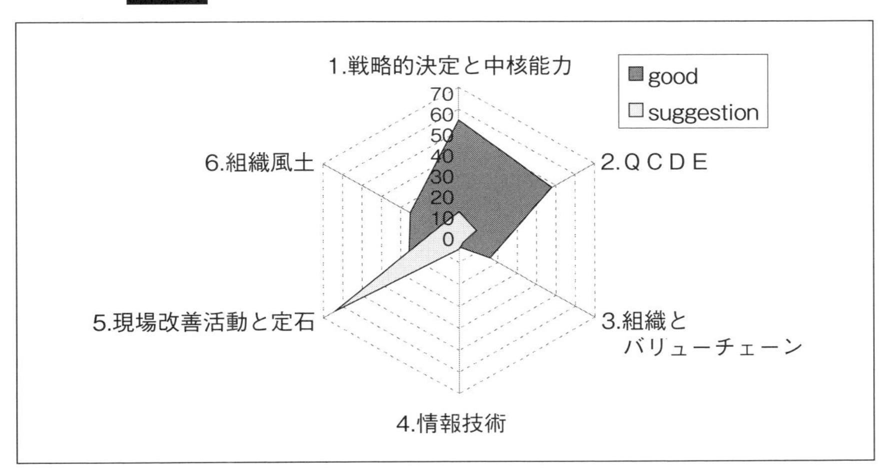

テキストマイニングによる意見ラベルの分類方法として，第4図のように横軸に評価テンプレートの分類，縦軸にラベル数をとり，青（good）ラベル数と赤（suggestion）ラベル数を2色に色分けして縦棒グラフで表示する。どの評価項目に意見ラベルが多かったか，あるいは，赤ラベルが多いか等が一目でわかる（第4図では、青ラベルは濃い色、赤ラベルは薄い色で示されている）。

また，第5図のように，6つの大分類の評価項目に対して，青（good）ラベル数と赤（suggestion）ラベル数をレーダーチャートに表すことで意見の分布を視覚的にとらえ，他工場の結果と比較することができる。

最後に，グループ討議による直感と感性による評価および分析とテキストマイニングによる客観的なデータ分析（数値による評価）を比較，考察する。ベンチマーキングにより，問題発見を行い，問題解決のための考察を行う。

4.2　テキストマイニング方法

テキストマイニングは自然言語処理技術の1つで，蓄積した言葉（単語・関連語・類似語等の関連性など）によって自然言語で書かれた文の意味的類似性や関連性を判断できる。本章で用いたテキストマイニング・システムの概要を第6図に示す。ここで用いたシステムは，知識データベース作成機能，文書関連度解析機能，知識マップ作成機能，関連度評価結果ビジュアル化機能を備えている（クオリカ(株)，VextSearch)。

文書データから必要な情報を検索するための情報検索技術の1つとして統計的手法を利用した概念抽出があり，そこでは各文書がベクトル化される。もっとも基本的なベクトル化方法は文書内に出現する単語の出現頻度を基に行うものであるが，その場合はすべての文書に出現する単語すべての数という高い次元（たとえば10万次元）を持つベクトルになりデータ量が膨大になる。しかし，1つの文書データに存在する単語の数は文書データ全体の単語数に比べると非常に少なく，文書ベクトルは要素に0（ゼロ）の多いベクトルになる。このため，単語の意味や共起関係などの情報を用いるなどのベクトル空間の構造を利用してベクトルの次元を圧縮する研究が数多く行われてきた。代表的な潜在的意味抽出法（Latent Semantic Indexing method，LSI法）は，特異値分解を用いて用語と文書間の関係行列を直交行列に分解し，行列の次元数を減らすことにより，共起性の高い語を1つに縮退する方法である（森辰ほか，2001）。第7図に示すように，この方法をもとに知識データベース作成および文書関連度解析を行った（長坂ほか，2002）。

第6図　テキストマイニング・システムの概要

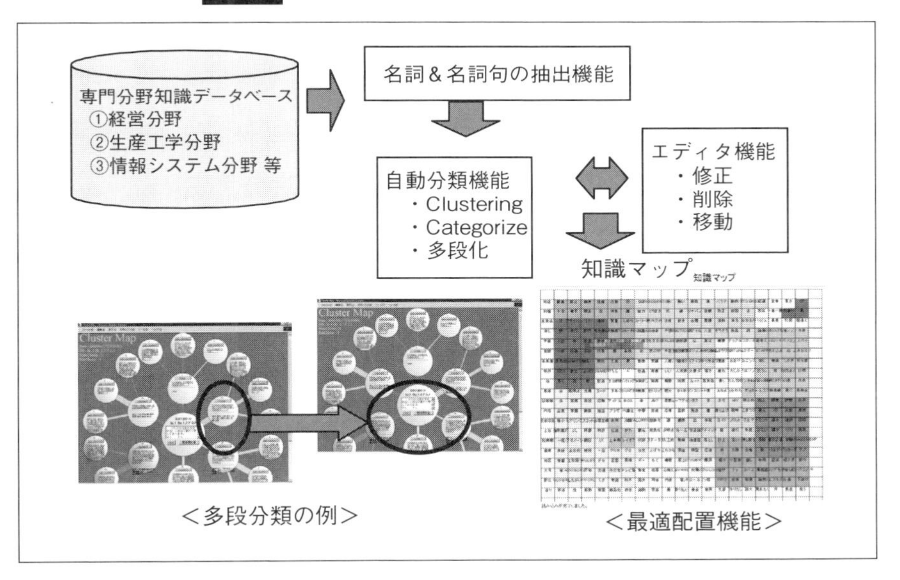

第7図　概念検索の手順

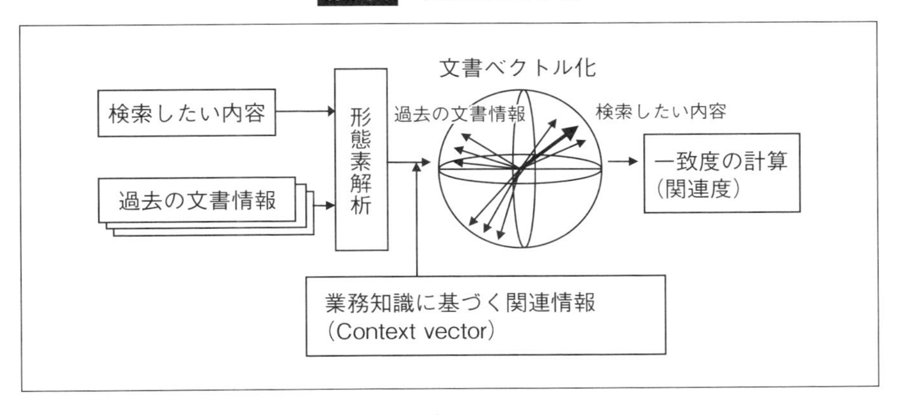

第8図　文書の２軸分析例

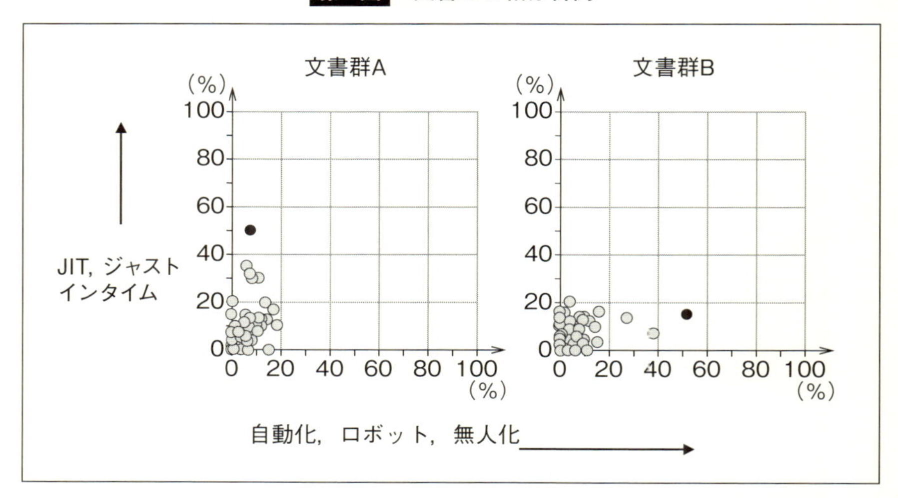

第８図には，複数の文書が含まれた文書群について，縦軸と横軸に独立した意味の問いかけ文書を配置し，関連度を分析した例を示す。文書群Ａでは縦軸のジャストインタイムに関連した文書が多く存在し，文書群Ｂでは横軸の自動化についての文書が多いことがわかる。

従来，多くの事例やコメント，メモの中にどのような内容が含まれているかは読まなければわからなかった。本技術を用いれば文書の類似度を数値化したり可視化したりすることで，瞬時にスクリーニングすることが可能であり，欲しい文書を検索できる確率が増す。

この技術を用いれば，キーワード検索のように質問語句の有無を検出するのではなく，関連のある単語であることを判断できるために文書の主旨に沿った検索・分類が可能となる。つまり，工場視察の意見ラベルの評価・分類をこのテキストマイニング技術で行うことができる。

4.3　テキストマイニングによる意見ラベルの分類

テキストマイニングで意見ラベルを分類する方法として，あらかじめ大分類評価項目L100 ～ L600について，それぞれを説明する文書と過去の意見ラベルでその評価項目の内容によく一致しているものを学習しておく。そのうえで，分類した意見ラベルを判定すると第9図のように，L100～L600のそれぞれの意味にどの程度合致しているかを点数で表すことができる。同時にその意見ラベルのどの部分が合致したのかグラフ表示される。第9図の例では，L100にもっとも合致している（50点）ので，このラベルは大分類1に属すると判定することになる。

第9図　テキストマイニングによる意見ラベルの判定

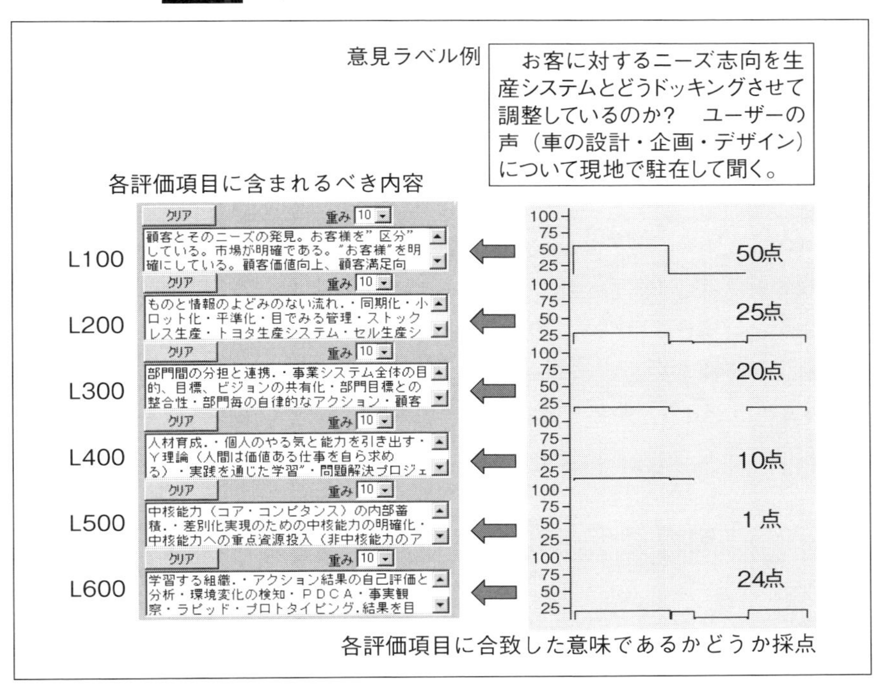

1つの工場を視察したすべての意見ラベル266枚の分類を行い，書き手の分類と比較した。大分類に属する意見ラベルの数の分布をレーダーチャートに示したのが第10図である。書き手およびテキストマイニングの分類は，ほぼ同じような分布度合いを示していることがわかる。書き手の分類には主観が入っているが，テキストマイニングは学習した文書に基づく客観的な判定となっている。どちらの判定にも意味がある。書き手の主観的判断と意味検索エンジン

第10図　テキストマイニングと書き手の分類の違い（総数266枚）

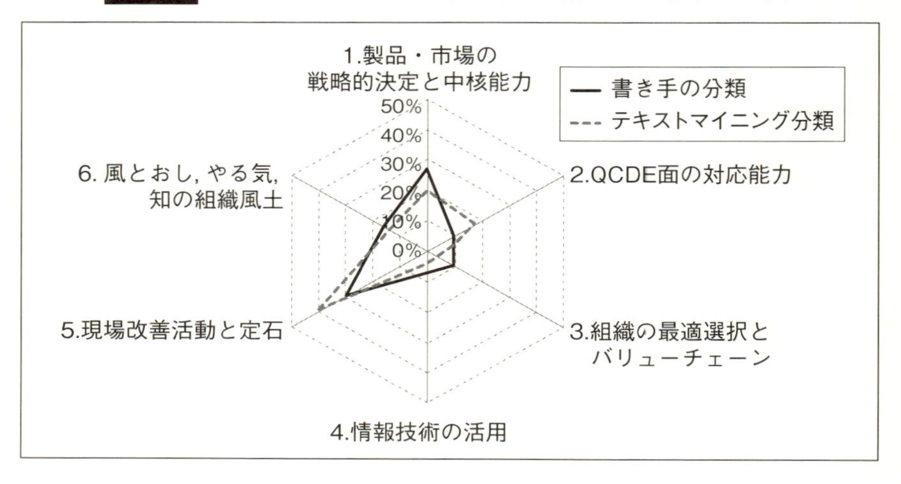

の客観的判断は必ずしも一致するものではないと考えられる。もし書き手の分類情報がない場合には，多くの意見ラベルを知見のある人が分類しなければならず膨大な時間が掛かる。テキストマイニングによる分類は客観的（一定の尺度での分類）であり，数秒で実施できるため少なくとも一次スクリーニングとして利用できる。

5■意見ラベルを用いた工場評価の事例

実際に工場を視察し（20～30人程度の生産技術専門家による），意見ラベルを記入した結果を分析した例を以下に要約する。ここでの目的は意見ラベルおよびテキストマイニングを用いた工場評価の応用可能性を探求することであり，現在または当時の各企業各工場の状態を考察することではないこと，また，ここでの評価がその当時の工場の状態を網羅的にとらえたものではないことから，実際に訪問した工場名は匿名としている。本手法の検証のための事例データとして示すものであり，それぞれの企業の工場を代表する評価結果を示すものではないことに注意されたい。

5.1　テキストマイニングによる評価

８つの工場視察（SIGMA研究会，2000～2001年）を行った際の意見ラベルについて，SIGMA^2-LISTに準ずる７つの評価視点の大分類を以下のように用意し，評価した例を紹介する。

分類1：顧客第一主義をとり，顧客ニーズの発見に注力している。市場が明確である。市場調査を継続し，ニーズをとらえている。

分類2：顧客への価値提案がしっかりしている。どのような価値を売るかのコンセプトが明確である。競合他社との差別化が明確にされている。

分類3：ものと情報のよどみのない流れ。・同期化・小ロット化・平準化・目でみる管理・ストックレス生産・トヨタ生産システム・セル生産システム・情報技術の活用が機能している。工程間で同期化・平準化のしくみが機能している。必要な情報がタイムリーに伝達されている。異常が目で見てわかる。

分類4：部門間の分担と連携。・事業システム全体の目的，目標，ビジョンの共有化・部門目標との整合性・部門毎の自律的なアクション・顧客視点の凝縮課題・方針管理。事業全体の目的，目標がわかりやすい形で表現され，周知徹底している。全体目標が各部門の目標に整合性をもって展開されている。各部門が自律的に動きながらも，他部門との連携がとれている。

分類5：人材育成に積極的である。個人のやる気と能力を引き出す仕組みがある。実践を通じた学習の取り組みがある。

分類6：中核能力（コア・コンピタンス）の内部蓄積がある。差別化実現のための中核能力の明確化・中核能力への重点的に資源投入している。

分類7：学習する組織が機能している。アクション結果の自己評価と分析・環境変化の検知・PDCA・結果を目標／基準と対比して自己評価し，次のアクションを修正している。

第２表に各工場視察時の意見ラベルについて評価した結果を示す。前節によるテキストマイニングにより，評価視点分類１～７について，それぞれの内容と意味が一致する意見ラベルはその分類で点数が高くなるという評価手法を使い，その評価視点にどの程度意見ラベルが反応したかという点数を示している。

つまり，その分類での点数が高いということは，その工場の意見ラベルにその視点について評価する意見が多かったということである。第11図には各工場の各評価視点に対する意見ラベルの反応点数をレーダーチャートに表した。各工場で違いがあることがわかる。SONYではものと情報の流れ，住友電装および山武では部門間の分担と連携についての意見ラベルが多かったことが定量的に判断できる。レーダーチャートの膨らみから，各視点でバランスよく意見ラベルが出されているかどうかが判断できる。

以上のようにテキストマイニングによって各社での意見を比較することで工場の特質の違いを浮き彫りにできる。

第2表　各評価項目の内容と意見ラベルが一致した度合い

顧客とニーズ		顧客への価値提案		ものと情報の流れ		部門間の分担と連携		人材育成		中核能力		学習する組織	
山武	19.3	SONY	18.4	SONY	22.9	住友電装	21.9	住友電装	16.7	山武	16.6	トヨタ	18.4
SONY	18.9	トヨタ	17.5	山武	20.3	山武	19.7	トヨタ	16.0	トヨタ	16.3	住友電装	18.2
トヨタ	18.8	山武	16.8	トヨタ	19.4	トヨタ	19.0	オムロン	15.9	SONY	15.7	山武	17.6
デンソー	17.9	オムロン	16.0	オムロン	18.7	東海ゴム	18.4	SONY	15.9	デンソー	14.7	東海ゴム	16.3
TOTO	17.6	デンソー	16.0	住友電装	18.1	SONY	18.0	東海ゴム	14.9	住友電装	14.7	SONY	15.8
オムロン	17.2	TOTO	15.9	TOTO	17.7	デンソー	17.4	デンソー	14.8	TOTO	14.1	オムロン	15.6
住友電装	16.0	住友電装	15.3	デンソー	17.4	オムロン	17.0	山武	14.6	東海ゴム	13.8	デンソー	15.2
東海ゴム	15.9	東海ゴム	14.5	東海ゴム	15.5	TOTO	15.5	TOTO	13.5	オムロン	13.8	TOTO	14.3

5.2　評価テンプレートによる分類

意見ラベルに対して，書き手自身が評価テンプレート（SiGMA2-LIST）の分類コードを書き込み（それを電子化して），Excelのマクロ・プログラムで自動分類する方法（第3図～第5図）で，工場の特質をどのように把握できるのか検討した例を以下に示す（2002～2010年，SIGMA研究会で訪問した工場（匿名）についての分析結果である）。

レーダーチャートでの分析例を第12図～第15図に示す。評価テンプレート（SiGMA2-LIST）の６つの大分類に従い，工場視察後の意見ラベルの分布を青

第11図　８工場の意見ラベルの分布

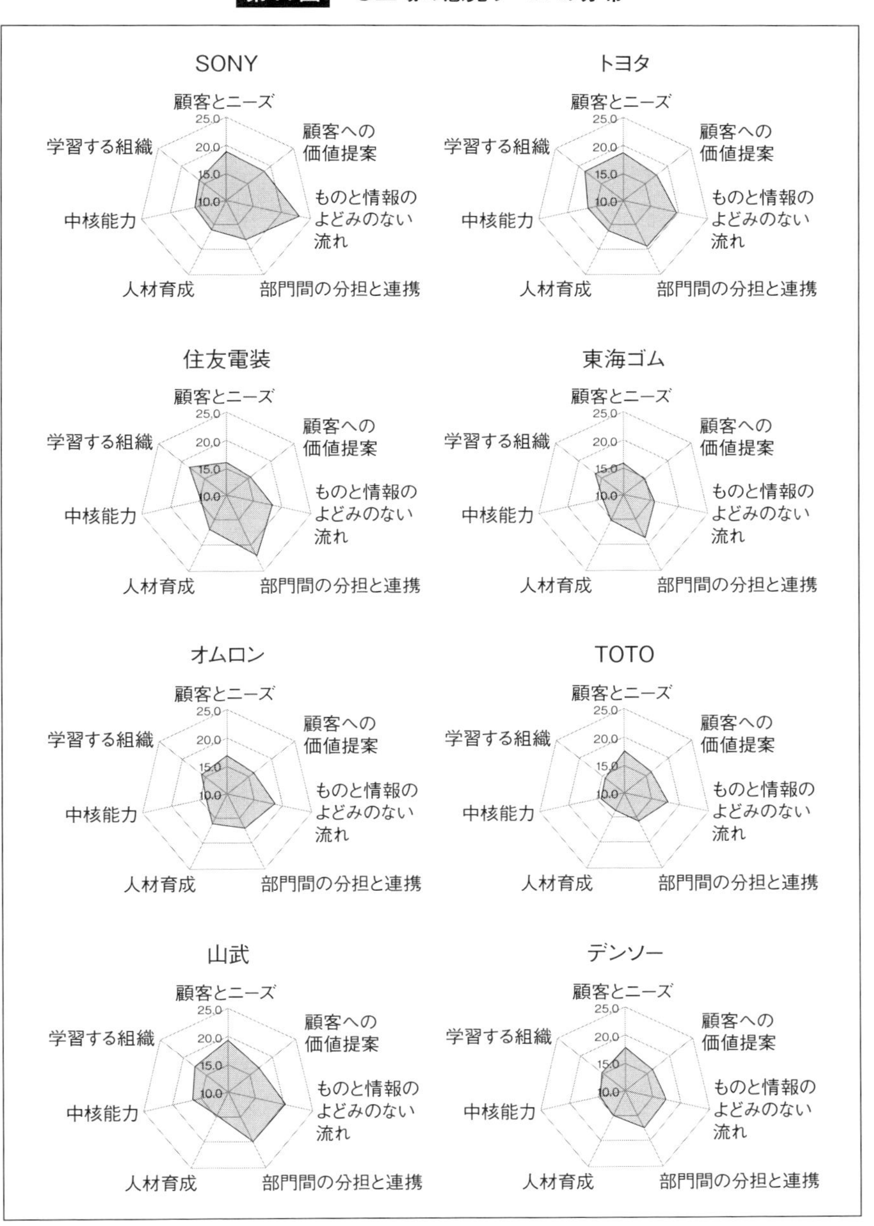

第12図　①現場改善力充実型

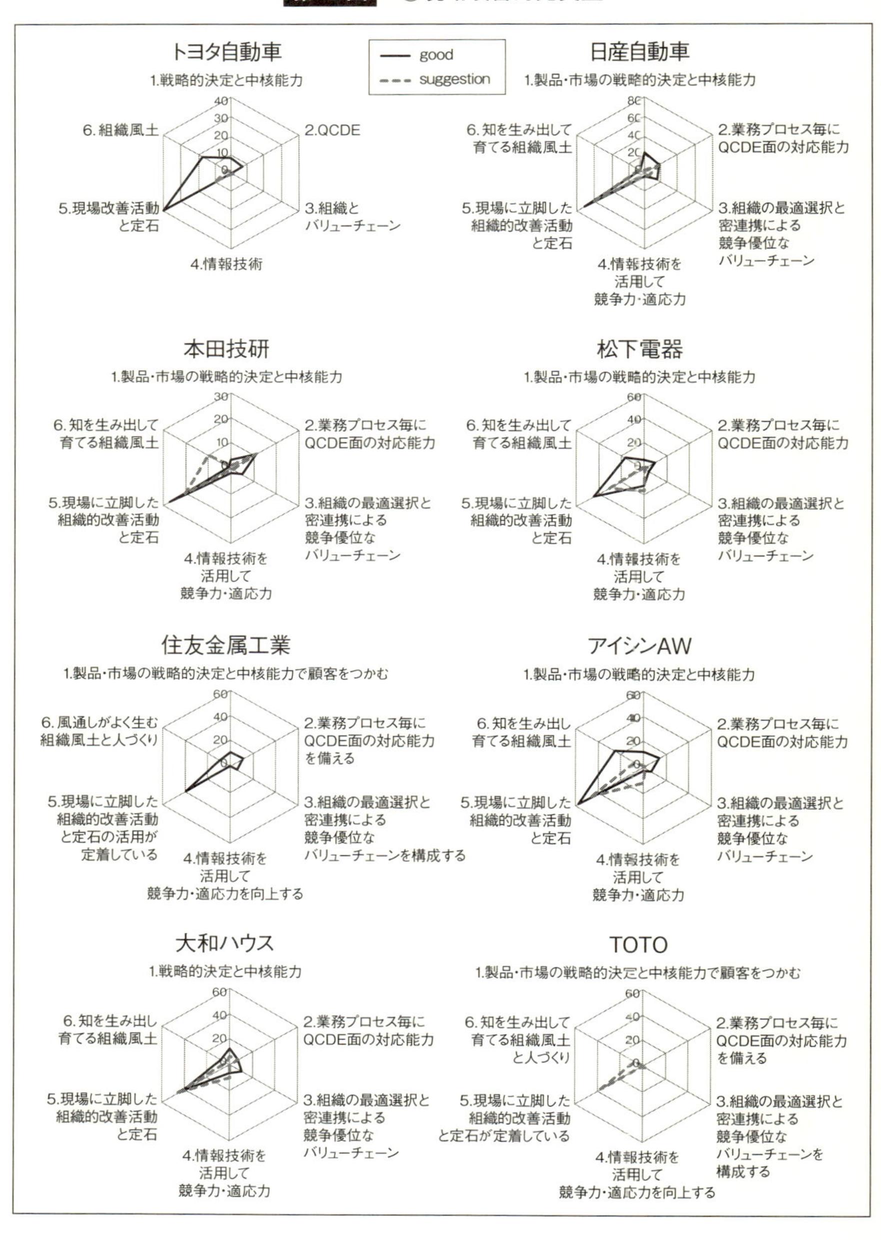

(good) ラベル数を実線で，赤 (suggestion) ラベルを破線で示している。その特徴から，①「現場改善力充実型」，②「QCDE基盤充実型」，③「人材育成・組織風土充実型」，④「ビジョン・戦略先行型」等に分類できた。

第12図は，①「現場改善力充実型」を示している。「L500現場改善活動と定石」の大分類に意見ラベルが多く，製造業として成熟し，活力のある工場である可能性が高い。一方，さらに改善・工夫ができる工場でもあり，さらに現場力向上を目指すことができるものと評価される。さらに，松下電器 (現パナソニック)，アイシンAW，TOTOで見られるように「L600風通し，やる気，知の組織風土」や「L100製品・市場の戦略的決定と中核能力」の大分類に対する意見ラベルが出ている例もあり，現場力を基盤としつつ，戦略性や組織風土にも各工場の特徴が現れていることを視覚的につかむことができる。

第13図は，②「QCDE基盤充実型」の例である。「L200業務プロセス毎にQCDE 面の対応能力」を備え，「L100製品・市場の戦略的決定と中核能力」も

第13図　②QCDE基盤充実型

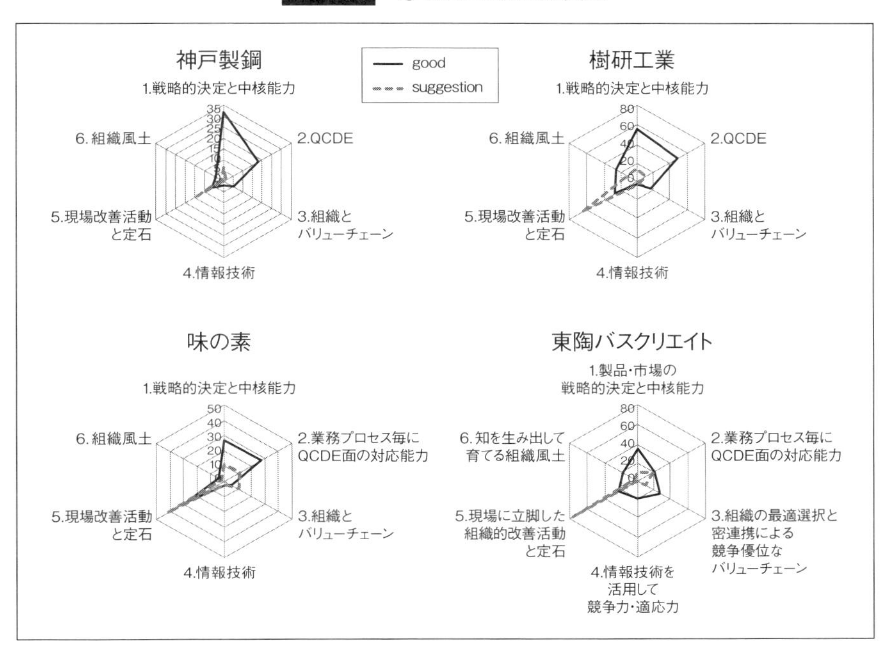

それなりの評価を得ているが，「L500現場改善活動と定石」に赤（suggestion）ラベルが多く，改善力が弱いことが指摘されている。

第14図は，③「人材育成・組織風土充実型」である。「L600風通し，やる気，知の組織風土」に青（good）ラベルが多く，評価が高い。他工場に比べ，人材育成や組織風土の改善に力を入れていることが推察される。

第15図は，④「ビジョン・戦略先行型」である。「L100製品・市場の戦略的決定と中核能力」に対して，青（good）ラベルが多く，評価が高い。工場視察時に，経営トップからの明確なメッセージがあり，それを評価しているものと考えられる。一方，現場を視察した結果では，「L500現場改善活動と定石」に赤（suggestion）ラベルが多く，改善力を期待する意見が多く出されている。

第14図　③人材育成・組織風土充実型

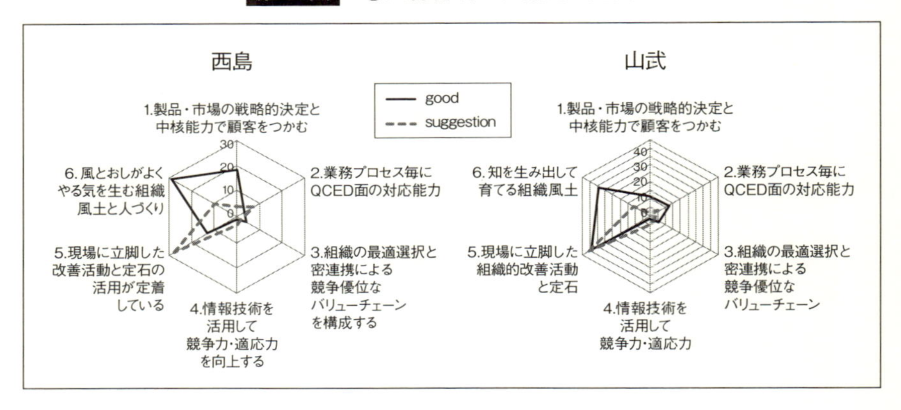

第15図　④ビジョン・戦略先行型

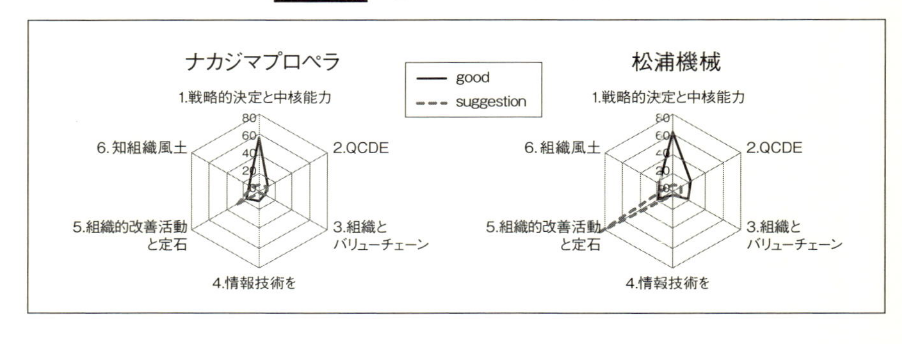

6■テキストマイニング技術の可能性

工場視察時の意見ラベルを電子化，テキストマイニング技術を応用し，より客観的な工場経営の分析，診断が行える可能性について説明した。

(1) 工場視察を行った複数人（20～40人程度）の意見ラベルを整理・分析することで工場評価を行うができる。意見ラベルは，書き手によってあらかじめ青ラベル（素晴らしいと感じたこと），赤ラベル（改善すべきであると思われること）に分類され，評価テンプレートのコードが付与される。これを電子化して，テキストマイニングによって自動分類することができる。

(2) テキストマイニングでは，単語の共起性に注目した関連単語を判定するという意味検索エンジンを用いて，各意見ラベルが評価テンプレートのどの項目の意味に合致するかを判定できる。あらかじめ書き手によって付与されたコードを用いて，各意見ラベルを分類，整理して，棒グラフとレーダーチャートにビジュアル化することの意義は大きい。

(3) 意味検索エンジンを用いた分類と書き手の分類がほぼ一致する。一方，書き手の主観的判断と意味検索の客観的判断の食い違いと考えられる分類結果の違いも散見される。両者は必ずしも一致するものではないと考えられる。もし書き手の分類情報がない場合には，多くの意見ラベルを知見のある人が分類しなければならず膨大な時間が掛かる。テキストマイニングによる分類は数秒で実施できるため便利である。

(4) 実際に工場視察したときの意見ラベルをテキストマイニングによって分析した。意見ラベルの分類結果を比較することで各工場の特質の違いが浮き彫りになる。レーダーチャートの類型を①現場改善力充実型，②QCDE基盤充実型，③人材育成・組織風土充実型，④ビジョン・戦略先行型等に分類できた。これは､ベンチマーキング手法の1つとして有効である。また，意見ラベル分布を鳥瞰した後，それぞれの特徴を示す意見ラベルについてドリルダウンして詳細を分析することで，問題点・課題の発見につながる。

テキストマイニングを用いることで工場視察時の意見ラベルを複数の視点か

ら同時に数値評価・ビジュアル化でき，工場診断に有効である。実際には，評価者によるグループ討議と組合せて，経験・直感と感性による評価・分析とテキストマイニングによる客観的なデータ分析（数値による評価）を比較，考察することで更に新たな課題発見が可能になる。

【注】

1　工場視察およびヒアリングに関する研究の母体は，1978年，関西生産性本部傘下の現関西IE協会の前身に生まれた「IE応用研究会」に始まる（福田・木村監修，1986）。その研究会は1989年，母体の変遷にともない「戦略的統合生産システム（SIGMA）研究会」として再出発し（藤田ほか，1993），2013年まで，関西を中心としつつ関東から九州に及ぶ熱心な企業メンバーを擁して活発な活動が続けられた（事務局，関西IE協会南 博夫氏）。研究会は年間5～6回開催され，研究会メンバーで実際に先進企業を訪問，ヒアリングと工場視察を行い，その事例研究を積み上げて戦略的統合生産システムのフレームワークを構築するというものである。そのため，現場見学の後に参加者全員（毎回約20～40名）の意見をそれぞれに「意見ラベル」化し，それらを少人数のグループで討議しながら層別分類を重ね分析を行う。研究会のツール改編作業部会では，そのための分析ツールを開発し，改良を重ねてきた。2003年には，意見ラベルを評価，分類，整理するための評価テンプレート（SiGMA2-LISTと呼ぶ）を開発し，効率よい分析が可能となった（関西経営システム協会，2003）。なお，SiGMA2-LISTは，藤田彰久関西大学名誉教授（当時研究会座長）ならびに研究会幹事であった前川武彦氏（技術士），黒澤登氏，中野確氏，小長光亨氏，藤本国也氏らの作業部会によって開発された。

2　現場主義を基本として調査分析を行い，採点することにより改善点を明らかにする。6つの大項目はさらに30以上のチェックリストで構成され，診断を行う。所要時間として100人以下の工場で，5～10時間を要するという。

3　島の表題にはs100，その中に含まれる小島の表題にはs110，s120とコード番号を付与。その島に含まれているラベルには島と同じ番号をc110というように付与する。これにより，バラバラに電子データとして入力された意見ラベルを後で，人手で模造紙にまとめられたものと同じように整理することが可能になる。

【参考文献】

Boxwell Jr., R. J. (1994) *Benchmarking for Competitive Advantage,* McGraw-Hill.

Dengel, D., H. Fischer and H. P. Vollmar, (2008) "The Factory Diagnosis Diagram: An Efficient Tool for Quality Control" h *Metal finishing,* Vol.106, No.7 – 8 : 56 – 62.

Horngren, C. T., G. Foster and S. Datar (1994) *Cost Accounting : A Managerial Emphasis 8th ed.*, Prentice-Hall International. Inc.

秋山高広（2006）「利益創出のための生産管理と改善活動（第8回）」山梨中小企業団体中央会『パートナーコラム』2 – 8：http://www.chuokai-yamanashi.or.jp/partner-yamanashi.jp/pdf/clm2_8.pdf.

秋葉孝次郎・田村一郎・宮内一郎（1992）「ベンチマーキングについて」『品質管理』第43巻第7号：1159 – 1165。

油谷十二（1950）「中小工場診断の経営と会計的考察」『会計監査』第1巻第2号：44 – 56。

飯塚勲（1996）「ベンチマーキングによるコスト・マネジメント」『福山大学経済学論集』第21巻第1号：14 – 34。

石井哲（2002）『テキストマイニング活用法―顧客志向経営を実現する―』リックテレコム。

石島隆・鹿島啓・加藤靖慶ほか（2005）「特集　CSR時代のリスクマネジメント―工場診断と処方箋―」『工場管理』第51巻第6号：9 – 67。

江木実夫（1959）『工場診断のすすめ方』中小企業診断協会。

植村芳樹（1998）「ベンチマーキングの概念に基づく企業効率性評価手法に関する一考察」『三重大学教育学部研究紀要　人文・社会科学』第49号：177 – 188。

圓川隆夫（1998）「新しいTQMのベンチマーキング」『品質』第28巻第1号：5 – 98。

大和田国男（1996）「モノづくりと人―生産技術・生産管理・工場診断―（1）」『日本設備管理学会誌』第8巻第1号：62 – 68。

小田恵美子・三橋平（2010）「経営理念と企業パフォーマンス―テキスト・マイニングを用いた実証研究―（特集CSR，企業倫理，企業理念は本当に役に立つのか）」『経営哲学』第7巻第2号：22 – 37。

関西経営システム協会（2003）『SIGMA（戦略的統合生産システム）研究会第14期報告書』。

喜田昌樹（2006）「アサヒの組織革新の認知的研究―有価証券報告書のテキストマイニング―」『組織科学』第39巻第4号：79 – 92。

白田佳子・竹内広宜・荻野紫穂・渡辺日出雄（2009）「テキストマイニング技術を用

いた企業評価分析：倒産企業の実証分析」『年報経営分析研究』第25号：40－47。
田村隆善・小島貢利（2007）「工場の見える化と工場診断への利用に関する一考察」『日本経営診断学会論集』第7巻：78－89。
宮野正克（2002）「IT工場診断でピンポイント改善」『工場管理』第48巻第12号，2－5。
長坂悦敬・古瀬勝茂・石井哲（2002）「知的資産管理のためのテキストマイニングと知識マップによる文書データ分析」『経営情報学会2002 春季研究発表大会予稿集（2C-1-1）東京工業大学』：182－185。
―――（2006）「知的資産管理のためのテキストマイニング活用」甲南大学総合研究所『知的情報ネットワークと知的意思決定支援システムに関する研究（甲南大学総合研究所叢書91）』：63－74。
―――・前川武彦・黒澤登（2004）「テキストマイニングを適用した工場診断―戦略性統合生産システムの視点から―」『日本経営工学会2004年度春季研究大会予稿集D15』：172－173。
名古屋QS研究会編（2003）『目で見る工場診断』日本規格協会。
並木高矣（1988）『工場診断の実務』日刊工業新聞社。
西川裕紀（1999）「卓越日本企業のベンチマーキング―キヤノンの戦略経営―（特集：日本企業の経営パラダイム・シフト）―（ベンチマーキング）」『戦略経営研究』第24巻第1号：109－118。
浜崎章洋・嵐田耕太・圓川隆夫（2004）「SCMロジスティクス・スコアカードを用いたロジスティクスと経営成果の関連と部門の役割の考察」『日本物流学会誌』第12号：89－94。
福田龍二・木村幸信監修（1986）『ストックレス生産』日刊工業新聞社。
藤田彰久・辻新六・布瀬雅義監修（1993）『戦略的統合生産システム“SIGMA”』日刊工業新聞社。
平井泰太郎（1933）「工場診斷制度の創設に就いて」『國民經濟雜誌』第54巻第3号：385－405。
森辰則・國分智晴・田中崇（2001）「空間分割型CL-LSIによる大規模言語横断情報検索」『情報処理学会トランザクション「データベース」』Vol.43 No.SIG02。
森川覚三（1949）「工場診断の実際」『経営者』第3巻第5号：25－28。
八木英一郎（2008）「マルコム・ボルドリッジ国家品質賞と日本経営品質賞の評価項目の類似性の比較に関する研究」『東海大学紀要　政治経済学部』第40号：291－304。
山本重信（1949）「中小企業の合理化はどう進んでいるか―工場診断からみたその実態―」『通産時報』第4巻第1号：21－28。

索　引

〔 欧文 〕

〔 あ行 〕

〔 か行 〕

〔 さ行 〕

〔 た行 〕

〔 な行 〕

〔 は行 〕

〔 ま行 〕

〔 や行 〕

〔 ら行 〕

〔 わ行 〕

【編著者紹介】

上總康行（かずさ　やすゆき）

1944年　兵庫県に生まれる

1977年　立命館大学大学院経営学研究科博士課程単位取得後退学

1989年　名城大学商学部教授

1991年　経済学博士（京都大学）

1996年　京都大学経済学部教授

2006年　公認会計士試験委員（2008年11月まで３年間）

2007年　福井県立大学経済学部教授

2012年　公益財団法人メルコ学術振興財団代表理事

京都大学名誉教授，福井県立大学名誉教授，立命館アジア太平洋大学客員教授

［学会賞受賞］　日本会計史学会（1990年），日本原価計算研究学会（2003年），日本管理会計学会（論文賞2013年），日本管理会計学会（功績賞2015年）

［主要著書］『アメリカ管理会計史（上下巻）』同文舘，1989年。『管理会計論』新世社，1993年。『情報処理入門』（共編著）中央経済社，1995年。『倒産指数』（現代会計カンファランス編［代表］）日本経済新聞社，1997年。『経営科学入門』（共編著）中央経済社，1997年。『会計情報システム』（共著）中央経済社，2000年。『次世代管理会計の構想』（共編著）中央経済社，2006年。『戦略的投資決定と管理会計』（デリル・ノースコット著）（監訳）中央経済社，2010年。『経営革新から地域経済活性化へ』（共編著）京都大学学術出版会，2012年。『ケースブック管理会計』新世社，2014年。『次世代管理会計の礎石』（共編）中央経済社，2015年。

長坂悦敬（ながさか　よしゆき）

1958年　奈良県に生まれる

1983年　大阪大学大学院工学研究科博士前期課程修了

1983年～1994年　株式会社小松製作所生産技術研究所に勤務

1987年～1989年　University of British Columbia客員研究員

1992年　博士（工学）（大阪大学第10306号）

1994年　大阪産業大学経営学部専任講師（1997年～助教授）

2001年　甲南大学経営学部助教授，2003年４月同教授，2014年８月学長

関西設計管理研究会学術メンバー，JILS（日本ロジスティクス協会）物流技術管理士専門員会委員，日本管理会計学会常務理事（2011年～2016年），日本情報経営学会関西支部長（2014年～2015年）

［学会賞受賞］　日本経営工学会（論文賞2004年）

［主要著書］『文系のためのコンピュータ・リテラシー』（共著）中央経済社，1996年。『経営情報処理－基礎－』学術図書出版社，1998年。『ネットワーク時代のエンドユーザコンピューティング』（共著）共立出版，1998年。『生産企画論』学術図書出版社，2001年。『原価計算の基礎－理論と計算－』（共著）税務経理協会，2003年。『Excelで学ぶ経営科学』（共著）オーム社，2003年。『Excelで学ぶ原価計算』オーム社，2009年。“*Business Process Management of Japanese and Korean Companies*”, Lee Gunyung and Kosuga Masanobu, Nagasaka Yoshiyuki, World Scientific Pub Co Inc., 2010.

ものづくり企業の管理会計

2016年4月1日　第1版第1刷発行

編著者　上　總　康　行
　　　　長　坂　悦　敬
発行者　山　本　　　継
発行所　㈱　中　央　経　済　社
発売元　㈱中央経済グループ
　　　　パブリッシング

〒101-0051　東京都千代田区神田神保町1-31-2
電話　03(3293)3371(編集代表)
　　　03(3293)3381(営業代表)
http://www.chuokeizai.co.jp/
印刷／文唱堂印刷㈱
製本／誠　製　本　㈱

ISBN978-4-502-17201-4　C3034